MICHAEL COLLINS PIPER

SEGRETI di STATO

Crimini, cospirazioni e insabbiamenti nel XX secolo

Una raccolta di scritti di Michael Collins Piper
Intervista con l'autore e recensioni delle sue opere

OMNIA VERITAS®

MICHAEL COLLINS PIPER

Michael Collins Piper è stato uno scrittore politico e conduttore radiofonico americano. È nato nel 1960 in Pennsylvania, USA. È stato un collaboratore regolare di The Spotlight e del suo successore, American Free Press, giornali sostenuti da Willis Carto. È morto nel 2015 a Coeur d'Alene, Idaho, USA.

Segreti di Stato
Crimini, cospirazioni e insabbiamenti nel XX secolo

Dirty Secrets
Crime, Conspiracy & Cover-Up During the 20th Century

Prima stampa negli Stati Uniti: giugno 2005 American Free Press

Tradotto e pubblicato da
Omnia Veritas Limited

OMNIA VERITAS.
www.omnia-veritas.com

© Omnia Veritas Ltd - 2025

INTRODUZIONE

Un profeta senza onore

Di Mark Glenn

"Se vuole sapere cosa succede in questo Paese, è qui che lo troverà", mi disse l'uomo dietro un tavolo di una fiera di armi. Vedevo che il suo tavolo era pieno di documenti di ogni tipo, simili a quelli riportati sulla carta che mi aveva appena consegnato, oltre a molti altri libri e giornali. Guardai le pubblicazioni che vendeva e ricordo di aver visto un libro intitolato *Behind Communism (Dietro il comunismo)*, e presi nota di tornare su questo libro. Un altro era *The Zion Controversy*, che all'epoca mi sembrò un po' troppo pesante da digerire. C'erano anche delle riviste, una chiamata *Criminal Politics* e un'altra che mi colpì molto per il suo aspetto professionale. Si chiamava semplicemente *The Spotlight*.

Ho iniziato a sfogliare *The Spotlight* e mi sono reso conto che molte delle informazioni su banche, ONU e Israele mi erano estranee, ma non fino a questo punto. Mi sono imbattuta in un articolo sull'assassinio di JFK, che già di per sé sarebbe stato abbastanza interessante, ma è stato il nome dell'autore a catturare la mia attenzione, in quanto ha citato con orgoglio il suo secondo nome. E questo in un Paese in cui le persone lo fanno raramente. Non c'era un trattino tra questi due nomi e, per qualche motivo, questo secondo nome era considerato parte integrante e indivisibile della sua identità, ed era così che voleva essere conosciuto. Questo mi diceva che il suo secondo nome, che portava con tanto orgoglio, era probabilmente quello di una persona importante della sua famiglia, e che era fiero di essere associato a quella persona. Si chiamava Michael Collins Piper.

Oltre al fatto che usava il suo secondo nome, c'era anche qualcosa nel suo nome di battesimo che mi attirava nel suo articolo. Michele era il nome dell'arcangelo di cui avevo sempre visto l'immagine da bambino in chiesa. Mi è sempre piaciuta l'immagine di un angelo che brandisce una spada, pronto a colpire il suo nemico mortale, il diavolo, che era prostrato sotto i piedi di questo guerriero celeste, impotente a fare qualsiasi cosa. Ho sempre amato questo nome e avevo previsto che il mio primo figlio, se fossi stata abbastanza fortunata da averne uno, avrebbe portato questo nome.

Non importava se l'uomo dietro il tavolo sapeva che ero un pesce grosso o meno. Ero interessato e lui mi aveva agganciato. Rimisi in tasca la mazzetta di denaro e rimasi lì a leggere di JFK, senza curarmi di chi mi stava intorno. Se l'uomo seduto al tavolo delle armi dietro di me fece o disse qualcosa per indicare il suo disappunto, non lo sentii.

L'articolo su JFK assomigliava a una bella ragazza che avevo visto a lezione di italiano qualche anno prima; e come lei, non riuscivo a staccarne gli occhi. Divorai ogni parola di quell'articolo il più velocemente possibile, senza pensare all'indigestione intellettuale che ne sarebbe potuta derivare in seguito. Ero sopraffatto da ciò che Michael Collins Piper stava dicendo: che un governo straniero - presumibilmente alleato dell'America - era responsabile dell'assassinio del nostro Presidente. Ha esposto il tutto in modo molto sintetico e professionale, e non c'era nulla nella sua presentazione che facesse pensare a una sciatteria accademica. Non ha parlato di UFO, Bigfoot o del mostro di Loch Ness. La sua tesi (e la sua presentazione) era diversa da qualsiasi cosa avessi incontrato nei miei corsi di storia all'università, anche se era ovvio che non si trattava di una teoria mainstream. Mi rivolsi all'uomo dietro il tavolo che mi aveva attirato.

"Sta dicendo che è stato *Israele* a uccidere John F. Kennedy?", chiesi, scioccata. Doveva avermi guardato mentre leggevo l'articolo, perché i suoi occhi e i miei si incontrarono non appena alzai lo sguardo su di lui. Il volto dell'uomo era serio e annuì lentamente con la testa, su e giù, più volte, senza battere ciglio. "C'è molto di più, figlio mio", aggiunse.

Ho divorato tutti i giornali di *The Spotlight* che ho potuto. Ho anche dato un'occhiata ai libri che aveva in vendita, ma ho deciso che i giornali sarebbero stati sufficienti per il momento. Anche se all'epoca non me ne rendevo conto, è stato uno di quei momenti che cambiano la vita e di cui si vedono gli effetti collaterali.

Sotto i riflettori, iniziai a leggere le opere di uno scrittore chiamato Michael Collins Piper. Senza che il signor Piper se ne rendesse conto, negli anni successivi sarei diventato il suo sostituto e lui il mio mentore. Da molti chilometri di distanza, mi ha insegnato come un maestro Jedi insegna a un allievo Padwan. Mentre gli altri scrittori "d'avanguardia" parlavano di UFO e rettiliani, lui elaborava con metodo e meticolosità l'immagine di una bestia che aveva preso il controllo della nazione più potente del mondo. Come un procuratore speciale, catalogò i nomi, gli eventi, le date e i particolari della più pericolosa cospirazione criminale della storia, ricevendo pochissimo riconoscimento per questo. Il resto del movimento di resistenza era più interessato agli elicotteri neri e alle truppe dell'ONU di stanza nelle foreste nazionali che a comprendere il funzionamento dell'agenda sionista. Dopo aver ascoltato per anni le parole di mio nonno, finalmente qualcosa è scattato e ho cominciato a capire tutto. Ciò fu dovuto in gran parte a ciò che avevo imparato da Michael Collins Piper presso un settimanale populista chiamato *The Spotlight*, che fu poi sostituito da *American Free Press*.

Senza saperlo, Piper mi aveva insegnato a leggere dietro le quinte di ciò che accadeva nel mondo politico, e in particolare il coinvolgimento di quell'entità nota come sionismo. Grazie alla sua analisi, era come se mi avessero dato degli occhiali speciali, un po' come quelli che servono per guardare un film in tre dimensioni, senza i quali l'immagine rimane sfocata e bidimensionale. Ho smesso di frequentare persone come Rush Limbaugh e G. Gordon Liddy molto tempo fa, perché le informazioni che questi uomini (diventati estremamente popolari negli ultimi anni) cercavano di spacciare al popolo americano erano un gioco da ragazzi, in termini comparativi. Erano dei pesi leggeri, per non dire altro, perché era chiaro che quello che stavano facendo in realtà era proteggere la bestia distogliendo l'attenzione da altre questioni.

Finalmente è arrivato il giorno di mettere alla prova tutti questi anni di studio. Come ogni studente che desidera conseguire un diploma post-laurea, è necessario presentare una tesi alla commissione d'esame. Frequentare le lezioni per molti anni non è sufficiente per ottenere un diploma post-laurea. Bisogna mettere in pratica ciò che si è imparato. Stavo per essere staccato dal mio mentore e mandato in guerra, utilizzando le tecniche che mi aveva insegnato, ma con il mio stile e il mio estro.

La mia tesi è iniziata in una data che ha cambiato l'America per sempre - l'11 settembre 2001 - e resta da vedere se questo cambiamento sarà in meglio o in peggio. Ad essere onesti, non sono stato sorpreso come la maggior parte degli americani da ciò che è accaduto quel giorno. Come molti altri che hanno vissuto con la certezza che un'agenda malvagia si stava facendo strada ai vertici di questo Paese, ero arrivato a riconoscere la mano di quell'agenda in molte cose... Ruby Ridge, Waco, l'attentato al World Trade Center del 1993 e il più grande di tutti, fino a quel momento, Oklahoma City.

Il fatto che non fossi sorpreso non mi ha impedito di seguire la copertura mediatica nel corso della giornata. Avevo imparato, leggendo i libri di Piper, che l'agenda può essere molto approssimativa nelle prime ore dopo tali operazioni e che è in questo periodo che le informazioni più importanti scivolano attraverso le crepe della censura. Piper ha mostrato per anni nei suoi articoli come, nelle prime ore dopo un'operazione, rimangano elementi cruciali per scoprire la verità su ciò che è realmente accaduto. Ho imparato questa lezione dopo Oklahoma City, quando a poche ore dall'esplosione emersero notizie secondo cui c'erano ancora diverse bombe *all'interno* dell'edificio Alfred P. Murrah. Eppure,, alla fine della giornata, non si parlava più di questi oggetti, nonostante ci fossero filmati crudi, visti da milioni di persone nelle prime ore, che mostravano le squadre di artificieri maneggiare con cura gli ordigni esplosivi.

L'11 settembre ho seguito le prime notizie con una concentrazione fanatica per assicurarmi che non si trattasse di un incidente di alcun tipo. Quando ho sentito che un secondo aereo aveva colpito le Trade Towers, ho capito che era in corso un'operazione. Da quello che avevo letto prima e dopo l'elezione di Bush, tutti gli indizi facevano pensare che l'America sarebbe entrata di nuovo in guerra in Medio Oriente, ma questa volta su una scala molto più ampia rispetto al decennio precedente. Due mesi prima dell'11 settembre, avevo letto sui giornali di operazioni pianificate in Afghanistan. George Bush Jr, figlio dell'uomo che, nel 1991, aveva portato per la prima volta l'America in guerra per conto dello Stato ebraico, si era circondato (senza dubbio sotto la guida del padre) di persone tutte legate a grandi interessi petroliferi. Aveva l'appoggio della lobby "Israel First" e aveva a disposizione una quantità di denaro senza precedenti per la sua campagna.

Il significato di tutto ciò era ovvio per me: era solo questione di minuti prima che i media americani di proprietà sionista incolpassero un'organizzazione musulmana sudicia, puzzolente e assassina per giustificare una guerra su larga scala in Medio Oriente. Come si è visto, era solo questione di minuti.

Qualche ora dopo, il mio telefono squillò a vuoto. Tutti i miei amici che sapevano delle mie origini mediorientali volevano sapere cosa ne pensassi di tutto questo. È stata un'esperienza sconcertante, a dire il vero. Anche coloro che negli ultimi anni erano arrivati a diffidare del complesso governo/mediatico tendevano ancora a "tornare a casa dalla mamma" in momenti come questo e si rifiutavano di dare credito a ciò che avevo da dire.

Quando spiegavo cose come il sionismo e il suo obiettivo di conquistare tutta la terra e il petrolio del Medio Oriente, ricevevo solo sguardi indifferenti e silenzi imbarazzati. Come il resto dell'America, preferivano una versione "drive through" della verità, preparata velocemente e facilmente digeribile.

Inoltre, il fondamentalismo islamico sembrava molto più attraente per persone come loro, la cui vita politica era tranquilla. Si trattava, per lo più, di cristiani conservatori che erano stufi di vedere la loro fede e i loro valori sotto attacco, quindi sfogavano la loro rabbia repressa su quello che all'epoca era un bersaglio molto comodo, cioè i membri del mondo musulmano. Nonostante tutte le mie argomentazioni, non sono riuscito a convincerli che erano stati ingannati dalle stesse persone che erano responsabili dell'abbandono della cultura cristiana nelle fogne.

E fu allora, molto modestamente, che mi resi conto di quanto fosse estenuante cercare di portare la verità a un popolo che non voleva sentirla... cercare di fargli vedere un elefante in una stanza che era impossibile non vedere, ma che si rifiutava di riconoscere. Mi stavo strappando i capelli, ed è durato solo pochi mesi. Fu allora che cominciai ad ammirare le persone che facevano la stessa cosa da anni e che andavano avanti. Erano, secondo le parole di Gesù, i primi a opporsi all'agenda suprematista ebraica, *profeti senza onore in casa propria;* e per me, il primo di questa lista era Michael Collins Piper.

In quel momento ho riconosciuto la mia responsabilità in questa vicenda, quella di non restare a guardare questi uomini, i Michael Collins Piper del mondo, fare tutto il lavoro per il nostro bene. Erano i guardiani che cercavano di svelare la natura di questa bestia che minacciava di divorarci tutti. Se non avessero, letteralmente, rischiato la loro vita, la loro libertà e la loro ricerca della felicità per il resto di noi, oggi non saremmo altro che statistiche. I gangster che cercavano di smascherare erano come vampiri che temevano la luce del giorno più di ogni altra cosa, e in questo caso la luce del giorno era la verità che uomini come Michael Collins Piper facevano brillare sulle loro azioni. Lui e altri come lui non erano superuomini, potevano fare solo fino a un certo punto, e se non c'erano persone pronte a raccogliere la fiaccola, il fuoco si spegneva di sicuro... Ed è stato allora che ho deciso di raccogliere la fiaccola io stesso.

Mark Glenn

11 settembre 2005

Mark Glenn è l'autore di *No Beauty in the Beast: Israele senza mascara*

SEZIONE 1

SAGGI

CAPITOLO UNO

Il legame Monica-Gate/Israele

Hillary Clinton potrebbe avere ragione: esiste una "cospirazione di destra" per distruggere suo marito. Ma non aspettatevi che Hillary vi dica quale "destra" c'è dietro questa cospirazione e come lo scandalo viene usato per manipolare la politica statunitense in Medio Oriente.

L'argomentazione di Hillary Clinton secondo cui dietro l'attuale scandalo sessuale e di falsa testimonianza che potrebbe far cadere suo marito ci sarebbe una "cospirazione di destra" in America è gravemente errata: dopo tutto, sono stati i media mainstream statunitensi - guidati dal *Washington Post* e da *Newsweek*, a cui si sono aggiunti *il New York Times* e la *rivista Time* - e i principali network a dare risalto allo scandalo e a suggerire che potrebbe essere la rovina di Bill Clinton. Lo stesso *Newsweek* chiamò George Stephanopoulos, confidente di lunga data di Clinton, a scrivere del "tradimento" di Clinton, e il giovane Stephanopoulos, ora commentatore della ABC, andò persino in onda per sollevare la possibilità di dimissioni e impeachment.

E nessuno ha mai accusato nessuno di questi grandi media di essere il portavoce della "destra" - o della "destra" americana, almeno.

Tuttavia, la First Lady potrebbe aver messo il dito nella piaga quando ha detto che una "cospirazione di destra" sta guidando lo scandalo del Monica-gate. Ma non contate sul fatto che la First Lady osi sollevare il sospetto che non siano stati solo alcuni elementi della destra americana a contribuire a portare lo scandalo all'attenzione pubblica.

In effetti, se si scava abbastanza a fondo, si trova un collegamento che va fino alla "destra" dura in Israele e fino al "Monica-gate" proprio qui a Washington.

Non è quindi forse una coincidenza che, proprio nel momento in cui i sup portatori della destra israeliana - il blocco del Likud - stavano lanciando un'importante (e amara) campagna di pubbliche relazioni contro il Presidente Clinton, i media mainstream statunitensi abbiano raccolto il testimone e abbiano improvvisamente iniziato a strombazzare le accuse di una nuova "scappatella sessuale" della Clinton.

Esaminiamo alcuni fatti fondamentali (riportati dagli stessi media mainstream) che sono stati in qualche modo trascurati in mezzo a tutta la frenesia per le accuse che sono state fatte.

In primo luogo, sebbene i media si siano concentrati sull'ex assistente della Casa Bianca Linda Tripp e sulla sua fidanzata Lucianne Goldberg come principali istigatori del "Monica-gate", *il Washington Post* ha sottolineato in modo piuttosto superficiale, in un articolo sepolto alla fine del giornale il 28 gennaio 1998, che gli avvocati di Paula Jones "hanno ricevuto per la prima volta diverse segnalazioni anonime secondo le quali Lewinsky avrebbe potuto avere una relazione sessuale con il Presidente". A quanto pare, è stato solo dopo che gli avvocati di Paula Jones hanno contattato la signorina Lewinsky che il Presidente è stato informato che la sua (presunta) relazione con Lewinsky era stata rivelata.

A questo punto, sembra chiaro che né Tripp né Goldberg fossero la fonte, poiché avevano altri interessi da sfruttare nell'affare Clinton-Lewinsky. In effetti, Tripp ha parlato direttamente con il procuratore speciale Kenneth Starr.

Quindi la grande domanda è: chi ha informato gli avvocati di Paula Jones che potrebbe esserci una "pistola fumante" nella relazione del Presidente con Monica Lewinsky.

Monica Lewinsky - almeno fino a poco tempo fa, a quanto pare - era una fedelissima di Clinton, e non è stata certo lei a far trapelare la storia agli avvocati. Pertanto, qualcuno vicino alla cerchia ristretta del Presidente - o che la spiava - deve aver rivelato agli avvocati di Jones la relazione del Presidente con la Lewinsky (che fosse innocente o meno).

Potrebbe trattarsi di un membro del campo di Al Gore, vicino alla Casa Bianca, desideroso di far entrare il Vicepresidente nello Studio Ovale ?

Si tratta di speculazioni, naturalmente, ma non sono al di fuori del campo delle possibilità.

Ma andiamo oltre. Sebbene Michael Isikoff di *Newsweek* (pubblicato dall'impero Meyer-Graham, che possiede anche *il Washington Post*) sia stato il primo giornalista a "scavare" ufficialmente nella storia, ora si scopre che, secondo il *Post*, il 28 gennaio 1998 un certo William Kristol - solitamente descritto come "editore del conservatore *Weekly Standard*" - era stato uno dei primi a "menzionare pubblicamente" le accuse.

Il ruolo di Kristol, che è stato uno dei "primi" a pubblicare la storia, è fondamentale per comprendere il quadro generale. Non solo Kristol è il prestanome del magnate miliardario dei media Rupert Murdoch - uno dei principali alleati del partito israeliano Likud - ma lo stesso Kristol è figlio del giornalista Irving Kristol e della storica Gertrude Himmelfarb, due "ex marxisti" autoproclamatisi "neoconservatori" e da tempo legati alla "destra anticomunista" di Israele.

Come i suoi genitori, il giovane Kristol è un "likudnik" e ha criticato duramente la decisione del Presidente Clinton di "voltare le spalle" a Israele.

È anche importante notare che Kristol, come Clinton, è stato iniziato al Gruppo Bilderberg, il conclave di alto livello dell'élite della politica estera dominata dalle famiglie Rockefeller e Rothschild, sebbene Kristol sia (ovviamente) identificato con l'ala "repubblicana" del Gruppo Bilderberg.

Il 26 gennaio 1998, mentre l'affare Lewinsky cominciava a crescere e a travolgere Clinton, Kristol pubblicò una lettera a Clinton in cui esortava il Presidente a lanciare un attacco militare contro l'Iraq, odiato nemico di Israele.

La lettera è stata firmata da Kristol e da una serie di altri sostenitori americani di alto profilo della "destra" israeliana, tra cui l'ex rappresentante Vin Weber, un alleato stretto e di lunga data del presidente della Camera Newt Gingrich, e Richard Perle, ex vicesegretario alla Difesa, ora consulente altamente pagato per interessi israeliani in materia di armi.

Poi, alla luce del legame di Kristol con Murdoch, è interessante notare che la rete televisiva Fox di Murdoch sta essenzialmente guidando la carica nei media dell'establishment, costringendo le altre reti a competere.

Fox News ha trasmesso la storia quasi ininterrottamente, 24 ore su 24, anche quando venivano trasmessi altri programmi. Anche quando venivano trasmessi altri programmi, questi venivano interrotti dagli ultimi sviluppi dello scandalo Clinton, per quanto banali.

Un tabloid della Fox ha persino chiamato un cosiddetto esperto di "linguaggio del corpo" per guardare un video di Clinton e della signorina Lewinsky in coda, dopo il quale il cosiddetto esperto ha detto che Clinton trattava la ragazza come se fosse "la first lady".

Inoltre, alcune delle storie più scabrose pubblicate nell'ambito di questo scandalo nascente sono state pubblicate dal *New York Post* e da altre testate giornalistiche di proprietà di Murdoch.

Vale anche la pena di notare che, negli ultimi giorni, Starr ha "rallentato" l'inseguimento dello scandalo che, se esaminato in tutte le sue sfaccettature, potrebbe spegnersi. In fondo, nulla è ancora stato provato.

Persino il difensore dei consumatori Ralph Nader ha sottolineato pubblicamente che, nonostante la frenesia dei media e i rapporti, la stampa ha riportato semplici accuse come se fossero fatti provati.

È possibile che un potente gruppo di pressione stia aspettando di vedere come Clinton reagirà all'Iraq

In un recente incontro pubblico a Charlotte, nella Carolina del Nord, il presidente della Camera Newt Gingrich (R-Ga.), convinto sostenitore del regime di Netanyahu, si è attirato i fischi della folla, in gran parte repubblicana, quando ha affermato che il trattamento riservato dal Presidente al Primo Ministro israeliano è "al di sotto della dignità dell'America".

Gingrich si riferiva agli sforzi di Clinton per persuadere il leader israeliano ad adottare un atteggiamento più conciliante al fine di raggiungere un accordo di pace in Medio Oriente.

Nel frattempo, in un ulteriore tentativo di sostenere il suo uomo, la First Lady ha nominato il predicatore Jerry Falwell e il suo amico, il senatore Jesse Helms (R.C.), come parte della "cospirazione di destra" per attaccare il suo presidente.

Quello che Hillary non ha detto è che Falwell e Helms sono particolarmente vicini - ancora una volta - alla "destra" dura del Likud in Israele, e che si oppongono categoricamente al sostegno che il Presidente Clinton sembra dare ai rivali del Likud nel Partito Laburista israeliano, che è stato molto più favorevole al processo di pace.

La Clinton non ha sostenuto Netanyahu nelle elezioni israeliane che hanno portato al potere l'attuale coalizione estremista del Likud, ed è stata politicamente imbarazzata quando Netanyahu ha vinto sconfiggendo i liberali guidati dal più moderato Shimon Peres. Peres predicava la pace; Netanyahu, nessun compromesso.

Come riportato da *The Spotlight* il 2 febbraio 1998, ancor prima dell'incontro ufficiale con il Presidente Clinton, il Primo Ministro israeliano aveva già incontrato (e partecipato) a un raduno pro-Likud con il reverendo Jerry Falwell, uno dei più espliciti critici di Clinton.

Spotlight ha notato che persino *il Washington Post* ha rivelato, il 22 gennaio 1998, che "un alto funzionario di Netanyahu ha detto che il leader israeliano era pronto a rispondere all'opposizione della Casa Bianca mostrando le sue "munizioni" nei circoli politici americani", ossia Falwell e la "destra cristiana" pro-sionista.

Nello stesso Israele, secondo il *Post* del 24 gennaio 1998, la stampa ha "colto al volo le accuse di Clinton". Il *Post* sottolinea che "l'interesse sembra particolarmente vivo perché Monica Lewinsky è ebrea".

Nel numero del 22 gennaio 1998 del quotidiano israeliano *Yedioth Aharonoth*, Nahum Barnea ironizzava: "Noi pensavamo innocentemente che il destino del processo di pace fosse nelle mani di una donna ebrea, nata a Praga, di nome Madeleine Albright. A quanto pare, il destino del processo di pace è, in misura non minore, nelle mani di un'altra ebrea, Monica Lewinsky, 24 anni, di Beverly Hills, che tre anni fa ha trascorso una divertente estate come stagista alla Casa Bianca".

È interessante notare che quando i commenti di Barnea furono ripetuti nel numero del 2 febbraio 1998 di *Newsweek*, che dedicò un numero speciale allo scandalo, *Newsweek* aveva accuratamente modificato le parole di Barnea in modo che ora recitassero: "Risulta che il destino del processo di pace dipende da un'altra donna.

In effetti, lo scandalo Lewinsky ha costretto il Presidente a ritirarsi dalla promozione di Israele, per la gioia del partito israeliano Likud.

Il 27 gennaio, *il Washington Post* ha ancora una volta fatto uscire il gatto dal sacco, affermando: "La settimana scorsa, Clinton ha dimostrato di non essere in grado di costringere gli israeliani ad assumersi le proprie responsabilità sul ritiro militare. Questa settimana [sulla scia dello scandalo], è ancora meno capace, se non altro perché i membri del suo stesso partito, per non parlare dei repubblicani, non sosterranno una politica di maggiore pressione su Israele".

Chi segue gli sviluppi dello scandalo Clinton si starà sicuramente chiedendo perché i media dell'establishment si stiano in effetti affrettando a giudicare in molti casi, mentre cercano invano di dare un'immagine di imparzialità.

È un po' come se ci fosse un grande interruttore da qualche parte sul muro che dice "Prendi Clinton", e qualcuno l'ha acceso.

CAPITOLO II

Un amico di Roosevelt dice: "FDR sapeva di Pearl Harbor in anticipo"

Decine di libri e centinaia di monografie sono state scritte per dimostrare che FDR sapeva con largo anticipo che i giapponesi stavano preparando l'attacco a Pearl Harbor del 7 dicembre 1941. Eppure solo uno dei collaboratori di FDR lo ha ammesso.

Un giornalista americano, Joseph Leib, ex aiutante del Presidente Franklin D. Roosevelt, venne a sapere una settimana prima dell'attacco che i giapponesi stavano per attaccare Pearl Harbor. E, con orrore, apprese anche che lo stesso FDR era a conoscenza dell'imminente attacco e intendeva lasciarlo accadere.

Leib, fondatore del primo club Roosevelt for President, apprese dell'imminente attacco sabato 28 novembre 1941. Ecco cosa accadde. Quel giorno, Leib ricevette una telefonata urgente dal Segretario di Stato Cordell Hull. Hull chiese a Leib di incontrarlo vicino alla Casa Bianca e i due si recarono a Lafayette Park, di fronte alla residenza del Capo di Stato. Il membro più alto del gabinetto racconta a Leib una storia che lascia il giovane giornalista a bocca aperta.

Hull scoppia in lacrime, poi spiega le ragioni della sua angoscia. Hull spiegò a Leib che i giapponesi stavano progettando di attaccare Pearl Harbor nei prossimi giorni. Come prova, il Segretario di Stato consegnò a Leib una trascrizione dei messaggi radio giapponesi intercettati dall'intelligence americana.

Hull spiega a Leib che ha scelto di raccontargli questa storia per un motivo: in passato, Leib è stato un confidente affidabile. "Sei l'unico di cui mi posso fidare", dice Hull all'agitato Leib.

Leib chiese allora a Hull ulteriori dettagli. Fu allora che Hull ammise che la conoscenza preventiva dell'imminenza dell'attacco giapponese si estendeva fino alla Casa Bianca stessa.

Roosevelt vuole che entriamo in guerra", dice Hull, "ed è disposto a rischiare un attacco alle Hawaii per dargli l'opportunità di farci entrare in guerra". Il Presidente è ben consapevole dei piani, così come [J. Edgar] Hoover dell'FBI.

"Per questo non posso tenere una conferenza stampa e rivelare pubblicamente la situazione", ha detto Hull. "Il presidente mi denuncerebbe e nessuno mi crederebbe.

Dopo aver promesso al Segretario di Stato di non rivelare la sua fonte, Leib si precipitò negli uffici della *United Press*, portando con sé una copia della trascrizione delle intercettazioni radiofoniche giapponesi.

Alla *United Press*, Leib presentò la storia al capo ufficio Lyle Wilson. Wilson si rifiutò di crederci e Leib fu costretto a cercare altrove.

Harry Frantz, ex redattore dei cablogrammi della *United Press*, accettò di trasmettere la sensazionale storia di Leib, ma la versione finale era incompleta. Solo un giornale in tutto il mondo pubblicò la storia.

L'Honolulu Advertiser del 20 novembre titolava "Japanese May Attack Over Weekend" (I giapponesi potrebbero attaccare durante il fine settimana), sottolineando che le forze americane nelle Hawaii erano in stato di massima allerta. Tuttavia, l'articolo non menzionava, come aveva scritto Leib, che l'obiettivo dell'attacco giapponese sarebbero state le Hawaii - e più precisamente Pearl Harbor a Honolulu -.

Le speculazioni dei militari, che si aspettavano un attacco giapponese ma non erano a conoscenza del messaggio segreto decodificato, si concentrarono su altre installazioni statunitensi nel Pacifico, più vicine al Giappone.

I giornalisti erano consapevoli di queste speculazioni. Se l'*Advertiser* avesse ricevuto una storia contenente la data di un attacco previsto, ma abbastanza confusa da oscurare l'obiettivo previsto, il titolo e la storia che ha pubblicato sarebbero stati una risposta ragionevole.

Nel novembre 1941, Honolulu era una "città militare" e le operazioni militari giapponesi nel Pacifico erano di gran lunga più interessanti per i lettori dell'*Advertiser* che per gli abitanti della terraferma.

Se i giapponesi avessero attaccato un'installazione americana nel Pacifico occidentale, ciò avrebbe indubbiamente provocato un massiccio spostamento di personale e attrezzature navali dall'area di Honolulu, il che avrebbe reso i redattori di questo giornale molto più sensibili a qualsiasi storia del genere, per quanto confusa.

In un'intervista rilasciata all'autore nel febbraio 1984, Leib ha sottolineato che "se avessi potuto pubblicare la mia storia in quel momento - la settimana prima di Pearl Harbor - Pearl Harbor non sarebbe mai accaduta".

Infatti, un mese dopo l'attacco a Pearl Harbor, l'affermazione di Cordell Hull secondo cui l'FBI era a conoscenza dell'imminente attacco fu riportata in un breve articolo del *Washington Times-Herald*. Tuttavia, le edizioni successive dello stesso giornale soppressero questo importante articolo su pressione del direttore dell'FBI Hoover. "Non avevamo una stampa libera allora", ha detto Leib, "e non abbiamo una stampa libera oggi".

L'attacco a Pearl Harbor non sorprese Leib come non sorprese Roosevelt. Ma un incidente avvenuto poco dopo l'attacco colse Leib di sorpresa: Wilson, della *United Press*, convocò Leib nel suo ufficio e gli consegnò il comunicato stampa redatto personalmente da Roosevelt contenente la trascrizione del discorso del "Giorno dell'Infamia", in cui FDR aveva invitato il Congresso a dichiarare guerra al Giappone.

Leib chiese a Wilson perché gli stesse dando questo prezioso documento. "Me l'ha dato Steve Early", rispose Wilson, riferendosi al suo caro amico che era l'addetto stampa di FDR. "Gli ho detto che mi avevi portato la storia dell'imminente attacco, ma che non l'avevo usata. Era il suo modo di ringraziarmi".

"Se avessi usato questa storia", si rammarica Wilson, "avremmo potuto salvare migliaia di vite".

Tuttavia, come Leib sottolineò in seguito, Roosevelt aveva già coinvolto gli Stati Uniti nei conflitti europei, aprendo la strada alla guerra. "Avevamo gente all'estero otto mesi prima della guerra". Per quanto riguarda i risultati della guerra, Leib rimane cinico in retrospettiva. "Noi,, non abbiamo vinto la Seconda guerra mondiale. L'abbiamo persa. Sono stati i sovietici a vincere la Seconda guerra mondiale.

Abbiamo dato tutto all'URSS. Abbiamo dato tutto ai rossi. "E anche prima di Pearl, quando Hitler stava spingendo verso Mosca, abbiamo speso 1,5 miliardi di dollari per salvare l'URSS. Ha senso? Ecco cosa è successo: abbiamo dato tutto all'URSS". Leib conclude dicendo che non pensa che sia stato un incidente. "È stato deliberato.

Leib ricorda che durante la campagna presidenziale del 1932 chiese a FDR cosa avrebbe fatto se fosse stato eletto. "Leib rispose che una delle prime cose che avrebbe fatto sarebbe stata quella di riconoscere l'URSS. Leib chiese a FDR perché volesse farlo e il candidato alla presidenza rispose: "Beh, i sovietici hanno un grande mercato per i nostri prodotti".

Leib era perplesso. Sapeva che l'economia sovietica era in ritardo e chiese a FDR: "Come faranno a pagare i nostri prodotti?". FDR rispose: "Beh, presteremo loro i soldi".

Con una certa ironia, Leib ha poi ricordato che una volta FDR aveva scritto una lettera al Primo Ministro britannico Winston Churchill in cui gli diceva che avrebbe potuto far girare il dittatore sovietico Josef Stalin sulle sue dita. "In realtà, secondo Leib, accadde esattamente il contrario.

Stalin aveva Roosevelt legato al dito". E questo, ovviamente, portò all'espansione sovietica in tutta l'Europa orientale per una generazione.

I ricordi di Leib su FDR, sull'era del New Deal e sulla Seconda guerra mondiale erano piuttosto vividi. Con una certa tristezza, ha ricordato il trattamento riservato da FDR al Segretario di Stato Cordell Hull, che gli piaceva molto. "Sarebbe sorpreso di ciò che Roosevelt gli fece". Leib racconta che un giorno Hull gli raccontò all'indirizzo una lunga lista di indignazioni che lui (Hull) aveva subito per mano di FDR.

Secondo Leib, "Hull non era un New Dealer. Era molto ferito da tutto ciò che stava accadendo. Ma era stanco del Senato, dove aveva servito per molti anni, e aveva accettato di servire nell'amministrazione".

Secondo Leib, Hull non cercò mai di denunciare il tradimento del Presidente a Pearl Harbor per un motivo: "Hull era un uomo anziano e se avesse denunciato il Presidente, non avrebbe voluto la pressione che stavo subendo.

Leib osserva che "dopo tutto quello che ho fatto contro Roosevelt, si potrebbe pensare che mi avrebbe accusato pubblicamente di sedizione. Ma lo fece dietro le quinte".

Leib ha ricordato il famigerato "processo di sedizione" in cui i critici della politica estera di FDR furono, di fatto, accusati di sedizione (prima che le accuse venissero ritirate e il caso dichiarato nullo alla morte del giudice che le presiedeva).

Leib ricorda con particolare disgusto il trattamento riservato al famoso poeta americano Ezra Pound. "Faceva impazzire Roosevelt [con le sue trasmissioni radiofoniche dall'Italia]. Roosevelt ha assillato il procuratore generale Francis Biddle con un sacco di richieste per catturare Pound, e alla fine ci sono riusciti. Biddle non voleva farlo, ma alla fine ci riuscirono. Penso che sia vergognoso quello che hanno fatto a Pound.

(Dopo la guerra, Pound fu incarcerato per più di dieci anni al St. Elizabeth's Hospital, un istituto psichiatrico di Washington, essendo stato ufficialmente dichiarato "pazzo" e incapace di sostenere un processo con l'accusa inventata di tradimento).

I ricordi di Leib su "Roosevelt l'uomo" sono altrettanto vividi. "Non si poteva credere a quello che diceva. Roosevelt era un uomo infido e nessuno gli era veramente vicino. Tutti pensavano di essergli vicini, ma non lo erano.

"Ho visto Roosevelt parlare con persone che gli davano l'impressione di essere d'accordo con loro, quando invece era tutto il contrario". Leib ricorda un'occasione, ad esempio, quando FDR era ancora governatore di New York. Leib vide FDR affascinare un gruppo di editori che erano venuti a trovarlo, ma non appena se ne furono andati Roosevelt rilasciò un comunicato stampa contenente un messaggio esattamente opposto a quello che aveva detto agli editori.

Con un certo divertimento, Leib ha ricordato l'impatto delle famose "fireside chats" di FDR. Leib ha sottolineato che "FDR faceva le stesse chiacchierate quando era governatore: "Quando era governatore, FDR faceva le stesse chiacchierate e gli davano del pagliaccio e dicevano: "Ascoltate quella voce da smidollato". Ma quando divenne presidente e fece la stessa cosa, dissero: "Che oratore meraviglioso!". Ma quando è diventato presidente e ha fatto la stessa cosa, hanno detto: "Oh, che oratore meraviglioso e che grande personalità". Ecco cosa fa la buona pubblicità a qualcuno", ha detto Leib. "Roosevelt era efficace, terribilmente efficace", ha ricordato Leib.

"Troppo". In effetti, Leib era eminentemente qualificato per fare una tale valutazione. Iniziò la sua carriera come convinto sostenitore di Roosevelt, come organizzatore nazionale della campagna presidenziale di FDR del 1932.

Tramite parenti, Leib conobbe Roosevelt nel 1928, quando quest'ultimo stava sostenendo la campagna presidenziale, non andata a buon fine, del democratico Al Smith. Roosevelt era allora in corsa per il suo primo mandato come governatore di New York. Nel 1930, quando FDR era alla ricerca di un secondo mandato, Leib creò il primo club Roosevelt for President. Alla fine del 1930, Leib gestiva quasi 100 club Roosevelt for President in 21 Stati diversi.

Leib arrivò a Washington con FDR dopo la vittoria alle elezioni presidenziali del 1932 e fu lì che conobbe molti degli alti funzionari che circondavano FDR. Il Segretario di Stato Hull, già citato, fu uno di quelli a cui si avvicinò.

Tuttavia, Leib divenne sempre più insoddisfatto quando vide il New Deal in azione. La National Recovery Administration, per la quale Leib lavorava, stava minando le piccole imprese a vantaggio delle grandi aziende, e la Agricultural Adjustment Administration, per la quale Leib lavorava anche, incoraggiava gli agricoltori a distruggere i loro raccolti, i loro prodotti caseari e i loro animali, mentre milioni di americani erano sull'orlo della fame.

Di conseguenza, ha detto Leib, "quasi tutti gli uomini con cui ho lavorato per Roosevelt gli si sono rivoltati contro". Leib stesso si staccò presto da FDR e iniziò a lavorare in modo indipendente, scrivendo discorsi, comunicati stampa e articoli di giornale da Washington.

"Otto mesi dopo l'elezione di FDR per il suo secondo mandato 1936], avevo previsto che si sarebbe candidato per un terzo mandato e tutti ridevano di me". In realtà, fu l'insistenza di Leib nel rivelare i piani di FDR di candidarsi per un terzo mandato che portò Leib alla rottura con il suo eroe e mentore di un tempo.

Leib basa la sua accusa che FDR stesse prendendo in considerazione la possibilità di candidarsi per un terzo mandato su una lettera che Franklin D. Roosevelt Jr. gli scrisse (Leib) in cui affermava: "Non è ancora sorta la necessità di decidere una tale questione, perché ciò che pensiamo oggi potrebbe dover essere rivisto tra tre anni alla luce di circostanze al di fuori del nostro controllo, come la situazione all'estero". Ciò avveniva, nota Leib, tre anni prima dell'entrata in guerra degli Stati Uniti e due anni prima che Hitler invadesse la Polonia il 1° settembre 1939.

Eppure FDR si candidò per un terzo mandato e, come Leib aveva previsto, utilizzò la "situazione esterna" - la guerra - come uno dei motivi per cui chiedeva il sostegno del popolo americano, per rompere la tradizione che non prevedeva terzi mandati.

Successivamente, Leib è stato uno dei principali artefici dell'adozione del 22° emendamento alla Costituzione, che limitava a due il numero di mandati elettivi di un presidente.

In un discorso del 1984, Leib lamentò il ricordo affettuoso che molti americani, compreso l'allora presidente Ronald Reagan, avevano di Franklin D. Roosevelt. "Questo sembra essere universale", ha osservato. Temo che per questo motivo continueremo a commettere errori e i responsabili la faranno franca".

Tuttavia, lo stesso Leib ha un bel ricordo di alcune delle figure di spicco dell'epoca. "Burton Wheeler era probabilmente un uomo onesto. Gerald Nye era un altro. Hamilton Fish era un'anima buona. Anche Robert Taft lo era. Era un uomo buono e onesto. Douglas MacArthur avrebbe potuto essere un buon Presidente. Era certamente un generale migliore di molti altri.

Dopo lo scoppio della guerra, Leib, in qualità di giornalista indipendente, avviò un'indagine personale sui profitti derivanti dai contratti di difesa, che portò a un'inchiesta del Congresso su vasta scala.

Leib è stato anche premiato per aver riorganizzato con successo l'Ufficio per la sicurezza in tempo di guerra dell'Aeronautica e per aver corretto i metodi di produzione degli aerei difettosi. "Non l'ho fatto per una ricompensa", ha detto. Ero soddisfatto di aver salvato vite e denaro".

Leib ha ricevuto un premio speciale dal Comando di Difesa Aerospaziale per i suoi sforzi ed è stato ampiamente riconosciuto da molti membri del Congresso per il suo lavoro. Diverse risoluzioni che chiedono a Leib di ricevere la Medaglia d'Onore del Congresso sono state presentate al Congresso in varie occasioni.

Inoltre, lo stesso Leib ha prestato servizio nell'esercito degli Stati Uniti e in seguito è stato molto attivo nei gruppi di veterani. Si è ritirato nell'area di Washington D.C. ad Arlington, in Virginia, dove è morto.

CAPITOLO III

Attacco israeliano alla *USS Liberty*

Ecco uno sguardo alle scioccanti circostanze dell'assassinio di 34 americani da parte delle forze armate israeliane in un attacco terroristico che pochi americani conoscono. Il nuovo film di Tito Howard, *Loss of Liberty*, è un documentario imperdibile che racconta tutti questi dettagli e molto altro.

L'8 giugno 1967, la *U.S.S. Liberty*, una nave da guerra americana in navigazione nel Mediterraneo, fu improvvisamente e deliberatamente attaccata dalle forze navali e aeree dello Stato di Israele. L'attacco avvenne nel bel mezzo di un pomeriggio soleggiato. La bandiera americana a bordo della *Liberty* sventolava chiaramente nella brezza. Tre aerei israeliani non contrassegnati, accompagnati da tre torpediniere, hanno portato a termine questo brutale assalto.

L'attacco iniziò con i razzi e proseguì con il napalm, una sostanza chimica infiammabile che si attacca alla pelle umana con risultati spaventosi. Le torpediniere bombardarono poi il ponte della *Liberty* con le loro mitragliatrici, mentre i marinai americani cercavano di spegnere gli incendi causati dal napalm. *La Liberty* fu poi silurata non una, ma tre volte.

Miracolosamente, non affondò. Trentaquattro americani morirono nell'incidente e altri 171 rimasero feriti. Quando la notizia dell'attacco giunse alla Casa Bianca, il presidente Lyndon B. Johnson allertò il comandante della Sesta Flotta affinché si preparasse a un'azione di rappresaglia, ipotizzando che i responsabili fossero gli egiziani. In seguito, quando il Presidente apprese che i responsabili erano gli israeliani, annullò l'allerta.

La stampa americana ha parlato pochissimo di questa tragedia. Le poche informazioni disponibili indicano che si è trattato di un "tragico errore". Inoltre, i media hanno sottovalutato il numero di morti.

In seguito, sotto la direzione dell'ammiraglio John S. McCain, comandante in capo delle forze navali statunitensi in Europa, una commissione d'inchiesta è stata guidata dal contrammiraglio I. C. Kidd. McCain e Kidd lo sapevano bene,, ma annunciarono comunque che l'attacco era stato un "caso di errore di identità".

(La copertura da parte di McCain del massacro dei ragazzi della Marina statunitense da parte di Israele ha creato un legame unico tra la famiglia McCain e Israele, tanto che oggi il figlio di McCain, John, senatore repubblicano dell'Arizona, è il repubblicano preferito da Israele). Ai sopravvissuti *della Liberty* fu ordinato di "tacere". Chiunque parlasse veniva minacciato di ricorrere alla corte marziale. "Se qualcuno faceva domande, i marinai dovevano dire che era stato un incidente. I sopravvissuti furono sparsi in tutto il mondo, in modo che nessuno fosse mandato nello stesso posto.

L'incidente è stato menzionato di sfuggita in vari media, ma la prima volta che la storia scioccante è stata raccontata a livello nazionale è stata su *The Spotlight* il 26 aprile 1976.

Tuttavia, un mese dopo la tragedia, il 15 luglio 1967, il notiziario *The Washington Observer*, pubblicato da persone associate alla Lobby populista della Libertà con sede a Washington, comunicò ai suoi lettori che l'attacco israeliano alla nave americana era stato effettivamente deliberato.

Non c'è dubbio che gli israeliani intendessero non solo affondare *la Liberty*, ma anche uccidere l'intero equipaggio in modo che nessun testimone vivente potesse puntare il dito contro gli israeliani. Gli israeliani speravano di scaricare la colpa del crimine sugli arabi - una tecnica "false flag" usata da tempo da Israele nei suoi numerosi atti di terrorismo.

I difensori di Israele chiedono di sapere perché gli israeliani avrebbero voluto che la *Liberty* fosse completamente distrutta e che tutte le persone a bordo fossero uccise in massa. La spiegazione è semplice: la *Liberty* era una nave spia - all'epoca ritenuta la più sofisticata al mondo - che stava raccogliendo informazioni che avrebbero dimostrato che, contrariamente alla linea propagandistica pubblica israeliana, Israele stava cercando di inasprire la Guerra dei Sei Giorni del 1967, allora in corso, tentando di estendere le sue conquiste territoriali, pianificando un'incursione nei territori arabi della Cisgiordania e della Striscia di Gaza. Avrebbe inoltre dimostrato che Israele, e non gli Stati arabi, era il vero aggressore e che intendeva invadere la Siria.

Un rapporto di *Spotlight* del 21 novembre 1977 ha coinvolto il capo del controspionaggio della CIA, James J. Angleton, nell'orchestrazione dell'attacco alla *Liberty* con Israele. Fedele sostenitore di Israele, era a capo del collegamento tra la CIA e l'agenzia di intelligence israeliana, il Mossad, e aveva svolto un ruolo chiave nell'aiutare Israele a sviluppare il suo arsenale nucleare (in barba al presidente John F. Kennedy). Angleton riteneva che la distruzione della *Liberty* potesse essere usata come una "Pearl Harbor" o un incidente "Remember the Maine" per infiammare le passioni americane contro gli arabi.

Nel 1983 è stato pubblicato per la prima volta (senza clamore) un rapporto top secret preparato nel 1967 dal consulente legale del Segretario di Stato americano. Il rapporto valutava le affermazioni di Israele secondo cui l'attacco era stato un errore. Il rapporto dimostrava che le affermazioni di Israele erano bugie. Ad esempio:

- Gli israeliani sostennero che la *Liberty* viaggiava a una velocità elevata (e quindi sospetta) di 28-30 nodi. In realtà, la nave stava andando alla deriva a soli cinque nodi.

- Gli israeliani sostennero che la *Liberty* si era rifiutata di identificarsi. In realtà, gli unici segnali emessi dalle torpediniere israeliane furono dopo il lancio dell'attacco, per cui 25 marinai erano già morti quando la *Liberty* fu colpita da un siluro israeliano.

- Gli israeliani hanno affermato che *la Liberty* non batteva bandiera americana e non aveva alcuna insegna identificativa. In realtà, non solo la *Liberty* sventolava una bandiera americana al vento, ma dopo che questa fu abbattuta, un'altra bandiera, molto più grande, fu issata dai marinai americani quando si resero conto di essere attaccati da forze apparentemente "amiche" del "nostro alleato, Israele". Inoltre, il nome e i numeri di identificazione della *Liberty* erano chiaramente indicati sullo scafo, che era stato appena dipinto.

Secondo i sopravvissuti della *Liberty*, gli aerei israeliani avevano infatti girato intorno alla nave non meno di 13 volte per diverse ore prima dell'inizio dell'attacco. Alcuni marinai della *Liberty* hanno persino salutato gli "amichevoli" israeliani dal ponte della nave, ignari del fatto che sarebbero stati spazzati via poco dopo.

Ecco alcuni commenti di sopravvissuti americani all'attacco israeliano alla *Liberty*. Le loro opinioni riflettono quelle di molti altri sopravvissuti. È possibile che tutti questi militari americani si siano "sbagliati" o abbiano "mentito" - come sostengono i difensori di Israele - sulla colpevolezza di Israele nella tragica vicenda della *Liberty*

- Ernie Gallo: "Il giorno prima [dell'attacco], ero lassù quando sono arrivati gli aerei israeliani - e molto vicino, in modo da poter salutare i piloti - e loro erano così vicini che potevamo salutare a nostra volta".

- Rick Aimetti: "Era una giornata molto limpida. Faceva caldo, il sole splendeva, soffiava una bella brezza e ricordo chiaramente di aver sentito la bandiera [americana] schioccare al vento".

- Phil Tourney: "Ci sono state circa tredici sortite dalla nostra nave tra le sei e mezzogiorno. Abbiamo fatto un'esercitazione generale che è durata circa quarantacinque minuti".

- Stan White: "Sono uscito sul ponte, è passato un aereo e ho guardato nella cabina di pilotaggio. Mi ha salutato. Ho risposto con un cenno. Ecco quanto erano vicini. Sapevano chi eravamo".

- George Golden: "Da tutti i voli di ricognizione che hanno fatto quella mattina - osservando la nostra nave per sei o sette ore - avevano una buona idea di quello che stavano facendo, e ci hanno colpito duramente e velocemente con tutto quello che avevano".

- James Smith: "Durante l'attacco, ero sul ponte a combattere il fuoco e a controllare i danni. Allo stesso tempo, ho potuto osservare i jet che volavano sopra le nostre teste e ho anche osservato la bandiera americana che sventolava dall'albero maestro. In nessun momento la bandiera era sospesa all'albero".

Joe Meadors: "Il mio unico compito durante l'attacco era quello di assicurarmi che la bandiera sventolasse, quindi ogni pochi minuti andavo al ponte di segnalazione sull'albero maestro.

I sopravvissuti americani al brutale attacco terroristico di Israele alla *USS Liberty* hanno dichiarato che la natura dell'assalto è stata indiscutibilmente un crimine di guerra.

Lloyd Painter, un sopravvissuto, ricorda: "Ho assistito personalmente al bombardamento delle zattere di salvataggio che passavano nelle vicinanze. L'equipaggio delle torpediniere israeliane sparava con le mitragliatrici contro le zattere di salvataggio, assicurandosi che se ci fosse stato qualcuno nelle zattere, non sarebbe sopravvissuto". Un altro sopravvissuto, Don Bocher, ha sottolineato che i piani di abbandono della nave furono annullati perché le zattere di salvataggio erano state distrutte. In effetti, sparare alle zattere di salvataggio di una nave in pericolo è un crimine di guerra.

Josey Toth Linen, il cui fratello Stephen morì sulla *Liberty*, sottolinea: "Mio fratello fu mandato sul ponte della nave per scoprire chi fossero gli aerei e da dove provenissero. Non c'erano contrassegni su di essi. Questo è contrario alle regole di guerra di Ginevra... È stato falciato dagli aerei".

Di conseguenza, Israele ha commesso crimini di guerra nel suo attacco ingiustificato alla nave amica americana.

David Lewis, un sopravvissuto, ha aggiunto: "Se [la nave] fosse affondata, suppongo che quando il giorno dopo il relitto fosse stato portato a riva, l'Egitto sarebbe stato incolpato... Sono sicuro che le cannoniere degli elicotteri avrebbero raccolto i sopravvissuti se avessimo abbandonato la nave. Erano stati mandati lì per finirci. Gli aerei furono mandati per tenerci in isolamento, in modo che non potessimo lanciare un SOS. Le torpediniere furono mandate per affondarci.

"E gli elicotteri sono stati inviati per recuperare i sopravvissuti. Fu un'operazione militare perfettamente eseguita. Se guardate le foto della *Liberty* dopo l'attacco, vedrete che nel primo bombardamento hanno usato missili di puntamento che hanno distrutto la sezione di sintonizzazione di ogni trasmettitore della nave. In meno di due secondi, hanno eliminato tutte le nostre capacità di comunicazione".

Il capitano della nave, W. L. McGonagle, fece eco alle preoccupazioni di altri sopravvissuti, osservando che "la ferocia dell'attacco sembrava indicare che gli aggressori intendevano affondare la nave".

Forse speravano che non ci fossero sopravvissuti per non essere ritenuti responsabili dell'attacco dopo che era avvenuto.

CAPITOLO IV

Un'americana di origine indiana parla: l'Olocausto è finito; quando è troppo è troppo

La controversia "Chi ha ucciso John F. Kennedy?" ha fatto parlare di sé tanto quanto l'"Olocausto". Era quindi forse inevitabile che queste due controversie, che non hanno nulla a che fare l'una con l'altra, finissero per intrecciarsi una volta per tutte. Senza volerlo, ho avuto un ruolo in questo strano fenomeno.

Nell'estate del 1997, sono stato invitato a parlare del mio libro, *Final Judgment: The Missing Link in the JFK Assassination Conspiracy (Giudizio finale: l'anello mancante nella cospirazione dell'assassinio di JFK)*, a un seminario di un community college di Orange County, in California. La tesi del libro è che l'agenzia di intelligence israeliana, il Mossad, ha svolto un ruolo di primo piano insieme alla CIA e al sindacato criminale Meyer Lansky nell'assassinio del Presidente Kennedy.

Quasi istantaneamente, lo sponsor del seminario e io siamo stati colpiti da un fuoco di fila dei media nazionali istigato dalla Lega Antidiffamazione (ADL) di B'nai B'rith. L'ADL ha detto alla stampa (che ha riportato volentieri le accuse) che ero un "negazionista dell'Olocausto" e che, solo per questo motivo, mi doveva essere negata l'opportunità di discutere il mio libro.

In realtà, il mio libro non ha assolutamente nulla a che fare con l'Olocausto, ma a quanto pare l'ADL aveva deciso che il modo migliore per screditarmi agli occhi del pubblico e della comunità accademica era quello di lanciare l'ultima calunnia, ovvero che io avessi (Dio non voglia) "negato l'Olocausto".

Determinata a distogliere l'attenzione dal vero argomento del mio libro - il ruolo del Mossad israeliano nell'assassinio di JFK - l'ADL aveva chiaramente deciso che fare accuse sulle mie presunte opinioni sull'Olocausto era il modo migliore per innervosire il pubblico e scatenare una tempesta di opposizione - un "Olocausto", per così dire - per impedirmi di essere ascoltato.

Forse non avrei dovuto sorprendermi. Dopo tutto, lo storico israeliano Yehuda Bauer ha dichiarato all'*Associated Press* (come riportato nel *The* (Portland) *Oregonian* del 21 dicembre 1988) che "ogni politico oggi usa l'Olocausto per sostenere la propria agenda politica".

In effetti, non c'è dubbio che l'"Olocausto" sia diventato un potente strumento politico per lo Stato di Israele nell'arena globale.

Il 24 aprile 1998, in occasione di una cerimonia commemorativa ad Auschwitz, il Primo Ministro israeliano Binyamin Netanyahu ha chiarito che non avrebbe mai permesso agli Stati Uniti - o al mondo - di dimenticare l'"Olocausto". Ha anche chiarito che, sì, anche gli Stati Uniti, che sono intervenuti nella guerra europea per fermare Hitler, sono stati responsabili dell'"Olocausto". Secondo il Primo Ministro israeliano, "era sufficiente bombardare le ferrovie. Gli Alleati bombardavano gli obiettivi vicini. Tutto ciò che i piloti dovevano fare era puntare il loro mirino. Pensate che non lo sapessero? Lo sapevano.

Non hanno bombardato perché all'epoca gli ebrei non avevano uno Stato, né la forza militare e politica per proteggersi".

In breve, se crediamo che i nazisti fossero effettivamente impegnati in un programma di sterminio di massa - gassazione di massa - ad Auschwitz, allora gli Alleati hanno consapevolmente permesso la morte degli ebrei.

Ciò sorprenderà i milioni di veterani americani della Seconda guerra mondiale che hanno rischiato la vita per salvare gli ebrei d'Europa dalle grinfie di Hitler. E farà riflettere anche i milioni di americani che hanno visto morire i loro padri e figli in quella tragica guerra. Tuttavia, ora ci viene detto che, poiché Hitler ha ucciso sei milioni di ebrei e gli Alleati li hanno lasciati morire, è dovere di ogni non ebreo che vive su questo pianeta fare penitenza allo Stato di Israele, la piccola nazione che "è sorta dalle ceneri dell'Olocausto".

Era quindi quasi inevitabile che la questione dell'"Olocausto" venisse in qualche modo introdotta nel dibattito - o nel non dibattito, a seconda dei casi - sulla tesi del mio libro, che osa dire qualcosa di poco piacevole su Israele.

Alla fine, a causa della questione dell'Olocausto, questo seminario universitario sull'assassinio di JFK è stato cancellato e non ho mai avuto l'opportunità di parlare del libro o, oserei dire, dell'Olocausto.

Ma queste accuse di "negazione dell'Olocausto" mi hanno fatto riflettere - e suppongo di dover ringraziare l'ADL per questo.

In realtà, la prima volta che ho saputo che l'ADL sosteneva che io fossi un "negazionista dell'Olocausto" è stato quando un giovane giornalista del *Los Angeles Times* mi ha contattato e ha iniziato a farmi domande sull'Olocausto.

Prima di tutto, il mio libro riguarda l'assassinio di JFK. Non ha nulla a che fare con l'Olocausto. L'assassinio di JFK è avvenuto nel 1963. L'Olocausto è finito nel 1945. La mia opinione su ciò che è accaduto o meno durante l'Olocausto non ha nulla a che fare con il mio libro sull'assassinio di JFK. È un argomento completamente diverso".

Ma il giornalista è stato irremovibile. "Mi chiese cosa ne pensassi dell'Olocausto. Gli ho detto che l'argomento non mi interessava molto, ma che con un flusso apparentemente infinito di notizie, nuovi libri, serie televisive e cinematografiche e altri 'eventi' mediatici, era praticamente impossibile per chiunque nel mondo moderno non averne sentito parlare.

Ma questo non ha soddisfatto il giornalista che, a cose fatte, ha riportato sulle pagine del *Los Angeles Times* quanto segue: "Per quanto riguarda le sue opinioni sull'Olocausto, Piper ha detto di contestare la cifra di 6 milioni di ebrei morti per mano dei nazisti, alludendo alle affermazioni secondo cui la cifra è in realtà molto più bassa e che nessun ebreo è stato ucciso nelle camere a gas".

Prima di tutto, il *Los Angeles Times* ha mentito. Non ho mai fatto riferimento alle affermazioni secondo cui nessun ebreo sarebbe stato ucciso nelle camere a gas. In effetti, l'espressione "camere a gas" non mi è mai passata per le labbra. E *non ho* detto, come ha riportato il

Times, di aver contestato la tanto pubblicizzata cifra di "sei milioni di ebrei" morti per mano dei nazisti.

Invece, quando mi è stato chiesto se dubitassi della cifra di "sei milioni", gli ho detto che c'erano nuove affermazioni (da parte di fonti ebraiche) secondo cui la cifra era molto più alta dei "sei milioni" pubblicizzati.

"Per quanto riguarda le cifre", gli ho detto, "ho sentito la cifra di sei milioni per tutta la vita. Non si può girare senza leggere qualcosa al riguardo sulla stampa, in continuazione.

Tuttavia", ho aggiunto, "negli ultimi anni, alcuni storici ebrei hanno affermato che la cifra era di sette milioni, o addirittura otto milioni. Quindi non so quale sia questa cifra. Io non c'ero. È successo - non importa cosa sia successo - almeno 15 anni prima della mia nascita e a diverse migliaia di chilometri dalla piccola città americana in cui sono cresciuto

Ho fatto riferimento al *Washington Post* del 20 novembre 1996, all'edizione del rinomato *Jerusalem Post* della settimana conclusasi il 23 novembre 1996 e all'edizione del 23 maggio-30 maggio 1997 della *Jewish Press* di New York, che riportavano *tutti* che il numero delle vittime ebree dell'Olocausto era stato gonfiato (da fonti ebraiche) ad almeno sette milioni, se non di più. Ma il *Los Angeles Times - su* ordine dell'ADL - non riportò queste informazioni perché, ovviamente, non rientravano nella linea propagandistica che stava cercando di promuovere.

Quindi, anche se il *Times* era ossessionato dall'Olocausto, non ha mai riportato ciò che avevo effettivamente da dire su questo argomento molto discusso, anche se ha gratuitamente aggiunto che un autore ebreo americano, Gerald Posner, che ha scritto un libro sull'Olocausto (oltre a un libro molto pubblicizzato che sostiene che non c'è stata alcuna cospirazione dietro l'assassinio di JFK), ha detto che la mia particolare tesi sulla cospirazione di JFK - che il Mossad di Israele era coinvolto - era "simile all'idea che l'Olocausto fosse una bufala"." (Ecco di nuovo il vecchio Olocausto!).

Ma è interessante notare che, se fino a poco tempo fa l'ADL sosteneva che la "negazione dell'Olocausto" consisteva nel "negare che l'Olocausto sia mai avvenuto", l'ADL è attenta a dire che il cosiddetto movimento di "negazione dell'Olocausto" contesta i dettagli dell'Olocausto, come, ad esempio, il numero effettivo di ebrei morti. Eppure, nonostante tutto questo, nonostante il crescente numero di articoli di stampa sul numero effettivo di persone morte, il discorso della "negazione dell'Olocausto" continua.

E mentre ero impegnato a respingere le domande dei media sulla mia posizione sull'Olocausto - come se fossi in qualche modo obbligato a prendere posizione - c'era qualcos'altro che mi affrettavo a sottolineare: mio padre e tre dei suoi fratelli hanno partecipato al salvataggio delle vittime dell'Olocausto durante la Seconda Guerra Mondiale. In altre parole, erano membri dell'esercito americano. Due ragazzi Piper erano nell'esercito americano, uno era un pilota della Marina e mio padre era un soldato dell'esercito americano.

I soldati dell'Aeronautica Militare erano marinai che parteciparono a feroci combattimenti nel Pacifico. Rischiarono la vita per combattere la Germania nazista e il Giappone imperiale e porre fine a quello che oggi chiamiamo "Olocausto". Mio padre contrasse la malaria e trascorse mesi di convalescenza in un ospedale per veterani. Gli altri tre furono più fortunati.

Comunque, la mia povera nonna mandò i suoi quattro ragazzi in capo al mondo e passò due anni a vivere da sola, chiedendosi se sarebbero mai tornati a casa vivi. Ricordo che da bambina ero spaventata e ansiosa quando un giorno mio padre mi disse: "Pensa alla povera Nina (mia nonna) e a come doveva stare seduta qui in questa grande casa da sola la notte e preoccuparsi dei suoi ragazzi".

Ricordo ancora (anche se lui era lì con me) il terrore che provai al pensiero che mio padre venisse massacrato nelle giungle dell'Asia. Ricordo di aver visto una famosa e orribile fotografia di un pilota australiano catturato che stava per essere decapitato dai giapponesi e di aver pensato: "Quello poteva essere mio padre". Così sono cresciuto molto consapevole dei mali della guerra e delle sue conseguenze.

Come molti veterani americani della Seconda guerra mondiale, mio padre era un fervente ammiratore di Franklin Roosevelt. Un giorno, da fiero marine, si ritrovò persino alla rassegna, a pochi passi da FDR e dal suo cagnolino Fala. È probabilmente il suo ricordo più bello.

Sebbene FDR non abbia scritto nulla, mio padre era un grande lettore e passava molto del suo tempo libero a studiare le memorie di guerra di Winston Churchill, gli scritti di William Shirer e tutti gli altri standard "approvati" sull'argomento.

Ricordo che (quando ero ancora uno scolaro) mio padre mi mostrò la famosissima foto di un ragazzino ebreo spaventato, con le braccia alzate per il terrore, mentre un soldato nazista lo teneva sotto tiro. Mio padre continuava a ripetere: "Ecco cosa facevano quegli sporchi nazisti agli ebrei". Devo aver visto quella foto almeno dieci volte, insieme ai suoi commenti.

Tuttavia, come ho appreso anni dopo, tre diversi ebrei "sopravvissuti all'Olocausto" furono coinvolti in una brutta lotta tra puzzole per stabilire chi fosse davvero il "ragazzino ebreo gassato dai nazisti". Comunque sia, il 28 maggio 1982 l'ancora autorevole *New York Times* (che ho iniziato a chiamare "Holocaust Update") riportava che "alcune persone, convinte che il potere simbolico della fotografia sarebbe diminuito mostrando che il bambino è sopravvissuto, si rifiutano di prendere in considerazione [le accuse]".

In ogni caso, quando la sua vita troppo breve si concluse nel 1990, mio padre aveva iniziato a nutrire dubbi sull'Olocausto. Nell'ultima conversazione con mio padre, poche ore prima della sua morte, avvenuta il 21 luglio 1990, gli dissi (nel tentativo di distrarci entrambi dalle sue reali sofferenze) che avevo appena letto un articolo del *London Daily Telegraph*, ripreso dal *Washington Times* del 17 luglio, che affermava che...

> La Polonia ha ridotto la stima del numero di persone uccise dai nazisti nel campo di sterminio di Auschwitz da 4 milioni a poco più di un milione... Un nuovo studio potrebbe riaccendere la polemica sulle dimensioni della "Soluzione finale" di Hitler...
>
> Franciszek Piper, direttore del Comitato storico del Museo di Auschwitz-Birkenau, ha dichiarato ieri che, secondo recenti ricerche, almeno 1,3 milioni di persone furono deportate nel campo, di cui circa 223.000 sopravvissero.

Le 1,1 milioni di vittime comprendevano 960.000 ebrei, tra i 70.000 e i 75.000 polacchi, quasi tutti i 23.000 zingari inviati al campo e 15.000 prigionieri di guerra sovietici.

Shmuel Krakowsky, responsabile della ricerca presso il memoriale israeliano Yad Vashem per le vittime ebraiche dell'Olocausto, ha dichiarato che le nuove cifre polacche sono corrette. La cifra di quattro milioni è stata lasciata trapelare dal capitano Rudolf Hoess, il comandante nazista del campo di sterminio. Alcuni gli credettero, ma stava esagerando...

Le targhe che commemorano la morte di quattro milioni di vittime sono state rimosse dal museo di Auschwitz all'inizio del mese.

Questo dettaglio storico mi ha incuriosito perché, dopo tutto, ricordo di aver letto in uno dei miei libri di storia della scuola secondaria che dei sei milioni di ebrei morti nell'Olocausto, quattro milioni morirono solo ad Auschwitz.

Così, pur non essendo mai stato un grande matematico, riuscii a capire che se i nuovi fatti erano corretti, il numero effettivo di ebrei morti nell'Olocausto doveva essere notevolmente inferiore alla tanto sbandierata cifra di "sei milioni".

Chiaramente, se sottraiamo il precedente "quattro milioni di ebrei morti ad Auschwitz" dal popolare "sei milioni", ci sono ancora due milioni di ebrei morti. E se, come sostengono ora le autorità di Auschwitz, solo 960.000 di loro sono morti lì, significa che 1.040.000 sono morti altrove.

Forse la mia memoria era difettosa. Forse quello che avevo letto sui libri del liceo era errato. Ma ho fatto qualche ricerca e ho appreso (da un rapporto speciale dell'ADL sull'argomento) che il 18 aprile 1945 il *New York Times* riportò che quattro milioni di persone erano morte ad Auschwitz. E questo "fatto" è stato riportato su più e più volte nei successivi 50 anni senza essere messo in discussione - compreso, a quanto pare, il mio stesso libro di storia del liceo.

Tuttavia, nel 50° anniversario della liberazione di Auschwitz, il *Washington Post* e lo stesso *New York Times* riportarono, il 26 gennaio

1995, che le autorità polacche avevano stabilito che, al massimo, 1,5 milioni di persone (di tutte le razze e religioni) - e non "quattro milioni" - erano morte ad Auschwitz per tutte le cause, comprese quelle naturali - in particolare per fame e malattie, un rapporto che faceva eco a quello del *Sunday Times di Londra*, pubblicato cinque anni prima.

Più recentemente, un'autorità stimata dell'Olocausto come Walter Reich, ex direttore del Museo Memoriale dell'Olocausto di Washington dal 1995 al 1998, è entrato in quello che si potrebbe definire "il dibattito sulle cifre".

L'8 settembre 1998, mentre i media californiani mi etichettavano ancora una volta come "negazionista dell'Olocausto", il *Washington Post* pubblicava un articolo di Reich in cui si parlava del conflitto tra gruppi ebraici e un gruppo di cattolici polacchi che volevano collocare croci in memoria dei cristiani morti ad Auschwitz.

Reich stava rispondendo a quello che descriveva come un editoriale "benintenzionato" del *Post* del 31 agosto 1998 sulla vicenda. Reich ha fatto l'interessante commento che l'editoriale "illustra come vecchie finzioni su Auschwitz siano state accettate come fatti - finzioni che sono state usate ripetutamente per distorcere la storia del campo". (Chiaramente, gli editorialisti *del Post* non avevano visto il rapporto sui dati di Auschwitz pubblicato tre anni prima e scelsero invece di ripetere "vecchie finzioni... accettate come fatti".

Quali erano queste "vecchie finzioni... accettate come fatti"? (E su, se avessi usato il termine "vecchie finzioni" in riferimento ad Auschwitz, l'ADL mi avrebbe certamente definito un "negazionista") In ogni caso, questo è ciò che Reich aveva da dire

> Il *Post* ha identificato Auschwitz-Birkinau come il campo di sterminio "dove tre milioni di ebrei e milioni di altre persone furono uccisi dai nazisti". Uno storico polacco ha recentemente stimato il numero di morti a circa 1,1 milioni, mentre altre stime arrivano a 1,5 milioni. Circa il 90% dei morti erano ebrei.

> Le cifre del *Post* potrebbero essere in parte derivate dalla stima gonfiata - di origine sovietica e approvata dalle autorità polacche dopo la guerra - di circa quattro milioni di morti. Questa cifra, e altre dello stesso ordine di grandezza, sono state ripetute così

spesso da essere accettate da molti come vere, anche se gli storici polacchi e non solo hanno rivisto notevolmente al ribasso la cifra.

Per alcuni in Polonia, le cifre più alte sono state accettate perché sottolineavano la sofferenza dei polacchi ad Auschwitz durante l'occupazione tedesca: più alto è il numero totale delle vittime, maggiore deve essere il numero dei cattolici polacchi. Negli ultimi anni, i ricercatori hanno stimato il numero di polacchi morti ad Auschwitz in meno di 100.000, un numero di gran lunga inferiore a quello inizialmente dichiarato, ma qualunque sia il criterio, si tratta di un numero tragicamente alto che segnerà per sempre Auschwitz come luogo di perdita nazionale polacca.

Ora, alla luce di tutti i problemi che ho avuto con i rappresentanti letterari dell'ADL al *Los Angeles Times* per la questione dei "numeri", non posso fare a meno di trovare le rivelazioni di Reich molto illuminanti - e rivelatrici. Francamente, non ho problemi con i commenti finali di Reich su Auschwitz e l'"Olocausto ": "Che ci siano solo parole di storia accurata in questo regno del male senza limiti.

Le persone oneste non hanno problemi con l'appello di Reich (nel saggio) affinché la copertura di Auschwitz "contenga solo parole di storia accurata". Oggi, la pubblicazione di una nuova antologia su Auschwitz, compilata dalla scrittrice inglese Vivian Bird, è un primo importante passo verso "solo parole di storia accurata".

Auschwitz: The Final Count esamina i "nuovi" resoconti dei media mainstream (descritti sopra) e fornisce fatti aggiuntivi essenziali che devono essere presi in considerazione se si vuole finalmente raccontare la storia completa di Auschwitz. Questo libro di 109 pagine è una raccolta (integrata dal commento di Bird) di quattro opere complete precedentemente pubblicate relative ad Auschwitz e all'Olocausto.

Il libro include un'affascinante introduzione di Bird che esplora il fenomeno poco noto, ma ben documentato, secondo cui le cifre ufficiali del "numero di morti" di Auschwitz sono scese da un "massimo" di 9.000.000 di morti a un minimo di 73.137 (di cui 38.031 ebrei). I lettori noteranno che delle 26 cifre molto diverse citate da Bird, tutte provengono da varie fonti "responsabili" e mainstream. Nessuna delle cifre citate da Bird proviene da una fonte accusata di "negazione dell'Olocausto", qualunque cosa ciò significhi.

È chiaro che il numero di persone che sono morte ad Auschwitz è essenziale per capire cosa è successo lì. Ma le cifre cambiano continuamente. Se il libro di Bird dimostra qualcosa, è proprio questo.

Ma ad Auschwitz non ci sono solo i numeri. I saggi del libro di Bird offrono ciascuno una sfaccettatura unica e diversa del problema generale

- *La menzogna di Auschwitz* di Thies Christophersen è una visione da insider di Auschwitz. L'autore tedesco, agronomo, non fu inviato ad Auschwitz come prigioniero, ma come scienziato impegnato nella ricerca sullo sviluppo della gomma sintetica. Lavorando fianco a fianco con il personale della prigione, Christophersen ha visto con i suoi occhi la vita quotidiana ad Auschwitz.

Auschwitz e, nel dopoguerra, rimase sbalordito nel sentire le storie di "gassazione" e tutte le frottole che oggi associamo ad Auschwitz.

Il suo saggio, *La menzogna di Auschwitz*, pubblicato per la prima volta in tedesco nel 1973, suscitò grande costernazione. Tuttavia, Christophersen non si tirò indietro e, di conseguenza, fu multato o imprigionato per aver osato raccontare la sua storia di testimone oculare.

Chi è abituato ai "docu-drammi" su Auschwitz troverà nel reportage di Christophersen una nuova prospettiva.

- *Zyklon B, Auschwitz, and the Trial of Dr. Bruno Tesch* è il secondo film dell'antologia di Bird. Scritto da un chimico veterano, il compianto dottor William Lindsey, è una demolizione accuratamente documentata del processo per crimini di guerra contro il dottor Tesch, che alla fine fu condannato e impiccato. Lo sfortunato Tesch era in parte proprietario di una società che acquistava all'ingrosso (dai produttori) e poi forniva (come intermediario) alle autorità tedesche dei campi di concentramento l'ormai tristemente famoso pesticida Zyklon B.

Sebbene ci sia stato detto che lo Zyklon B è stato usato per uccidere con il gas milioni di ebrei, Lindsey dimostra che il composto è stato usato come insetticida e disinfettante per disinfestare non solo i detenuti di Auschwitz, ma anche i membri delle SS che gestivano il campo, e per fumigare i loro vestiti, i dormitori e così via. In breve, lo Zyklon B fu usato per sostenere e mantenere la vita umana, non per porvi fine. Il saggio di Lindsey esamina le prove e le testimonianze fraudolente del processo Tesch e sviscera un altro elemento essenziale non solo della leggenda di Auschwitz, ma della storia dell'Olocausto nel suo complesso.

- Inside the Auschwitz "Gas Chambers" è *opera di Fred A.* Leuchter, un volitivo ingegnere americano, un tempo noto come forse la principale autorità americana in materia di meccanismi di esecuzione giudiziaria. Leuchter descrive come ha condotto esperimenti scientifici sulle strutture di Auschwitz che gli storici del tribunale ritengono siano state utilizzate per sterminare un gran numero di persone - le famigerate camere a gas. Leuchter ha concluso che non è possibile che siano state effettuate le gasazioni descritte nella storia ufficiale. Per aver osato presentare le sue conclusioni su - l'unico studio noto condotto nelle camere a gas - Leuchter fu perseguitato senza sosta. Ma aveva ragione. Le sue conclusioni andavano al cuore della vicenda di Auschwitz.

- L'ultimo saggio è "*Perché l'Olocausto è importante?*", scritto da Willis A. Carto, redattore di TBR, che sottolinea come l'Olocausto sia diventato di per sé un'industria lucrativa, utilizzata come strumento politico molto efficace non solo per estorcere a Israele miliardi di dollari da contribuenti tedeschi e statunitensi, ma anche per costringere gli Stati Uniti a condurre la loro politica estera in modo favorevole a Tel Aviv (e contrario agli interessi nazionali americani). Il saggio di Carto mette in prospettiva l'Olocausto.

La storia di Auschwitz e dell'Olocausto è quindi molto più complessa di quanto sembri. I fatti che sono stati messi insieme ci danno forse un quadro molto più interessante di ciò che è realmente accaduto.

Il libro di Bird sarà, per molti versi, il giudizio finale sull'argomento. *Auschwitz: The Final Count* scandalizzerà molti, ma come dice Bird: "Per coloro che desiderano indagare i fatti - non i miti - sugli eventi della Seconda Guerra Mondiale, questo libro dovrebbe mettere a tacere alcune delle principali leggende sull'Olocausto".

Alla faccia della verità su Auschwitz... La storia ha chiuso il cerchio e, come dice il vecchio detto, alla fine la verità verrà fuori. Ma le storie di Auschwitz non sono le uniche "vecchie finzioni... accettate come fatti" che ora vengono corrette alla luce degli sforzi per allineare la storia ai fatti.

So, per esempio, che una delle mie amate insegnanti di liceo - la compianta Lucy Buck Lehman, la cui integrità era fuori discussione - una volta mi raccontò degli orrori che aveva vissuto come volontaria della Croce Rossa nel campo di concentramento di Dachau, in Germania, alla fine della Seconda guerra mondiale. Mi disse, con grande emozione: "Ho visto cosa è successo. Ho visto la camera a gas di Dachau dove migliaia di ebrei sono stati gassati. Non si può negare l'Olocausto". Questa insegnante è una di quelle che ha visto la camera a gas che è stata mostrata a centinaia (forse migliaia) di americani che hanno attraversato il campo alla fine della guerra.

Tuttavia, anni dopo, venni a sapere che il 19 agosto 1960 lo storico Martin Broszat, scrivendo sul settimanale amburghese *Die Zeit*, aveva già riferito che: "Né a Dachau, né a Bergen-Belsen, né a Buchenwald, furono gassati ebrei o altri prigionieri. La camera a gas di Dachau non fu mai completata o messa in funzione. Le centinaia di migliaia di prigionieri che morirono a Dachau e in altri campi di concentramento dell'ex Reich furono principalmente vittime di condizioni igieniche e di approvvigionamento catastrofiche...".

Da parte sua, il cacciatore di nazisti del dopoguerra Simon Wiesenthal ha dichiarato in una lettera pubblicata il 24 gennaio 1993 nell'edizione europea di *Stars and Stripes*: "È vero che non ci sono stati campi di sterminio sul suolo tedesco.... A Dachau si stava costruendo una camera a gas, ma non fu mai completata".

Nel 1995, l'American Jewish Committee (AJC) ha dichiarato in *The Changing Shape of Holocaust Memory* che "non ci sono stati centri di uccisione in quanto tali in Germania.... [e] per quanto orribili fossero le condizioni a Dachau, la sua camera a gas non fu mai usata...".

Quindi, anche se c'era una "camera a gas" a Dachau - ovviamente quella che ha visto la mia insegnante di scuola secondaria - non è mai stata effettivamente utilizzata per lo scopo che lei credeva.

La conclusione, suppongo, è questa: la storia dell'"Olocausto" è molto più complessa di quanto sembri e, in effetti, tutti i fatti messi insieme formano una storia molto più interessante su ciò che è accaduto o non è accaduto e, soprattutto, su come "vecchie finzioni... accettate come fatti" vengono utilizzate per sostenere una lucrosa industria della propaganda non solo negli Stati Uniti, ma in tutto il mondo: il business della cosiddetta "Shoah".

La domanda se si crede o meno che "sei milioni di ebrei sono morti nell'Olocausto" sembra essere diventata l'ultima cartina di tornasole della rispettabilità. Quanto tempo passerà, chiedo in tutta sincerità, prima che gli americani debbano giurare fedeltà a questo articolo di fede

Il collegamento fatto tra l'assassinio di JFK e l'Olocausto nella frenesia mediatica generata dal mio libro è piuttosto ironico. Si tratta, infatti, di un altro "gioco di numeri". La storia "ufficiale" dell'assassinio di JFK è che un assassino sparò tre colpi al presidente - ma ora sappiamo che più di un assassino sparò più di tre colpi. La ricerca critica sulla cospirazione dell'assassinio di JFK ha effettivamente gonfiato i numeri. Nel caso della storia "ufficiale" dell'"Olocausto", la ricerca critica (basata sui fatti) ha, al contrario, sgonfiato le cifre. Ora sappiamo che sei milioni di ebrei non sono morti nell'Olocausto.

E ci sono molte altre cose nella nostra "memoria" dell'Olocausto che non corrispondono esattamente a ciò che "sappiamo" essere la verità. Agli americani è stato detto che la Seconda guerra mondiale è stata una lotta per la sopravvivenza della "tradizione giudaico-cristiana".

Tuttavia, nel suo libro *The Holocaust in American Life*, il professor Peter Novick dell'Università di Chicago rivela, per la prima volta nella storia, che l'espressione ormai popolare "tradizione giudeo-cristiana" è il prodotto di una propaganda bellica architettata per fini politici, e non ha alcun fondamento nella realtà storica o negli annali del sapere ebraico o cristiano.

Secondo Novick, "è stato durante gli anni di Hitler che i filosemiti americani hanno inventato la "tradizione giudeo-cristiana" per combattere le innocenti, o meno innocenti, voci di un assalto totalitario alla "civiltà cristiana". In breve, il termine fu inventato proprio per eliminare il concetto di "civiltà cristiana".

Anche in tempo di guerra, sottolinea Novick, la propaganda ufficiale del governo americano (e della comunità ebraica) contro i tedeschi minimizzava il trattamento riservato da questi ultimi agli ebrei.

Infatti, secondo Novick, la Anti-Defamation League (ADL) del B'nai B'rith era molto preoccupata che gli americani potessero incolpare gli ebrei per la guerra. Subito dopo Pearl Harbor, il direttore dell'ADL,, avvertì: "Ci saranno centinaia di migliaia di famiglie in lutto, molte delle quali sono state condizionate a credere che questa sia una guerra ebraica".

Novick ha rivelato che Leo Rosten - uno scrittore ebreo che dirigeva la divisione speciale di propaganda antitedesca dell'Office of War Information, nota come dipartimento "Nature of the Enemy" - temeva di dare troppa enfasi alle atrocità naziste contro gli ebrei. Rosten e la leadership ebraica ritenevano che nelle file dell'esercito americano ci fosse un tale antisemitismo che i soldati americani rischiavano di simpatizzare con i tedeschi.

Secondo Rosten: "L'impressione sull'americano medio è molto più forte se la questione [della lotta a Hitler e ai nazisti] non è esclusivamente ebraica". In quest'ottica, secondo Novick, i propagandisti americani dovevano dimostrare che i nazisti erano "il nemico di tutti, allargando piuttosto che restringendo la gamma delle vittime naziste".

In breve, l'espressione "tradizione giudaico-cristiana" non era altro che propaganda di guerra. Il concetto è una frode che non ha assolutamente nulla a che fare con l'insegnamento teologico, se non con la percezione popolare attuale. Questo dettaglio getta nuova luce su un modo di dire molto usato che è praticamente obbligatorio in tutte le dichiarazioni pubbliche che osano affrontare il tema della religione, altrimenti vietato.

Quindi, sebbene la comunità ebraica americana - e Novick non lo dice - abbia svolto un ruolo importante nella lotta contro le manifestazioni tradizionali di devozione religiosa negli Stati Uniti, il concetto inventato di "tradizione giudaico-cristiana" è sempre stato un utile strumento di propaganda per perpetuare la storia dell'Olocausto.

E, contrariamente a quanto vi hanno detto, subito dopo la Seconda guerra mondiale i sopravvissuti all'Olocausto non erano tenuti nella stessa alta considerazione (anche da parte dell'establishment ebraico) di oggi. Oggi, come sottolinea Novick, coloro che sono sopravvissuti alla guerra - in particolare coloro che hanno trascorso un periodo nei campi di concentramento - sono stati elevati a uno status speciale. Ma subito dopo la guerra, come nota Novick, l'atteggiamento nei confronti dei sopravvissuti non era proprio lo stesso.

- Lo scrittore ebreo Samuel Lubell, scrivendo sul *Saturday Evening Post* del 5 ottobre 1946, disse che "non era la sopravvivenza del più forte, né la sopravvivenza del più nobile o del più ragionevole, e certamente non la sopravvivenza del più mite, ma la sopravvivenza del più duro".

- Secondo un funzionario ebreo, "spesso sono gli elementi dell'"ex ghetto", piuttosto che la classe superiore o i colletti bianchi, ad essere sopravvissuti... il ladruncolo o il capo dei ladruncoli che hanno offerto una guida agli altri, o hanno sviluppato tecniche di sopravvivenza".

- Un alto funzionario dell'American Jewish Committee scrisse che "coloro che sopravvissero non erano i più forti... ma erano in gran parte gli elementi ebraici più bassi che, grazie all'astuzia e all'istinto animale, riuscirono a sfuggire al terribile destino degli elementi più raffinati e migliori, che soccombettero".

- David Sh'altiel, un futuro generale israeliano, ha detto che "coloro che sono sopravvissuti hanno vissuto perché erano egoisti e hanno badato a se stessi prima di tutto".

- Lo stesso David Ben-Gurion, padre fondatore di Israele, disse che tra i sopravvissuti c'erano "persone che non sarebbero sopravvissute se non fossero state ciò che erano: persone dure, meschine ed egoiste, e ciò che hanno subito in quel luogo è servito a distruggere le buone qualità che avevano lasciato".

Novick afferma che queste percezioni, per quanto negative, si sono affievolite nel tempo, ma il fatto è che queste erano le percezioni dell'epoca e non se ne sente parlare molto oggi.

I destrorsi di tutte le parti concordano con le parole del defunto primo ministro israeliano Yitzhak Rabin, che nel 1995 respinse le richieste di un'indagine sui crimini di guerra di Israele, a lungo taciuti, contro i prigionieri politici palestinesi cristiani e musulmani: "Non ha senso rievocare gli eventi del passato, né da parte nostra né da parte loro.

Rabin aveva ragione. Le sue parole possono essere applicate anche al tema dell'Olocausto. Ripeto: "Non ha senso rievocare gli eventi del passato - né da parte nostra, né da parte loro".

Abbiamo sentito *tutto quello che c'era* da sentire dai promotori dell'Olocausto e sappiamo cosa hanno da dire. Il loro messaggio è così pervasivo, così presente in libri, giornali, televisione e radio, che è praticamente impossibile sfuggire all'Olocausto nella vita americana.

Per quanto mi riguarda, non mi interessa se una manciata di persone si indigna perché non condivido il loro dolore per gli eventi dell'Olocausto, perché non è così. E non mi lascerò trascinare a dire che condivido il loro punto di vista, solo per evitare di essere etichettato come "negazionista dell'Olocausto". Non mi sento in colpa. Non mi vergogno. Che si dica: "Ne ho abbastanza di sentir parlare dell'Olocausto".

Come americano di origine nativa, i cui antenati hanno subito un vero e proprio olocausto e i cui membri etnici continuano a soffrire oggi nei campi di concentramento chiamati "riserve", trovo difficile simpatizzare con gli ebrei americani che, pur lamentando le tragedie della Seconda guerra mondiale, sono oggi il gruppo più potente del pianeta.

Per me non ci sono notti inquiete a preoccuparmi dei sei milioni, sette milioni o quaranta milioni, qualunque sia il numero attualmente "preferito" di vittime dell'Olocausto. Né mi disturba quello che la scrittrice ebrea Sylvia Tennenbaum ha definito un "disturbo psichico" che sembra essersi impadronito di coloro che, secondo le sue parole, tendono a "crogiolarsi in fantasie vicarie" sull'argomento - qualcosa che un'altra scrittrice ebrea ha causticamente (e giustamente) descritto come "ossessione necrofila".

Alfred Lilienthal, un pioniere della critica ebraica americana a Israele, ha dichiarato che l'Olocausto è "un culto, e il culto dominante" tra coloro che sono ossessionati da Israele. Anche il dissidente ebreo Leon Wieseltier, figlio di sopravvissuti all'Olocausto, si è detto d'accordo, affermando senza mezzi termini che la centralità dell'Olocausto per gli ebrei americani "equivale virtualmente a un culto della morte".

Wieseltier osa chiedere quanti ebrei americani "sanno qualcosa dei poeti medievali ebrei, della ricchezza della cultura ebraica, dei filosofi ebrei".

Grazie al lavoro di ricercatori onesti che hanno portato alla luce nuovi fatti e spazzato via i miti del passato, possiamo avanzare nel XXI secolo cancellando l'Olocausto dal dibattito storico e ricominciando da capo.

L'Olocausto è finito. Non c'è più l'Olocausto. Quando è troppo è troppo.

CAPITOLO V

Il sionismo attacca le Nazioni Unite

L'Organizzazione delle Nazioni Unite (ONU) è stata messa in disparte, consegnata alla pattumiera - almeno temporaneamente - dai sognatori del mondo unico che un tempo vedevano in questo organismo globale un mezzo per stabilire un egemone globale.

Gli imperialisti di oggi, portatori di un'antica filosofia ostile a qualsiasi forma di nazionalismo diversa dalla loro, vedono ora gli Stati Uniti come la forza trainante dell'attuazione del nuovo ordine mondiale che sognano da generazioni. Gli Stati Uniti sono la loro "nuova Gerusalemme" e intendono usare la potenza militare americana per raggiungere i loro obiettivi.

Per quasi 50 anni, i media mainstream statunitensi hanno detto agli americani - e ai cittadini di tutto il mondo - che le Nazioni Unite erano "l'ultima speranza dell'umanità". Questo tema è stato un mantra rituale nelle scuole pubbliche americane. Chiunque osasse criticare le Nazioni Unite veniva emarginato, condannato come "estremista" ostile all'umanità stessa.

Tuttavia, negli anni '70 le cose cominciarono a cambiare. Quando le nazioni del Terzo Mondo uscirono dal loro status coloniale e l'oppressione di Israele sulle popolazioni cristiane e musulmane di origine arabo-palestinese divenne una questione di interesse globale, l'ONU assunse un nuovo volto - almeno per quanto riguardava il monopolio dei media americani. Improvvisamente, l'ONU non fu più vista come una cosa così meravigliosa.

Infine, quando nel 1975 le Nazioni Unite adottarono una storica risoluzione che condannava il sionismo come forma di razzismo, il cerchio si completò.

Per aver lanciato una sfida diretta al sionismo, fondamento della creazione dello Stato di Israele nel 1948 (nonché capitale spirituale di un impero sionista globale in fieri), l'ONU è stata dipinta dai media - la maggior parte dei quali è nelle mani di famiglie sioniste e interessi finanziari - come un cattivo indiscusso.

Improvvisamente, le critiche all'ONU divennero del tutto "rispettabili". Negli Stati Uniti, l'emergente movimento "neoconservatore", guidato da un'affiatata cricca di ex comunisti ebrei trotzkisti sotto la tutela di Irving Kristol e del suo aiutante Norman Podhoretz, redattore dell'influente mensile *Commentary* dell'American Jewish Committee, *ha fatto del* nascente attacco all'ONU un punto centrale della sua agenda.

Tuttavia, solo con l'arrivo al potere dell'amministrazione del presidente George W. Bush, nel gennaio 2001, lo sforzo di "portare gli Stati Uniti fuori dall'ONU e l'ONU fuori dagli Stati Uniti" (o le sue varianti) è entrato a far parte della politica ufficiale di Washington. (o le sue varianti) è entrato a far parte della politica ufficiale di Washington.

L'appropriazione dell'establishment della sicurezza nazionale statunitense da parte di una schiera di neoconservatori nominati da Bush - ognuno dei quali era essenzialmente un protetto del già citato Irving Kristol e di suo figlio, William Kristol, potente commentatore dei media e responsabile delle politiche dietro le quinte - ha fatto sì che la campagna contro l'ONU fosse al centro della politica dell'amministrazione Bush.

Inoltre, la retorica anti-ONU ha ricevuto un sostegno crescente nei media americani. Ad esempio, sul *New York Post*, giornale diretto da Mortimer Zuckerman, ex presidente della Conference of Presidents of Major American Jewish Organizations (l'organo di governo del movimento sionista americano), un editorialista, Andrea Peyser, ha parlato dei "topi antiamericani e antisemiti che infestano le rive dell'East River".

Se qualcuno ancora dubita che la ragione dell'opposizione all'ONU derivi dal fatto che l'organismo mondiale si è opposto alle richieste di Israele, vale la pena di notare il commento rivelatore di Cal Thomas, un collaboratore di lunga data del reverendo Jerry Falwell, uno dei più accesi difensori di Israele in America oggi.

In un articolo pubblicato sul *Washington Times* il 12 dicembre 2004, Thomas ha ripreso le critiche che da tempo rivolge all'ONU, che in precedenza aveva considerato - per sua stessa ammissione - come il lavoro di una "minoranza". Thomas ha affermato che "il mondo starebbe meglio senza".

Notando che molti americani non hanno mai pensato che le Nazioni Unite sarebbero state una buona cosa per l'America, Thomas ha detto di aver sempre pensato che coloro che dicevano queste cose dovevano essere ignorati. Ecco cosa ha scritto Thomas

> Quando ero all'università, li conoscevo. Erano i marginali e gli altri che credevano che la fluorizzazione dell'acqua pubblica fosse un complotto comunista per avvelenarci, che Dwight Eisenhower fosse un comunista dichiarato, che la Commissione Trilaterale e il Consiglio per le Relazioni Estere facessero parte della campagna per un "governo unico mondiale", che i banchieri ebrei gestissero l'economia mondiale e che gli Stati Uniti dovessero ritirarsi dalle Nazioni Unite.

Secondo Thomas: "Senza abbonarmi alla paranoia e alle teorie del complotto, ora mi sono convertito a queste ultime". La dichiarazione di Thomas a questo proposito è una schietta esposizione dell'atteggiamento della lobby sionista nei confronti dell'ONU, ora che l'organismo mondiale è chiaramente sfuggito dalle mani del movimento sionista ed è considerato, a loro avviso, "ingestibile" o "insalvabile", per così dire.

In realtà, non c'è alcun dubbio che i sionisti vedano effettivamente gli Stati Uniti come il nuovo meccanismo attraverso il quale cercano di raggiungere i loro obiettivi, spingendo le Nazioni Unite ai margini.

Il grande progetto di un nuovo ordine mondiale - sulla scia del nuovo ruolo "imperiale" dell'America - è stato presentato in modo abbastanza diretto in un importante documento politico in due parti pubblicato nei numeri dell'estate 2003 e dell'inverno 2004 del *Journal of International Security Affairs*, l'organo dell'influente Jewish Institute for National Security Policy (JINSA).

Una volta un think-tank poco conosciuto a Washington, il JINSA è oggi spesso riconosciuto pubblicamente come la forza guida della politica estera di Bush. Un critico del JINSA, il professor Edward Herman, è arrivato a descriverlo come "un'agenzia virtuale del governo israeliano".

L'autore dell'articolo del JINSA, Alexander H. Joffe, un accademico pro-Israele, ha scritto regolarmente per la rivista JINSA, il che riflette certamente l'alta considerazione in cui l'élite sionista tiene le sue opinioni. La sua serie in due parti era intitolata *"L'impero che non osa dire il suo nome"* e proponeva il tema "L'America è un impero", suggerendo che, sì, è una cosa molto buona.

Il nuovo regime mondiale che verrà instaurato farà dell'America "il centro di un nuovo sistema internazionale" in "un mondo che assomiglia all'America e quindi è sicuro per tutti". Tuttavia, ciò che "assomiglia" all'America è ciò che i sionisti vogliono che assomigli, non necessariamente ciò che il popolo americano percepisce come America.

Joffe ha dichiarato senza mezzi termini che: "La scomparsa dell'Assemblea Generale come organismo credibile può essere plausibilmente attribuita alla famigerata risoluzione "Il sionismo è razzismo" del 1975" (che, per inciso, è stata nel frattempo abrogata). L'autore di JINSA sostiene che il mondo dovrebbe essere "grato" che le Nazioni Unite siano state "screditate, ridotte a una farsa e infine paralizzate".

Dopo l'abbandono dell'ONU come veicolo di governo mondiale, scrive Joffe, "abbiamo ora l'opportunità, e l'obbligo, di ricominciare". Egli avverte, tuttavia, che anche l'emergente Unione Europea (UE) rappresenta una minaccia al sogno dell'impero mondiale (almeno, ovviamente, dal punto di vista del movimento sionista).

L'autore di JINSA sostiene che l'UE è una "visione alternativa della comunità internazionale" che, come dice francamente, è "l'autentica contro-visione di un impero americano".

Secondo Joffe, il problema più grande che l'Europa e l'UE devono affrontare è che "la cultura rimane al centro dei problemi dell'Europa".

Il nazionalismo è una dottrina nata in Europa, proprio come i suoi feroci mutanti: il fascismo e il comunismo". (Fervente difensore del supernazionalismo israeliano, l'autore non sembra vedere la logica del suo attacco al nazionalismo di altri popoli). Joffe lamentava che, sebbene "il nuovo impero europeo sia multiculturale in teoria... in realtà è dominato politicamente e culturalmente dalla Francia ed economicamente dalla Germania". Oggi, nell'Unione Europea, "spinta da un senso di colpa post-coloniale e dalla noia del dopoguerra, la porta è stata aperta a tutte le idee. Ai livelli più biechi, ha permesso e persino legittimato una vasta esplosione di pensieri e azioni sconsiderate, in particolare l'antiamericanismo, l'antisemitismo e un'ampia varietà di teorie cospirative".

In ogni caso, quello che Joffe descrive come "l'altro tipo di internazionalismo liberale" è ciò che il movimento sionista favorisce. Joffe lo definisce come segue:

> Data la nostra storia e i nostri valori, questo futuro consiste nel costruire sull'impero americano affinché diventi la base di un nuovo sistema internazionale democratico.

Nella seconda parte del suo saggio, pubblicato nel numero invernale 2004 della rivista JINSA, Joffe si spinge oltre e sviluppa il suo appello per quello che descrive come "un impero che assomigli all'America".

Eppure, nonostante tutta la sua retorica sulla "democrazia", Joffe era sincero sul fatto che gli Stati Uniti si impegnassero in massicce conquiste imperiali nelle regioni africane in difficoltà - presumibilmente dopo che gli Stati Uniti avevano già portato scompiglio nei paesi arabi del Medio Oriente:

> Le condizioni alle quali l'America e i suoi alleati prenderebbero semplicemente il controllo dei Paesi africani e li ristabilirebbero sono tutt'altro che chiare. Quali sono le soglie di intervento? Quali sono le procedure e i risultati? Chi combatterà e chi pagherà? Il ripristino dell'Africa comporterebbe impegni a lungo termine e costi immensi, che potrebbero essere sostenuti solo dall'Africa stessa. In altre parole, richiederebbe probabilmente il controllo economico americano, oltre a quello politico e culturale. Il colonialismo si paga sempre da solo, e non è un bello spettacolo. La questione è se l'Africa può pagare il prezzo (o permettersi di non farlo) e se l'America ha il coraggio di farlo.

Naturalmente, l'Africa non è l'unico bersaglio di Joffe e della sua banda. Joffe ha parlato di un'agenda globale di vasta portata che si estende ben oltre il continente africano. In definitiva, però, Joffe ha smentito le vere intenzioni di coloro che usano la potenza militare degli Stati Uniti come meccanismo per un'agenda più ampia.

"Devono emergere nuovi accordi sotto l'egida degli Stati Uniti per offrire un'alternativa agli Stati disposti ad accettare diritti e responsabilità". Joffe sogna una rifusione delle Nazioni Unite sotto il potere imperiale degli Stati Uniti. Infine, prevede la possibilità di un governo mondiale, scrivendo:

> È possibile che dopo un periodo di caos e di rabbia, che in ogni caso non farebbe altro che intensificare gli Stati esistenti, l'istituzione [le Nazioni Unite] *sia spinta* a cambiare. [enfasi aggiunta]

> Piuttosto che un club che ammette tutti, le Nazioni Unite del XXI secolo potrebbero - un giorno, in un modo o nell'altro - trasformarsi in un gruppo esclusivo, su invito e per soli membri, di Stati liberi e democratici che condividono valori simili. O, in ultima analisi, essere sostituito da uno solo. Quel giorno, tuttavia, potrebbe essere lontano decenni.

Se c'è qualche dubbio che stia parlando di un governo mondiale, basta leggere la conclusione di Joffe

> Il modo migliore per preservare l'impero americano è quello di rinunciarvi definitivamente. La governance globale può essere stabilita solo con la leadership americana e con istituzioni a guida americana del tipo descritto schematicamente in questo documento.

Si tratta di usare la potenza militare americana per portare avanti un'agenda (segreta) completamente diversa. Qui, sulle pagine di un giornale sionista, abbiamo appreso con precisione qual è la "storia dietro la storia". Non ha nulla a che fare con un'"America forte", e nemmeno con l'America stessa.

Gli Stati Uniti sono solo una pedina - seppur potente - del gioco, mossa spietatamente da un'élite che agisce dietro le quinte nell'ambito di un piano per dominare il mondo.

L'ex ambasciatore di Israele presso le Nazioni Unite, Dore Gold, è un'ulteriore prova che questa è davvero la visione del movimento sionista. Nel suo libro del 2004, *Tower of Babble: How the United Nations Has Fueled Global Chaos,* Gold *ha* delineato uno scenario per un nuovo regime mondiale - sotto il diktat degli Stati Uniti - che metterebbe in disparte le Nazioni Unite. Scrive:

> Gli Stati Uniti e i loro alleati occidentali hanno vinto la Guerra Fredda, ma l'obiettivo comune di contenere l'espansionismo sovietico chiaramente non è più il collante che tiene insieme una coalizione. Tuttavia, una coalizione di alleati potrebbe iniziare a neutralizzare la più grande minaccia alla pace internazionale oggi: il terrorismo globale, un'altra minaccia che le Nazioni Unite non sono riuscite a contrastare efficacemente...

> La questione del terrorismo è legata a una serie di altre preoccupazioni comuni a tutte queste nazioni: la diffusione di armi di distruzione di massa, la proliferazione di tecnologie militari sensibili, il finanziamento del terrorismo e il riciclaggio di denaro, l'incitamento all'odio etnico e alla violenza nei media nazionali e negli istituti di istruzione. Il loro impegno a ridurre queste minacce porterebbe le democrazie di tutto il mondo a unirsi e ad agire...

> Una tale coalizione democratica sarebbe molto più rappresentativa della volontà nazionale dei cittadini di ciascun Paese di quanto non lo sia attualmente l'ONU. Curiosamente, uscendo dall'ONU, questi Paesi di si impegnerebbero a rispettare i principi su cui l'ONU è stata originariamente fondata. Adotterebbero i principi enunciati nella Carta delle Nazioni Unite e insisterebbero affinché i membri della coalizione aderiscano pienamente - e non solo retoricamente - a un codice di condotta internazionale di base...

In breve, mentre Gold e i suoi alleati sionisti credono che valga la pena di sostenere un governo mondiale, non vedono l'ONU come il mezzo per raggiungerlo. Gold ha poi descritto un nuovo meccanismo per raggiungere un nuovo ordine mondiale

> Ora che le Nazioni Unite hanno perso la chiarezza morale dei loro fondatori, gli Stati Uniti e i loro alleati devono prendere l'iniziativa. Il mondo seguirà a tempo debito. Se più di cento nazioni devono aderire alla Comunità delle democrazie, l'ideale democratico deve essere forte.

In realtà, anche se all'epoca non è stato notato da tutti, nel giugno 2000 il Segretario di Stato dell'amministrazione Clinton, Madeleine Albright, ha inaugurato una "Comunità delle democrazie". Quindi il meccanismo è già in atto. Gold ha concluso che gli Stati Uniti e i loro alleati potrebbero finalmente "rinvigorire le Nazioni Unite e renderle un sistema di sicurezza collettiva", ma, ha aggiunto, "quel giorno è ancora molto lontano".

Nel frattempo, i media della lobby israeliana hanno promosso il concetto di Gold di quella che potrebbe essere descritta come un'ONU "parallela" sotto il dominio degli Stati Uniti e dei suoi cosiddetti alleati.

Per esempio, il 6 febbraio 2005, sul *Washington Times*, Clifford D. May ha sollevato questa domanda: "Non è forse giunto il momento di considerare almeno le alternative alle Nazioni Unite, di esplorare la possibilità di sviluppare nuove organizzazioni in cui le società democratiche lavorino insieme contro nemici comuni e per obiettivi comuni?".

Tuttavia, è innegabile che non si tratta di una semplice linea di propaganda sionista. Questa filosofia guida il pensiero dell'amministrazione Bush. Quando il Presidente George Bush ha lanciato l'appello per una rivoluzione "democratica" globale nel suo secondo discorso inaugurale, non ha fatto altro che riprendere il punto di vista del Ministro israeliano Natan Sharansky, una figura influente considerata più dura del Primo Ministro israeliano in carica, Ariel Sharon.

Non solo Bush sostenne pubblicamente e calorosamente Sharansky, ma i media rivelarono che Sharansky aveva avuto un ruolo importante nella stesura del discorso di insediamento di Bush.

Ciò è particolarmente rilevante nel contesto delle dure parole di Sharansky sulle Nazioni Unite e di ciò che ha proposto nel suo libro, *The Case for Democracy*, ampiamente presentato come la "bibbia" della politica estera di Bush.

Nelle ultime pagine del suo libro, Sharansky riassume la situazione

> Per proteggere e promuovere la democrazia nel mondo, credo che una nuova istituzione internazionale, in cui solo i governi che danno ai loro popoli il diritto di essere ascoltati e contati avranno essi stessi il diritto di essere ascoltati e contati, possa essere una forza estremamente importante per il cambiamento democratico... Questa comunità di nazioni libere non emergerà da sola... Sono convinto che uno sforzo riuscito per espandere la libertà nel mondo debba essere ispirato e guidato dagli Stati Uniti.

Ancora una volta, dunque, il concetto di Stati Uniti come forza di riallineamento globale. Sebbene l'appello di Bush per una rivoluzione democratica globale basata sul modello di Sharansky sia stato criticato in tutto il mondo - anche dalle cosiddette "democrazie" - il giornale ebraico americano *Forward* ha osservato il 28 gennaio 2005 che "un leader mondiale ha appoggiato con convinzione l'approccio di Bush": l'ex primo ministro israeliano (e attuale ministro delle Finanze) Benjamin Netanyahu. Citando un discorso che il leader israeliano ha tenuto di recente in Florida, *Forward* ha affermato che Netanyahu ha proclamato

> Il Presidente Bush ha invocato la democratizzazione e ha ragione su un aspetto molto profondo. Il mondo arabo può essere democratizzato? Sì, lentamente e dolorosamente. E chi può democratizzarlo? Come in ogni altra parte del mondo, in tutte le società, sia in America Latina, nell'ex Unione Sovietica o in Sudafrica, la democrazia è sempre stata ottenuta grazie a pressioni esterne. E chi ha esercitato questa pressione? Un Paese: gli Stati Uniti.

Dire di più significherebbe complicare questa semplice conclusione: Sebbene per anni i sionisti abbiano denunciato i patrioti americani che dicevano che era tempo di "togliere gli Stati Uniti dall'ONU e l'ONU dagli Stati Uniti", ora che i sionisti hanno perso il controllo dell'ONU -

che originariamente vedevano come il loro veicolo per stabilire un Nuovo Ordine Mondiale - i sionisti stanno prendendo di mira l'ONU proprio perché hanno stabilito che le risorse militari e finanziarie degli Stati Uniti sono la loro migliore risorsa per stabilire il Nuovo Ordine Mondiale che sognano da tempo. I sionisti vogliono che gli Stati Uniti siano la forza trainante della creazione di un impero globale sotto il loro controllo.

In definitiva, questo ci dice chi sono i "sommi sacerdoti della guerra" e qual è il loro vero programma. Resta da vedere cosa intende fare il popolo americano - e tutti gli altri veri patrioti del mondo - al riguardo. La domanda è: il mondo deciderà finalmente che è ora di dichiarare guerra ai sommi sacerdoti della guerra

CAPITOLO VI

Israele e il fondamentalismo islamico

Perché Israele dovrebbe sostenere segretamente gli estremisti islamici fondamentalisti? Quali interessi hanno in comune gli israeliani e Osama bin Laden? La risposta a queste domande provocatorie indica un piccolo segreto che i principali media statunitensi tengono nascosto.

Per quanto possa essere difficile da digerire per l'americano medio, esistono prove concrete del ruolo di lunga data - anche se poco conosciuto - svolto dal Mossad, il servizio di intelligence israeliano, nel fornire sostegno finanziario e tattico agli "estremisti musulmani", ritenuti i peggiori nemici di Israele. La verità è che gli estremisti musulmani si sono dimostrati strumenti utili (anche se spesso inconsapevoli) per portare avanti l'agenda geopolitica di Israele.

Sebbene i media abbiano dedicato gran parte della loro copertura al tema del "fondamentalismo islamico", non hanno perseguito i documentati legami dietro le quinte tra Israele e le reti terroristiche che sono ora oggetto dell'ossessione dei media.

In effetti, le prove suggeriscono che il criminale musulmano numero uno al mondo - Osama bin Laden - ha quasi certamente lavorato con il Mossad in passato.

Sebbene molti americani sappiano che i primi sforzi di Bin Laden contro i sovietici in Afghanistan erano sponsorizzati dalla CIA, i media sono stati riluttanti a sottolineare che questa pipeline di armi - descritta *dal* Covert Action Information Bulletin *(settembre 1987) come* "la seconda più grande operazione segreta" nella storia della CIA - era anche, secondo l'ex agente del Mossad Victor Ostrovsky (che scrive in *The Other Side of Deception*), sotto la diretta supervisione del Mossad.

Ostrovsky ha osservato che: "Si trattava di una rete complessa perché gran parte delle armi dei Mujahedin erano di fabbricazione americana e venivano fornite ai Fratelli Musulmani direttamente da Israele, utilizzando i nomadi beduini che si aggiravano nelle zone demilitarizzate del Sinai come auto rizzatori".

L'ex corrispondente della ABC John K. Cooley, in *Unholy Wars: Afghanistan, America and International Terrorism*, fornisce alcune conferme alle affermazioni di Ostrovsky. Scrive

> La discussione sul contributo degli stranieri all'addestramento e alle operazioni in Afghanistan sarebbe incompleta senza menzionare l'Iran e lo Stato di Israele. Il ruolo principale dell'Iran nell'addestramento e nelle forniture è un fatto storico. Per quanto riguarda Israele, le prove sono molto più sommarie.

> Almeno una mezza dozzina di persone ben informate hanno insistito con l'autore, senza citare prove, che Israele era effettivamente coinvolto nell'addestramento e nella fornitura di...

> La questione se le unità d'élite delle forze speciali israeliane abbiano addestrato i guerrieri musulmani che presto avrebbero rivolto le armi contro Israele all'interno di organizzazioni musulmane come Hamas è un segreto israeliano ben custodito.

> Diversi americani e britannici che avevano preso parte al programma di addestramento hanno assicurato all'autore che gli israeliani avevano effettivamente partecipato, anche se nessuno ha ammesso di aver effettivamente visto o parlato con istruttori o agenti dei servizi segreti israeliani in Afghanistan o in Pakistan.

> Quel che è certo è che di tutti i membri della coalizione antisovietica, gli israeliani sono stati i più abili nel nascondere i dettagli e persino le linee generali di un ruolo di formazione; molto più degli americani e dei britannici...

Inoltre, va notato che Sami Masri, un ex insider della famigerata Bank of Credit and Commerce International (BCCI), ha dichiarato ai giornalisti Jonathan Beaty e S. C. C. Gwynne (entrambi della rivista *Time*) che la BCCI "finanziava le spedizioni di armi israeliane in Afghanistan. C'erano armi israeliane, aerei israeliani e piloti della CIA. Le armi entravano in Afghanistan e [la BCCI] le facilitava".

Infatti, sebbene la BCCI sia generalmente considerata una banca "araba" o "musulmana", ha lavorato a stretto contatto con il Mossad proprio nell'area in cui Bin Laden si è formato.

Ci sono quindi prove che Bin Laden faceva parte di una rete strettamente legata agli intrighi del Mossad per armare e addestrare i ribelli afghani.

Tuttavia, la storia dei legami tra il Mossad e le reti terroristiche islamiche che oggi fanno parte degli incubi dell'America è molto più complessa.

Nel suo nuovo libro, *L'altra faccia dell'inganno,* l'ex esponente del Mossad Victor Ostrovsky rivela il fatto inquietante che il Mossad ha sempre sostenuto i gruppi islamici radicali per i propri fini.

Sottolineando che gli integralisti che odiano gli arabi e i musulmani in Israele e all'interno del Mossad credono che la sopravvivenza di Israele risieda nella sua forza militare e che "questa forza derivi dalla necessità di rispondere alla costante minaccia di guerra", gli integralisti israeliani temono che la pace con uno Stato arabo indebolisca Israele e porti alla sua scomparsa. In questo senso, Ostrovsky scrive

> Il sostegno agli elementi radicali del fondamentalismo musulmano si inseriva perfettamente nel piano generale del Mossad per la regione. Un mondo arabo governato dai fondamentalisti non avrebbe partecipato a nessun negoziato con l'Occidente, lasciando Israele come unico Paese democratico e razionale della regione.

Uno dei principali obiettivi di Israele era il Regno di Giordania, all'epoca governato da Re Hussein, che stava per fare delle proposte di pace a Israele. Ostrovsky riferisce che il Mossad era determinato a "destabilizzare la Giordania fino all'anarchia civile". I mezzi utilizzati dovevano essere i seguenti:

> Un grande afflusso di denaro falso, che ha provocato sfiducia nel mercato; l'armamento di fondi religiosi simili ad Hamas e ai Fratelli Musulmani; e l'assassinio di figure simbolo della stabilità, che ha provocato rivolte nelle università e costretto il governo a rispondere con misure severe e a perdere popolarità.

In realtà, questa tattica è stata utilizzata dal Mossad anche nei suoi rapporti con nazioni non arabe. Ad esempio, nell'edizione del marzo 1982 della sua newsletter, *Middle East Perspective*, il dottor Alfred Lilienthal, un pioniere della critica ebraica americana agli eccessi israeliani, ha riferito che il più alto magistrato italiano dell'epoca, Ferdinando Imposimato, aveva incriminato, secondo le parole di Imposimato

> Almeno fino al 1978, i servizi segreti israeliani si infiltrarono nelle organizzazioni sovversive italiane e più di una volta rifornirono le Brigate Rosse [terroriste] di armi, denaro e informazioni. Il piano israeliano era quello di ridurre l'Italia a un Paese dilaniato dalla guerra civile, in modo che gli Stati Uniti dipendessero maggiormente da Israele per la loro sicurezza nel Mediterraneo.

Lilienthal ha sottolineato che le fonti di Imposimato erano due leader delle Brigate Rosse imprigionati, i quali hanno riferito che gli israeliani non solo avevano aiutato le Brigate Rosse ad arruolare nuove reclute, ma anche a rintracciare i traditori fuggiti all'estero.

Persino l'editorialista Jack Anderson, una staffetta informativa dedicata alla lobby israeliana, si vantava dell'astuzia di Israele: scriveva, già il 17 settembre 1972, che...:

> Gli israeliani sono anche abili nello sfruttare le rivalità arabe e nel mettere arabi contro arabi. Le tribù curde, ad esempio, abitano le montagne dell'Iraq settentrionale. Ogni mese, un inviato segreto israeliano si intrufola tra le montagne dal lato iraniano per consegnare 50.000 dollari al leader curdo Mulla Mustafa al Barzani. Questa sovvenzione assicura l'ostilità dei curdi contro l'Iraq, il cui governo è militarmente anti-israeliano.

In una rubrica del 25 aprile 1983, Anderson ha sottolineato che un rapporto segreto del Dipartimento di Stato ipotizzava che se il leader dell'Organizzazione per la Liberazione della Palestina, Yassir Arafat, fosse stato spodestato, "il movimento palestinese si sarebbe probabilmente disintegrato in gruppi radicali dissidenti che, combinati con altre forze rivoluzionarie nella regione, avrebbero rappresentato una seria minaccia per i governi arabi moderati".

Poi, secondo il racconto di Anderson, il Dipartimento di Stato ha riferito che:

> Israele sembra determinato ad affrontare questa minaccia... e ci si può aspettare che espanda in modo significativo la sua cooperazione segreta con i movimenti rivoluzionari.

Anderson ha aggiunto che "due fonti di intelligence ben posizionate" hanno spiegato che ciò significa che è nell'interesse di Israele "dividere e conquistare" mettendo le varie fazioni palestinesi le une contro le altre. Ciò avrebbe contribuito a destabilizzare tutti i regimi arabi e islamici del Medio Oriente. Anderson ha poi affermato senza mezzi termini che le fonti hanno detto che "Israele ha fornito segretamente fondi al gruppo di Abu Nidal".

I resoconti di Anderson sugli apparenti legami di Abu Nidal con il Mossad erano solo la punta dell'iceberg. Il giornalista britannico Patrick Seale, una delle massime autorità in Medio Oriente, ha dedicato un intero libro, *Abu Nidal: A Gun for Hire*, a smascherare e documentare la sua tesi secondo cui Nidal è sempre stato un surrogato del Mossad.

Oggi Nidal (che si ritiene si sia ritirato in Egitto) è stato sostituito da Osama bin Laden nei titoli dei media come "il terrorista più ricercato al mondo".

E, come gli sforzi di Nidal per dividere il mondo arabo, in particolare la causa palestinese, le attività di Bin Laden sembrano avere una congruenza di interessi con quelli di Israele, anche se questo è qualcosa che i media mainstream non sono disposti a riconoscere.

Sebbene lo stesso Bin Laden non abbia mai attaccato un obiettivo israeliano o ebraico, persino *il Washington Post* ha sottolineato che l'obiettivo principale di Bin Laden è quello di sostenere "un marchio destabilizzante del fondamentalismo islamico in una lunga lista di regimi esistenti in Medio Oriente e in Asia centrale".

Lo stesso articolo del *Post* ha rivelato che, contrariamente all'opinione generale secondo cui Bin Laden sarebbe in qualche modo in combutta con gli obiettivi israeliani preferiti, come Saddam Hussein in Iraq e Muammor Gheddafi in Libia, un ex collaboratore di Bin Laden ha testimoniato che Bin Laden era in realtà molto ostile ai leader iracheno e libico. Ciò è coerente con l'atteggiamento di Israele nei confronti delle due icone arabe.

Visti i precedenti legami di Bin Laden con le operazioni congiunte CIA-Mossad in Afghanistan e l'insolita coincidenza dei suoi obiettivi con quelli del Mossad, ci si chiede se Bin Laden non sia il successore di Abu Nidal, il presunto vice del Mossad, sotto più aspetti.

Alla luce dei recenti interrogativi sulla nazionalità e sull'identità dei cosiddetti "dirottatori arabi" che hanno fatto schiantare i quattro aerei che hanno seminato il caos sul suolo americano l'11 settembre, il già citato articolo di Jack Anderson del 17 settembre 1972 ha sottolineato un aspetto degno di nota

> Gli agenti israeliani, immigrati le cui famiglie vivono da generazioni nelle terre arabe, conoscono perfettamente i dialetti e i costumi arabi. Sono stati in grado di infiltrarsi nei governi arabi con facilità.

Anche fonti israeliane hanno fornito ulteriori dati che dimostrano quanto il Mossad e altri elementi dell'intelligence israeliana siano stati "nascosti" nel mondo arabo. Il 29 settembre 1998, il noto giornalista israeliano Yossi Melman, scrivendo sul quotidiano israeliano *Ha'aretz*, ha rivelato quanto segue:

> Gli agenti dello Shin Bet, che negli anni Cinquanta lavoravano sotto copertura nel settore arabo-israeliano, arrivavano a sposare donne musulmane e ad avere figli da loro, per continuare la loro missione senza destare sospetti. Quando l'unità fu sciolta, alcune famiglie furono separate, mentre in altri casi le donne si convertirono all'ebraismo e rimasero con i loro mariti.

In realtà, è discutibile che coloro che sono stati identificati come i dirottatori dell'11 settembre fossero effettivamente i dirottatori. *Sul New Yorker* dell'8 ottobre 2001, il veterano giornalista investigativo Seymour Hersh ha sottolineato un fatto che non è stato menzionato dai media tradizionali

> Molti investigatori ritengono che alcuni dei primi indizi sull'identità e sulla preparazione dei terroristi, come i manuali di

volo, fossero destinati a essere trovati. Un ex alto funzionario dell'intelligence mi ha detto: "Le tracce lasciate sono state deliberatamente lasciate perché l'FBI le seguisse".

Hersh ha anche sollevato la questione se la rete di Bin Laden fosse in grado di portare a termine l'attacco terroristico da sola. Hersh ha fatto notare che un alto ufficiale militare gli ha suggerito che, a suo avviso, "potrebbe essere stato coinvolto anche un importante servizio di intelligence straniero".

Hersh non ha puntato il dito contro nessuno, ma un lettore che abbia familiarità con la storia passata di Hersh nell'individuare gli intrighi del Mossad israeliano potrebbe essere in grado di leggere tra le righe e indovinare a quale Paese straniero la fonte di Hersh potrebbe alludere, anche se in modo obliquo.

In ultima analisi, l'idea che la CIA e il Mossad finanzino gruppi terroristici islamici non è nulla di strano per gli ex lettori dell'ormai defunto *Spotlight*.

Già il 15 marzo 1982, il corrispondente veterano Andrew St. George rivelò su *The Spotlight* che il grande segreto di sullo scandalo del contrabbando internazionale di armi dell'ex alto funzionario della CIA Edwin Wilson era la collaborazione di Wilson con il Mossad. Mentre Wilson sosteneva che queste attività erano state svolte con l'approvazione della CIA - che ovviamente lo negava - i media tradizionali tenevano nascosto il legame tra Wilson e il Mossad.

George ha detto che Wilson aveva collaborato con due agenti veterani del Mossad, Hans Ziegler e David Langham, che avevano creato una società, la Zimex, Ltd, con sede in Svizzera. Il progetto era noto come KLapex, il criptonimo della CIA.

Si trattava di un'operazione segreta congiunta della CIA e del Mossad per creare una catena di società commerciali fittizie per vendere e noleggiare jet personali ai leader arabi. Gli aerei, che andavano dai jet d'affari Gulfstream II ai giganteschi 707, erano forniti di equipaggi di volo e di manutenzione, ognuno dei quali comprendeva agenti del Mossad. Il compito principale delle spie israeliane era quello di far funzionare e mantenere i sofisticati sistemi di intercettazione elettronica nascosti nella cabina di ogni aereo per registrare le conversazioni riservate degli uomini di Stato arabi durante il volo.

Tuttavia, George ha rivelato che la rete di vendita KLapex veniva utilizzata per scopi ancora più sinistri

> fornire aiuti segreti ad alcuni movimenti radicali nazionalisti, panarabi e islamici in Sudan, Egitto, Siria, Arabia Saudita e negli altri Stati del Golfo Persico. In tutti i casi, quando il Mossad ha fornito questa assistenza segreta - sotto forma di denaro o di accesso ad armi di contrabbando, o in altra forma - l'obiettivo era quello di indebolire o fare pressione su un governo ritenuto ostile o pericoloso per Israele in quel particolare momento.

Resta da vedere quale sponsorizzazione israeliana, se esiste, si celi dietro gli spauracchi islamici attualmente promossi dai media; ma le prove della sponsorizzazione e dei legami israeliani del passato sono lì per chi osa guardare.

CAPITOLO VII

Jerry Voorhis aveva ragione: la Federal Reserve non è "federale"

Il 3 ottobre 1989, l'autorevole *Washington Post* - *il* quotidiano politico americano di riferimento - ammise che le mega-banche che compongono il Federal Reserve System sono imprese private. Era forse la prima volta che un giornale dell'establishment riconosceva questo fatto.

Invariabilmente, quando si parla della Fed nei media tradizionali, le Federal Reserve Banks, di proprietà privata e gestite da privati, vengono indicate come entità "federali".

Tuttavia, non sono "federali". Le Federal Reserve Banks sono entità private. Il fatto che il *Post* lo abbia riconosciuto è davvero significativo. L'ammissione è apparsa in un articolo che fa parte della rubrica regolare del *Post*, "The Federal Page", che si occupa di Congresso e burocrazia.

L'articolo non riguardava la proprietà delle banche della Federal Reserve. Al contrario, questo riferimento alla natura privata della Fed era sepolto nei paragrafi finali di un rapporto che illustrava un nuovo aumento di stipendio per i dipendenti del Consiglio dei governatori del Federal Reserve System.

(Il Consiglio è un organo di sette membri nominato dal Presidente che governa gli affari del Federal Reserve System, e quindi l'economia del Paese. In questo senso, è l'unico aspetto della Fed che è veramente federale. Inoltre, il Federal Reserve System è composto dai dirigenti di dodici banche regionali private, dominate dall'influente Federal Reserve Bank di New York, che è in gran parte sotto il controllo della famiglia Rockefeller e dei suoi alleati commerciali).

Nell'articolo del *Post* si legge che sotto la guida di Alan Greenspan, presidente del Consiglio dei governatori, la Fed ha introdotto una nuova scala retributiva "per far fronte alla concorrenza del settore privato per le posizioni chiave".

Per quanto possa sembrare incredibile, il Congresso non ha voce in capitolo sugli aumenti salariali interni alla Fed, il che è parte integrante del vantato status di "indipendenza" della Fed e, si potrebbe aggiungere, dell'immunità da verifiche indipendenti ed esterne delle sue spese interne e delle politiche monetarie che attua.

Questo perché la Fed è autorizzata a stabilire qualsiasi scala salariale desideri, il che significa che è libera di spendere il denaro dei contribuenti come meglio crede. In passato, tuttavia, la Fed ha generalmente seguito le tabelle retributive del servizio civile. Tuttavia, come osserva il *Post* nell'intrigante paragrafo in questione (che rivela la natura privata della Fed):

> "Il nuovo piano salariale, che copre i 1.500 dipendenti del consiglio, non è così alto come quello del settore privato o della Federal Reserve Bank di New York, che, come le altre 11 banche regionali della Federal Reserve, è tecnicamente un'azienda privata libera di fissare gli stipendi come meglio crede, secondo un portavoce del consiglio".

È naturale che questa rivelazione appaia sulle pagine del *Post*. L'autore di questa rivelazione non è altro che il principale ospite del giornale per molti anni, il finanziere di Wall Street Eugene Meyer, che è stato uno dei primi membri del Consiglio della Federal Reserve. Oggi il *Post* rimane sotto il controllo del nipote di Meyer, Donald, che detiene il titolo di "editore".

La Fed non ha paura di ammettere sulle pagine di un giornale amico come il *Post* di essere in realtà un'entità privata, dal momento che il *Post* è una voce affidabile che funziona come giornale "interno" per l'establishment di Washington. Ma ora che abbiamo la conferma da una cosiddetta "fonte affidabile" - un portavoce della Fed citato dal prestigioso *Post* - possiamo dire con sicurezza che le banche della Federal Reserve non sono realmente federali. I critici della Fed, come il defunto Rep. Jerry Voorhis (D-Calif.), hanno sempre avuto ragione.

E se Voorhis fosse oggi al Congresso, non c'è dubbio che guiderebbe la lotta per la revisione e l'abolizione del sistema della Federal Reserve.

I difensori della Fed chiamano i suoi detrattori "pazzi di destra". Ma non hanno alcuna intenzione di attribuire questa etichetta a Voorhis. In effetti, Voorhis - ex membro iscritto al Partito Socialista - è stato uno dei membri del Congresso più "liberali" in assoluto.

Ma Voorhis era un intellettuale indipendente, un populista pronto a opporsi all'élite plutocratica, come spesso faceva. È stato quindi l'attacco alla Fed a ribaltare le sorti di Voorhis.

Descrivendosi come un "socialista cristiano" - e anche un convinto anticomunista - Voorhis era consapevole della realtà usuraria del monopolio bancario privato e controllato noto come Federal Reserve.

Nel 1943, Voorhis si spinse fino a scrivere un'accesa requisitoria contro la Fed, un libro controverso intitolato *Out of Debt, Out of Danger*. Nel suo libro, Voorhis passa in rassegna la storia della Fed e il modo in cui ha influenzato la vita americana a scapito di agricoltori, lavoratori e piccoli imprenditori americani. Ed è proprio perché Voorhis è stato un critico esplicito della Fed che ha pagato il prezzo politico più alto.

Nel 1946, mentre Voorhis cercava di ottenere un sesto mandato alla Camera dei Rappresentanti, una cricca di finanzieri e industriali ben finanziati (che si faceva chiamare "Comitato dei Cento") selezionò e finanziò un candidato per opporsi alla rielezione di Voorhis.

In effetti, un emissario di una delle principali banche di New York (che dominano la Fed attraverso la Federal Reserve Bank of New York, la più influente delle filiali regionali della Fed) si è recato nella California meridionale per incontrare il misterioso comitato e promettere il proprio sostegno alla campagna contro Voorhis.

Secondo un funzionario della banca, Voorhis era considerato "uno degli uomini più pericolosi di Washington", agli occhi dei plutocrati.

Tuttavia, l'affermato e popolare Voorhis era sicuro di essere rieletto. Tuttavia, Voorhis fu colto di sorpresa e, a causa di un'operazione di "dirty tricks" particolarmente malvagia nei suoi confronti, fu sconfitto in uno dei maggiori sconvolgimenti politici di quell'anno.

La mente dietro la campagna ben finanziata del Comitato dei Cento contro Voorhis era un noto avvocato di Los Angeles, conosciuto nel corso della sua carriera per i suoi legami apparentemente illimitati con la criminalità organizzata: l'enigmatico Murray Chotiner.

In seguito, Chotiner ha lavorato a stretto contatto con la Anti-Defamation League (ADL) di B'nai B'rith per organizzare un'analoga operazione machiavellica contro Liberty Lobby, l'istituzione populista di Washington che pubblicava *The Spotlight*.

Forse non è una coincidenza che la principale lamentela dell'ADL contro Liberty Lobby derivi dal fatto che Liberty Lobby ha ripetutamente chiesto al Ministero della Giustizia di richiedere all'ADL, un agente straniero dello Stato di Israele, di registrarsi come tale presso il Ministero della Giustizia, come richiesto dalla legge sulla registrazione degli agenti stranieri, uno dei cui autori è nientemeno che Jerry Voorhis.

In ogni caso, Voorhis si fece chiaramente dei nemici potenti all'interno dell'establishment. Lo stesso accadde in seguito al giovane repubblicano che era stato reclutato dai plutocrati per correre contro Voorhis e che, di fatto, sconfisse il populista veterano. Quel giovane repubblicano non era altro che Richard Milhouse Nixon.

Ironicamente, Nixon - prima di essere "Watergated" dalla presidenza - disse di Voorhis (che gli piaceva personalmente): "Suppongo che difficilmente ci sia stato un uomo con ideali più alti di Jerry Voorhis, o meglio motivato di lui": "Suppongo che difficilmente ci sia stato un uomo con ideali più alti di Jerry Voorhis, o meglio motivato di Jerry Voorhis".

Eppure, quasi trent'anni dopo, quando l'ira dei media controllati dalla plutocrazia si è abbattuta su Nixon, i media hanno energicamente ricordato la campagna di Nixon del 1946 per distruggere Voorhis, ignorando studiosamente il fatto che i potenti interessi bancari newyorkesi e internazionali (che in realtà dominavano i "media mainstream") erano stati i principali istigatori dell'assalto di Nixon a Voorhis.

Dopo la sua sconfitta per la rielezione, Voorhis rimase comunque un fervente critico della Fed e in seguito scrisse: "La Fed non agisce come strumento di governo della nazione, e le sue politiche e pratiche non sono determinate con la nazione in mente.

Invece, le banche e i banchieri gestiscono la Fed e la gestiscono a beneficio della comunità finanziaria sotto quasi ogni aspetto. "La creazione di denaro", secondo Voorhis, "è il più grande potere economico conosciuto dall'uomo. Questo potere dovrebbe sempre essere esercitato nell'interesse della popolazione nel suo complesso, mai nell'interesse di pochi privilegiati.

"Le banche - le banche commerciali e la Federal Reserve - creano tutto il denaro di questa nazione, e la nazione e il suo popolo pagano interessi su ogni dollaro di quel denaro appena creato. Ciò significa che le banche private esercitano in modo incostituzionale, immorale e ridicolo il potere di tassare il popolo. In effetti, ogni nuovo dollaro creato diluisce in qualche misura il valore di tutti gli altri dollari già in circolazione".

Secondo Voorhis: "Un sistema di riserva federale sotto il controllo dei rappresentanti eletti degli Stati Uniti potrebbe essere gestito nell'interesse pubblico e non nell'interesse della comunità creditizia, come avviene oggi".

CAPITOLO VIII

L'attentato di Oklahoma City

(non pubblicato)

La maggior parte degli americani non sa che il numero del 22 maggio 2001 di *The Village Voice* conteneva una presentazione sintetica e ben scritta delle falle nella linea propagandistica dell'FBI riguardo alla storia ufficiale del governo sugli eventi dell'attentato di Oklahoma City.

Intitolato *Beyond McVeigh: What the Feds Won't Tell You About Oklahoma City (Oltre McVeigh: ciò che i federali non vi diranno su Oklahoma City)*, l'articolo del noto giornalista liberale veterano James Ridgeway sostiene che, molto semplicemente, la versione ufficiale degli eventi da parte del governo "non ha senso".

Ridgeway commenta: "Per quanto le loro affermazioni possano sembrare inverosimili all'inizio, i teorici della cospirazione sostengono che non si può ignorare la questione se il governo fosse a conoscenza del complotto in anticipo - o addirittura se vi abbia preso parte". Poi offre ai lettori quello che definisce "un elenco di alcuni eventi - ma non di tutti - che suggeriscono l'esistenza di una cospirazione più ampia".

Basti dire che praticamente tutti i punti di Ridgeway sono noti ai lettori *dell'American Free Press*, ma probabilmente hanno aperto gli occhi ai lettori liberali *del Village Voice*.

Ridgeway conclude con la storia di Andreas Strassmeir, che quasi certamente era un informatore federale sotto copertura insieme a Timothy McVeigh, e che il defunto *Spotlight* ha sempre detto che era probabilmente il personaggio centrale nel dipanare i fatti realmente accaduti.

In particolare, Ridgeway conclude raccontando che una volta, quando un testimone dell'Oklahoma parlò con un individuo dall'accento tedesco che si supponeva essere Strassmeir e gli chiese (ovviamente con grande perspicacia) se lavorasse per il governo, la persona che si supponeva essere Strassmeir "rise un po'".

Stephen Jones, l'ex avvocato di McVeigh, ha dichiarato senza mezzi termini nella nuova edizione aggiornata del suo libro, *Altri sconosciuti*, di voler chiarire che ha sempre saputo che esisteva davvero un "John Doe #2". Jones descrive la sua fonte di informazioni come "impeccabile": nientemeno che McVeigh stesso.

Parlando alla trasmissione *48 Hours* della CBS l'11 giugno, Jones ha rivelato che McVeigh è stato "ingannevole" nel suo primo test della macchina della verità quando gli sono state poste domande specifiche sul coinvolgimento di altre persone nell'attentato, compreso se altre persone lo avessero accompagnato nel consegnare la bomba all'edificio Murrah.

Ciò che stupisce è che i sostenitori della teoria dell'FBI dell'"attentatore suicida solitario" stiano ora cercando di screditare Jones - che è stato l'avvocato difensore nominato dal tribunale nel più grande processo per omicidio di massa nella storia degli Stati Uniti - definendolo un "cercatore di pubblicità" per aver osato sollevare dubbi sulla credibilità del suo ex cliente.

In effetti, secondo l'investigatore indipendente J.D. Cash, gli avvocati di McVeigh arrivarono a credere che McVeigh stesse delirando e si chiesero se McVeigh credesse di essere la reincarnazione dell'eroe della guerra rivoluzionaria Patrick Henry.

Cash osserva che "durante le prime settimane di detenzione, McVeigh mostrava tutti i sintomi di un 'crankster' che si stava riprendendo dagli effetti distruttivi di [LSD e metanfetamine]", due droghe che la sorella di McVeigh ha confermato essere state sperimentate da lui.

Secondo Cash, i "punti dolenti" di McVeigh erano "l'ideologia della frangia di destra e le fantasie sulle donne".

A questo proposito, è interessante notare che Kirk Lyons, amico e avvocato di Andreas Strassmeir, il presunto complice di McVeigh, era un attivo reclutatore per il complesso di Elohim City in Arkansas, vicino al confine con l'Oklahoma, promettendo ai giovani "nazionalisti bianchi" che a Elohim City avrebbero potuto trovare le donne dei loro sogni.

Van Loman, un veterano del movimento nazionalista, ha raccontato a *The Spotlight* che dopo il fallimento del suo matrimonio, Lyons ha sostenuto con entusiasmo l'idea che Loman si trasferisse a Elohim City per trovare una compagna di fortuna.

Fiducioso di poter trovare un nuovo amore senza entrare nel "club dei cuori solitari" di Lyons, Loman dice ora:

"Posso solo chiedermi quale sarebbe stato il corso della mia vita se avessi seguito il suggerimento di Kirk Lyons e avessi preso casa a Elohim City. Solo Dio lo sa. Forse avrei frequentato personaggi come Andreas Strassmeir e Timothy McVeigh e sarei stato in qualche modo inavvertitamente trascinato nella loro rete di intrighi".

La domanda è se Tim McVeigh abbia agito sulla base di una raccomandazione simile a quella rifiutata da Loman.

I media mainstream - così come l'ADL e Morris Dees del Southern Poverty Law Center - continuano a suggerire che coloro che dubitano della versione ufficiale del governo sull'attentato di Oklahoma stanno cercando di trasformare Timothy McVeigh in un "martire". Niente di più sbagliato.

Il fatto è che la maggior parte di coloro che dubitano della versione ufficiale del governo sull'attentato credono anche che McVeigh abbia mentito quando ha fornito la sua storia "dall'interno" ai due autori che hanno prodotto il nuovo libro in cui McVeigh dovrebbe raccontare "tutta la storia".

Tutte le prove accumulate - sia dal governo che da investigatori indipendenti che mettono in dubbio la linea ufficiale del governo - suggeriscono che McVeigh era coinvolto nell'attentato.

Il governo e gli investigatori indipendenti sono divisi sul coinvolgimento di altre persone.

CAPITOLO IX

Un autore populista parla in Malesia

Michael Collins Piper ha trascorso dieci giorni in Malesia, una repubblica del Sud-Est asiatico, nell'agosto 2004. Ospitato da varie organizzazioni e individui indipendenti, Piper si è recato a Kuala Lumpur, la modernissima capitale di questa potenza economica asiatica in piena espansione, per lanciare la pubblicazione dei suoi libri controversi, *Final Judgment: The Missing Link in the JFK Assassination Conspiracy* e *The High Priests of War*, il primo studio approfondito sulla storia dei neo-conservatori filo-israeliani che controllano la politica estera statunitense sotto la presidenza di George W. Bush. Bush.

Sebbene la Malesia sia un Paese multietnico con grandi minoranze cinesi e indiane e una popolazione prevalentemente malese, l'inglese è ampiamente e fluentemente parlato in tutto il Paese, che un tempo faceva parte dell'Impero britannico.

Diverse migliaia di copie dei due libri di Piper sono già in circolazione in Malesia e sono disponibili nelle principali librerie del Paese, cosa che non avviene negli Stati Uniti (dalla prima visita di Piper, *The High Priests of War* è stato pubblicato anche in lingua malese e il suo ultimo libro, *The New Jerusalem*, è stato pubblicato anche in inglese in Malesia).

La visita di Piper è stata di buon auspicio perché, come hanno sottolineato i suoi ospiti, era la prima volta che un americano noto per il suo schietto populismo, il nazionalismo e la critica alla lobby israeliana a Washington visitava la Malesia in un modo di così alto profilo.

In qualità di presidente del Movimento dei non allineati e dell'Organizzazione dei Paesi islamici, la Malaysia è sempre più influente sulla scena mondiale, soprattutto dopo vent'anni di governo del popolare ex primo ministro Mahathir Mohamad, che ha sfidato i tentativi dei globalisti di imporre regole dittatoriali alla sua nazione attraverso motori di potere imperiali come il Fondo monetario internazionale e la Banca mondiale.

Il primo evento del tour di Piper è stata una conferenza presso l'hotel a cinque stelle Mutiara di Kuala Lumpur davanti a una folla di quasi 300 persone, un mix straordinario di avvocati, uomini d'affari, industriali, accademici e diplomatici di spicco, tra cui un rappresentante dell'ambasciata statunitense in Malesia. L'evento è stato moderato da Chandra Muzaffar, avvocato, prolifico scrittore e conferenziere, considerato uno dei maggiori intellettuali asiatici. Presidente del Movimento internazionale per un mondo giusto (JUST), Muzaffar è ampiamente rispettato a livello internazionale.

In seguito, la conferenza JUST è stata caratterizzata da un'apparizione speciale di Piper, che si è rivolto a un pubblico altrettanto numeroso e interessato sul tema "Il potere nascosto dietro Washington", affrontando non solo l'ovvia questione dell'influenza della lobby israeliana, ma anche blocchi di potere come il Consiglio per le Relazioni Estere, la Commissione Trilaterale e il più segreto Gruppo Bilderberg, che - come ha scoperto Piper - era a malapena conosciuto dal suo pubblico altrimenti ben informato. Il dottor R. S. McCoy, presidente della divisione malese dell'Associazione internazionale dei medici per la prevenzione della guerra nucleare, è stato il moderatore.

Durante una visita alla storica isola di Penang, conosciuta come la "Perla d'Oriente", Piper ha risposto alla domanda "Gli Stati Uniti in Medio Oriente: la pace è possibile? La pace è possibile?" a un incontro di accademici e studenti post-laurea presso il Centro di Studi Internazionali della Scuola di Scienze Sociali dell'Università Sains [Science] della Malesia. Il moderatore, il professor Johan S. Abdullah, ha concluso presentando a Piper un libro di Cecil Regendra, un importante avvocato, poeta e attivista per i diritti umani che ha assistito alla conferenza di Piper.

In origine, Piper doveva parlare nell'ambito di un corso tenuto dal dottor A. B. Kopanski presso la prestigiosa International Islamic University (IIU) di Kuala Lumpur. Come Piper, Kopanski è un membro del comitato consultivo di *The Barnes* Review, la rivista storica revisionista. L'anno scorso è venuto a Washington per parlare alla conferenza congiunta TBR-AFP sulla storia reale e il Primo Emendamento.

Tuttavia, la visita di Piper in Malesia ha suscitato un tale interesse nei circoli intellettuali che l'università stessa ha organizzato una sala più grande presso la sua sede, che accoglie studenti provenienti da un centinaio di Paesi.

Un'intera platea (circa 300 persone) di studenti energici ha accolto Piper. Il presidente dell'IIU Seri Sanusi Junid, una figura molto rispettata negli affari malesi, si è unito a Piper sul palco per la conferenza e ha onorato l'americano con il titolo di "protetto", per la gioia degli studenti che hanno apprezzato la lezione di Piper su "Neoconservatori, sionismo e Palestina".

Piper è intervenuta sul tema altrettanto controverso "La stampa americana è davvero libera?" presso la sede nazionale del Consiglio dell'Ordine degli Avvocati della Malesia, l'associazione degli avvocati che in Malesia (a differenza degli Stati Uniti) è molto indipendente e schietta e spesso si pone in contrapposizione al governo. Piper ha sottolineato che mentre in Paesi come la Malesia il governo ha spesso un controllo parziale (o restrizioni) sui media, la situazione è diversa negli Stati Uniti, dove aziende private e gruppi di interesse speciale possiedono i media e usano questo potere per controllare il processo politico.

L'aspetto interessante è che dietro le quinte c'è stato uno sforzo concertato per impedire a Piper di rivolgersi al Consiglio dell'Ordine degli Avvocati. Una telefonata anonima - che si ritiene provenga dall'Anti-Defamation League (ADL), il gruppo di pressione della lobby israeliana negli Stati Uniti - ha esortato il Consiglio a cancellare l'impegno di Piper, facendo riferimento a "prove" contro Piper sul sito web dell'ADL che "dimostrano" che Piper è pericoloso. I dirigenti dell'Ordine degli Avvocati hanno respinto il consiglio dell'ADL e il moderatore dell'evento, il noto avvocato Tommy Thomas, ha sottolineato che nella lunga storia dei forum del Consiglio non si è mai tentato di impedire l'audizione di un oratore su, nonostante la lunga serie di oratori controversi che rappresentano un'ampia gamma di opinioni.

L'evento conclusivo del tour di conferenze del signor Piper è stato sponsorizzato da *Oriental News*, il giornale in lingua cinese di Kuala Lumpur. Davanti a una folla amichevole e affascinata di circa 250 persone, Mr. Piper ha parlato sul tema "La mappa degli Stati Uniti per il dominio del mondo nel XXI secolo": "Mentre i neoconservatori dell'élite al potere a Washington sono noti per il loro entusiasmo campanilistico per Israele, ciò che è meno noto è che essi mettono al primo posto gli interessi e la sicurezza di Israele, anche nella conduzione della politica statunitense verso l'Asia, l'Europa, l'Africa e il Sudafrica, ritenendo che tutte queste politiche debbano essere orientate verso ciò che è meglio per Israele.

Quello che segue è il resoconto personale di Piper del suo storico viaggio in Malesia:

Il mio viaggio nella capitale della Malesia, Kuala Lumpur, e i viaggi paralleli in altre destinazioni di questo straordinario Paese, mi hanno dato l'opportunità unica di imparare molto su un Paese che rimane misterioso per la maggior parte degli americani, anche se la Malesia è una delle potenze economiche del Sud-Est asiatico ed è senza dubbio un leader del Terzo Mondo e di altri Paesi non allineati. Ma soprattutto, ho avuto l'opportunità di sentire cosa pensano i malesi degli Stati Uniti e delle loro politiche globaliste di oggi - opinioni che per molti versi riflettono l'opinione mondiale.

Durante la mia visita, ho incontrato non solo lavoratori medi, ma anche una serie di avvocati, accademici, intellettuali, dissidenti politici, imprenditori, giornalisti e diversi ex funzionari pubblici. Si può dire che, nonostante le differenze socio-economiche, etniche e religiose, erano tutti d'accordo su una cosa: "Contrariamente a quanto sostiene George W. Bush, non odiamo l'America o il popolo americano, ma non ci piacciono assolutamente le politiche perseguite dal presidente americano e dai suoi consiglieri neo-conservatori".

È così semplice. In effetti, il punto di vista malese riflette il pensiero delle persone in Russia e ad Abu Dhabi negli Emirati Arabi Uniti, altri due luoghi in cui ho parlato negli ultimi anni.

Sebbene la Malesia abbia l'Islam come religione di Stato, il Paese è religiosamente ed etnicamente diverso, con grandi popolazioni cinesi, indiane e di altro tipo. È anche molto moderno e orientato al futuro, con l'inglese ampiamente parlato da tutti i gruppi di popolazione, compresa la maggioranza malese.

I malesi apprezzano la loro cultura e la loro storia e sono determinati a rimanere indipendenti, diffidando di molti aspetti di quella che viene vagamente definita cultura "americana", ma che - come ogni americano pensante sa perfettamente - è in realtà un marchio di "cultura" promulgato dai media controllati dagli Stati Uniti e che, in verità, spesso riflette ben poco della tradizione americana stessa.

Pur apprezzando la moda americana, i film e tutti gli aspetti del "nostro stile di vita americano", i malesi desiderano mantenere la propria individualità. Non ci sarà un "unico mondo" per i malesi, anche se i leader americani rimarranno fedeli al sogno di una piantagione globale. Ecco perché il nazionalismo schietto del loro primo ministro di lungo corso, l'acclamato Dr. Mahathir Mohammed, e del loro attuale leader, Abdullah Ahmad Badawi, è molto apprezzato da queste persone dalla mentalità indipendente.

In Malesia è risaputo che la lobby israeliana svolge un ruolo importante nella definizione della politica estera degli Stati Uniti. Molti americani saranno lieti di sapere che anche gli intellettuali malesi conoscono bene gli intrighi di blocchi di potere come il Council on Foreign Relations e la Commissione Trilaterale, anche se l'esistenza del più segreto Gruppo Bilderberg è stata una sorpresa per molti malesi.

I malesi con cui ho parlato - che rappresentano, come ho notato, un'ampia gamma di gruppi etnici e religioni - sono uniformemente preoccupati che l'attuale leadership degli Stati Uniti (al contrario del popolo americano nel suo complesso) sia intenzionata a creare un impero globale. Vedono l'economia statunitense come il veicolo dei banchieri internazionali e sono consapevoli della manipolazione del sistema monetario statunitense da parte del Federal Reserve System, collegato all'impero finanziario della famiglia Rothschild in Europa. Da questo punto di vista, i malesi considerano i combattenti americani di come pedine, carne da macello per queste forze di alto livello di cui rifiutano gli obiettivi.

Sebbene la fede islamica sia forte in Malesia, molti malesi - e questo sorprenderà molti americani - sono diffidenti nei confronti del fondamentalismo islamico della linea dura e si chiedono persino se Osama bin Laden sia "reale".

In altre parole, per dirla senza mezzi termini, molti malesi (come molte persone nel Medio Oriente islamico, per esempio) sospettano che Bin Laden fosse in realtà una creatura dell'intelligence israeliana, il Mossad, e dei suoi alleati in vari elementi dell'apparato di sicurezza nazionale degli Stati Uniti, e che Bin Laden fosse uno strumento utile in una campagna segreta per stabilire un egemone globale sotto il dominio di elementi sionisti e dei loro collaboratori nella comunità supercapitalista internazionale.

Nelle mie varie presentazioni in Malesia, ho evidenziato il ruolo del monopolio dei media statunitensi nel plasmare la politica degli Stati Uniti, sottolineando che mentre in molti Paesi il governo controlla i media, negli Stati Uniti i proprietari dei media - un piccolo e affiatato gruppo di famiglie e interessi finanziari - esercitano il loro potere per controllare il governo, e quindi i politici, e l'agenda che attuano. I malesi non hanno avuto problemi a comprendere questo concetto, mentre molti americani non hanno ancora afferrato questa realtà.

Tutti i miei interlocutori malesi mi hanno posto la stessa domanda: "Cosa bisogna fare per spezzare questo potere mediatico e le conseguenze che esso comporta? "Cosa occorre fare per spezzare questo potere mediatico e le conseguenze che ne derivano?". La mia risposta è stata: "Sebbene gli americani nel complesso rimangano largamente ignoranti di ciò che sta accadendo, un numero sempre maggiore di loro, grazie a voci indipendenti come *American Free Press*, sta aprendo gli occhi. Nel frattempo, un numero crescente di americani buoni e patriottici nel Dipartimento di Stato, nelle forze armate, nella CIA e in altre agenzie di intelligence, e altrove, sta diventando sempre più insoddisfatto della "politica come al solito" e sta iniziando a parlare su, mettendo in dubbio le intenzioni generali della lobby sionista.

"Alla fine", ho concluso, "questi opinionisti cominceranno a farsi sentire sempre di più. Ecco perché non solo il popolo americano, ma anche quello di tutto il mondo, deve sostenere non solo i media indipendenti, ma anche coloro che occupano posizioni di potere negli Stati Uniti e altrove e che sono pronti a parlare, a prescindere dalle conseguenze".

A questo proposito, probabilmente non è stata una coincidenza che, mentre stavo per lasciare la Malesia, ho appreso che l'FBI stava da tempo indagando sulle attività della lobby israeliana e sui suoi legami con i guastatori neo-conservatori all'interno dell'amministrazione Bush. È stata quasi una conferma positiva del fatto che ci sono persone che osano parlare.

L'esito finale di questa indagine - e degli eventi che ne sono seguiti - resta da vedere, ma i veri patrioti americani possono essere certi di avere l'amicizia dei veri patrioti in Malesia e in tutto il mondo, anche se il monopolio dei media sostiene che "il resto del mondo ci odia".

SEZIONE DUE

OMICIDI

CAPITOLO X

Le ambizioni nucleari di Israele collegate all'assassinio di JFK

I determinati (e allora segreti) sforzi dietro le quinte di John F. Kennedy per impedire a Israele di dotarsi di un arsenale di armi nucleari giocarono un ruolo decisivo negli eventi che portarono al suo assassinio il 22 novembre 1963? Il Mossad, il servizio di intelligence israeliano, ha svolto un ruolo di primo piano nella cospirazione per l'assassinio di JFK, insieme a elementi della CIA e della criminalità organizzata internazionale

Perché il regista hollywoodiano Oliver Stone non ha rivelato, nel suo film del 1993 sull'assassinio di JFK, che l'eroe della sua epopea, Jim Garrison, ex procuratore di New Orleans, aveva concluso privatamente che il Mossad era in definitiva la forza trainante dell'assassinio di JFK

In prossimità del 40° anniversario dell'assassinio di JFK - in un momento in cui l'attenzione mondiale è concentrata sui problemi della proliferazione nucleare in Medio Oriente - è valido o appropriato sollevare la questione della possibile complicità israeliana nell'assassinio di un presidente americano

Queste sono solo alcune delle domande molto controverse poste da Michael Collins Piper nel suo libro, *Giudizio finale*, che è diventato un proverbiale "bestseller clandestino" negli Stati Uniti, oggetto di un acceso dibattito su Internet e di accesi scambi in vari forum pubblici.

Quella che segue è una rassegna completa delle scoperte di Piper, pubblicata in *Final Judgment*.

Nel 1992, l'ex membro del Congresso degli Stati Uniti Paul Findley, un repubblicano liberale, fece un commento poco notato ma intrigante: "In ogni parola scritta sull'assassinio di John F. Kennedy, l'agenzia di intelligence di Israele, il Mossad, non è mai stata menzionata, nonostante il fatto ovvio che la complicità del Mossad sia plausibile come qualsiasi altra teoria".

Come ha potuto Findley - che non è mai stato noto per essere un estremista e non è certo un fan delle teorie cospirative - arrivare a una simile affermazione

In realtà, questa tesi non è così straordinaria se si guarda alla storia, mettendo in una nuova prospettiva tutte le teorie convenzionali sull'assassinio di JFK, calcolando dettagli finora poco noti che gettano una luce cruda sulle circostanze della morte di JFK e sulle crisi geopolitiche in cui il presidente americano era immerso al momento del suo clamoroso assassinio.

In realtà, anche la più recente e ampiamente pubblicizzata esposizione delle teorie che circondano l'assassinio di JFK - il film di Oliver Stone del 1993, *JFK* - non è riuscita a presentare il quadro completo.

Sebbene Stone abbia presentato l'ex procuratore di New Orleans Jim Garrison come un eroe per aver puntato il dito contro elementi delle reti militari e di intelligence degli Stati Uniti come forza motrice dell'assassinio di JFK, ciò che Stone non ha detto al suo pubblico è qualcosa di ancora più controverso: in privato, dopo diversi anni di ricerche e riflessioni, Garrison era giunto a una conclusione ancora più sorprendente: la forza trainante dell'assassinio di JFK non era altro che il temuto servizio di intelligence di Israele, il Mossad.

Per quanto possa sembrare sorprendente, ci sono in realtà buone ragioni per concludere che Garrison potrebbe aver guardato nella giusta direzione. In un momento in cui il dibattito sulle "armi di distruzione di massa" è al centro della scena mondiale, questa tesi non è così straordinaria come sembra.

Con l'avvicinarsi del 40° anniversario dell'assassinio di John F. Kennedy, il fascino dell'omicidio del 35° Presidente degli Stati Uniti continua senza sosta. I fan dell'assassinio - non solo negli Stati Uniti, ma in tutto il mondo - continuano a sminuire i risultati delle due indagini ufficiali del governo statunitense sulla vicenda.

Sebbene il rapporto del 1976 di una commissione speciale del Congresso degli Stati Uniti abbia formalmente contraddetto la conclusione del 1964 della Commissione Warren, nominata dal Presidente, secondo cui il presunto assassino Lee Harvey Oswald avrebbe agito da solo, e abbia invece concluso che dietro l'assassinio del Presidente c'era effettivamente una probabile cospirazione - alludendo in larga misura al coinvolgimento della criminalità organizzata - la decisione finale della commissione del Congresso ha in realtà sollevato più domande, sotto certi aspetti, di quante ne abbia risolte.

Nel 1993, il regista hollywoodiano Oliver Stone entrò nella mischia con il suo kolossal *JFK*, con l'interpretazione di Stone dell'indagine ampiamente pubblicizzata del 1967-1969 sull'assassinio di JFK da parte dell'allora procuratore distrettuale di New Orleans Jim Garrison.

Il film di Stone, interpretato da Kevin Costner nel ruolo di Garrison, solleva lo spettro del coinvolgimento di elementi del "complesso militare-industriale", nonché di una manciata di esuli cubani anticastristi, di attivisti di destra e di agenti corrotti della Central Intelligence Agency. Il film racconta la storia dell'indagine di Garrison e del processo, alla fine fallito, contro l'uomo d'affari di New Orleans Clay Shaw (all'epoca sospettato di essere un collaboratore della CIA, cosa poi dimostrata) per il suo coinvolgimento nella cospirazione JFK.

Tuttavia, come oggi sappiamo, nemmeno Stone fu fedele al suo eroe. A. J. Weberman, investigatore indipendente di lunga data sull'assassinio di JFK, ha rivelato che negli anni '70 - ben dopo l'incriminazione di Shaw da parte di Garrison - quest'ultimo fece circolare il manoscritto di un romanzo (mai pubblicato) in cui indicava il Mossad israeliano come la mente del complotto per l'assassinio di JFK.

Garrison non ha mai detto nulla su questa insolita tesi, almeno non pubblicamente. Ma dalla metà degli anni '80, fino a oggi, sono emerse nuove prove che non solo dimostrano che il Mossad aveva buone ragioni per agire contro John F. Kennedy, ma anche che non solo Clay Shaw (l'obiettivo di Garrison), ma anche altre figure chiave spesso associate negli scritti pubblicati all'assassinio di JFK, erano in realtà strettamente legate al Mossad e ai suoi ordini.

E ciò che è particolarmente interessante è che nessuna delle persone in questione - incluso Shaw - era ebrea. L'accusa che il coinvolgimento del Mossad sia in qualche modo "antisemita" cade a fagiolo già solo per questo fatto. Ma la complicità del Mossad - come indica il dossier - è una possibilità molto reale.

I detrattori di Garrison continuano a sostenere che il procuratore di New Orleans non riusciva a decidere chi fosse il mandante dell'assassinio del presidente John F. Kennedy. In effetti, questa è stata la principale critica mossa a questo procuratore turbolento, schietto e colorito: semplicemente non riusciva a decidere. E fu uno dei motivi per cui anche molti sostenitori di Garrison cominciarono a mettere in dubbio la sua sincerità e persino l'utilità dell'indagine di Garrison.

In realtà, Garrison tendeva a sparare dritto. Fu forse il suo più grande errore - uno dei tanti - durante la sua controversa indagine sull'assassinio del 35° Presidente degli Stati Uniti.

In un momento o nell'altro di questa indagine, Garrison ha puntato il dito contro l'uno o l'altro dei vari possibili cospiratori, che vanno dagli "estremisti di destra" ai "baroni del petrolio del Texas", agli "esuli cubani anticastristi" e agli "agenti della CIA disonesti". A volte, Garrison arrivò a dire che la cospirazione comprendeva una combinazione di questi possibili cospiratori.

Quando alla fine Garrison portò un uomo davanti alla giustizia, Clay Shaw, un rispettato dirigente d'azienda di New Orleans, Garrison aveva ristretto l'attenzione, suggerendo principalmente che Shaw era stato uno dei protagonisti della cospirazione.

Secondo Garrison, Shaw prendeva essenzialmente ordini da figure di alto livello in quello che è stato crudamente descritto come il "complesso militare-industriale" - quella combinazione di interessi finanziari e produttori di armi il cui potere e la cui influenza nella Washington ufficiale - e in tutto il mondo - sono una forza molto reale negli affari mondiali.

Garrison suggerì che Shaw e i suoi cospiratori avevano molteplici motivazioni per la loro decisione di attaccare il Presidente Kennedy. In particolare, ha dichiarato:

- I cospiratori si opposero alla decisione di JFK di iniziare il ritiro delle forze statunitensi dall'Indocina

- Lo hanno criticato per non aver fornito copertura militare agli esuli cubani che cercavano di rovesciare Fidel Castro durante la fallita invasione della Baia dei Porci

- Non sopportavano il licenziamento da parte di JFK di Allen Dulles, direttore della CIA in carica da molto tempo e veterano della Guerra Fredda contro l'Unione Sovietica.

- Inoltre, Garrison ha suggerito che il successore di JFK, Lyndon Johnson, potrebbe aver voluto che JFK fosse rimosso dalla carica per appropriarsi della corona, ma anche perché JFK e suo fratello minore, il procuratore generale Robert Kennedy, non solo stavano complottando per rimuovere Johnson dalla lista nazionale democratica nel 1964, ma stavano anche conducendo indagini penali federali su numerosi soci e finanziatori vicini a Johnson, anche nel settore della criminalità organizzata.

Alla fine, dopo una deliberazione relativamente breve, la giuria nel caso di Shaw lo assolse. Solo più tardi - molto più tardi - emersero le prove che Shaw era stato effettivamente un informatore della CIA, nonostante le proteste di Shaw per il contrario.

Solo negli ultimi anni è stato stabilito, ad esempio, che la CIA statunitense stava deliberatamente sabotando l'indagine di Garrison dall'interno, per non parlare dell'assistenza alla difesa di Shaw. E mentre alcuni continuano a dire che l'assoluzione di Shaw "dimostra" che Shaw non aveva nulla a che fare con la cospirazione JFK, il quadro generale suggerisce il contrario.

Shaw era coinvolto in qualcosa di molto oscuro, così come altri membri della sua cerchia di amici e collaboratori. E questi, a loro volta, erano direttamente collegati alle strane attività di Lee Harvey Oswald a New Orleans nell'estate precedente l'assassinio di John F. Kennedy, prima del soggiorno di Oswald a Dallas. Decine di scrittori - molti con punti di vista diversi - hanno documentato tutto questo, più e più volte.

Quindi, anche se la leggenda "ufficiale" vuole che Jim Garrison ritenesse che la CIA e il complesso militare-industriale fossero i principali responsabili dell'assassinio di JFK, alla fine Jim Garrison era giunto privatamente a una conclusione completamente diversa, che rimane in gran parte sconosciuta anche alle molte persone che hanno lavorato con Garrison durante la sua indagine.

In realtà, come abbiamo visto, Garrison aveva deciso, sulla base di tutto ciò che aveva appreso da un'ampia varietà di fonti, che le menti più probabili dell'assassinio di JFK erano agenti del servizio segreto israeliano, il Mossad.

La verità è che - anche se a quanto pare Garrison non lo sapeva all'epoca, proprio perché i fatti non erano ancora venuti alla luce - Garrison potrebbe aver avuto un'idea molto più importante di quella che ha realizzato.

I documenti pubblici dimostrano che nel 1963 JFK fu coinvolto in una disputa segreta e aspra con il leader israeliano David Ben-Gurion sul desiderio di Israele di costruire la bomba atomica; Ben-Gurion si dimise disgustato, dichiarando che a causa delle politiche di JFK "l'esistenza di Israele [era] in pericolo". Dopo l'assassinio di JFK, la politica statunitense nei confronti di Israele subì un'immediata svolta di 180 gradi.

Il nuovo libro dello storico israeliano Avner Cohen, *Israel and the Bomb*, conferma il conflitto tra JFK e Israele con tale forza che il quotidiano israeliano *Ha'aretz* ha dichiarato che le rivelazioni di Cohen "richiederebbero la riscrittura dell'intera storia di Israele". Dal punto di vista di Israele, scrive Cohen, "le richieste di Kennedy [a Israele] sembravano diplomaticamente inappropriate... incompatibili con la sovranità nazionale". Comunque sia, Cohen sottolinea che "il passaggio da Kennedy a [Lyndon] Johnson... ha favorito il programma nucleare di Israele".

Ethan Bronner, scrivendo sul *New York Times*, ha descritto il desiderio di Israele di costruire una bomba nucleare come un "argomento ferocemente nascosto". Questo spiega perché i ricercatori di JFK - e Jim Garrison - non hanno mai preso in considerazione la pista israeliana.

Sebbene tutto ciò costituisca un forte motivo per Israele di colpire JFK, persino il giornalista israeliano Barry Chamish riconosce che esiste "un caso abbastanza convincente" di collaborazione del Mossad con la CIA nel complotto dell'assassinio.

Il fatto è che quando Jim Garrison perseguì Clay Shaw per aver cospirato nell'assassinio, Garrison si imbatté nel collegamento con il Mossad.

Sebbene sia stato rivelato (dopo la sua assoluzione) che Shaw era una risorsa della CIA, nel 1963 sedeva anche nel consiglio di amministrazione di una società con sede a Roma, la Permindex, che (secondo le prove) era una copertura per un'operazione di acquisto di armi sponsorizzata dal Mossad.

Come e perché Shaw sia stato coinvolto in questa operazione rimane un mistero, ma non ci sono dubbi sul chiaro ruolo del Mossad nelle attività di Permindex, nonostante le proteste per il contrario.

Giudicate voi stessi: uno dei principali azionisti di Permindex, la Banque de Crédit Internationale de Genève, non solo era la roccaforte di Tibor Rosenbaum, un alto funzionario del Mossad di lunga data - di fatto, uno dei padri fondatori di Israele - ma anche il principale riciclatore di denaro di Meyer Lansky, "presidente" del sindacato criminale e lealista israeliano di lunga data.

Secondo i biografi israeliani simpatizzanti di Meyer Lansky: "Dopo che Israele divenne uno Stato, quasi il 90% dei suoi acquisti di armi all'estero passò attraverso la banca di Rosenbaum,. Molte delle più audaci operazioni segrete di Israele furono finanziate con i fondi della [BCI]. Molte delle più audaci operazioni segrete di Israele sono state finanziate con fondi [BCI]". La CIB fungeva anche da custode del conto Permindex.

Il fatto che la BCI di Tibor Rosenbaum fosse una forza di controllo dell'enigmatica entità Permindex pone Israele e il suo Mossad al centro della cospirazione per l'assassinio di John F. Kennedy.

Vale anche la pena di notare che l'amministratore delegato e azionista di Permindex era Louis Bloomfield di Montreal, figura di spicco della lobby israeliana in Canada (e a livello internazionale) e agente di lunga data della famiglia di Samuel Bronfman, capo del Congresso ebraico mondiale, intimo partner d'affari di Lansky nel contrabbando internazionale di whisky durante il proibizionismo e, molto più tardi, importante mecenate di Israele.

Permindex era chiaramente il collegamento israeliano all'assassinio di JFK. Il collegamento con Permindex spiega anche la "connessione francese" presentata nel documentario *The Men Who Killed Kennedy*, che però non racconta tutta la storia:

- Questo Permindex è stato coinvolto anche nei tentativi di assassinare il Presidente francese Charles De Gaulle da parte dell'Organizzazione dell'Esercito Segreto Francese (OAS), che a sua volta aveva stretti legami con il Mossad.

- Come l'OAS, gli israeliani odiavano De Gaulle non solo perché aveva concesso l'indipendenza all'Algeria, un nuovo importante Stato arabo, ma anche perché De Gaulle, che aveva aiutato Israele, aveva ritirato il suo sostegno, opponendosi (come JFK) al desiderio di Israele di dotarsi di un arsenale atomico.

- Nel 1993, un ufficiale dei servizi segreti francesi ha raccontato a questo autore che il Mossad aveva subappaltato almeno uno degli assassini di JFK - probabilmente un sicario corso - attraverso un ufficiale dei servizi segreti francesi sleale a De Gaulle, che odiava JFK perché sosteneva l'indipendenza dell'Algeria.

Esistono inoltre prove inconfutabili, basate sulle rivelazioni del compianto giornalista Stewart Alsop, che JFK stava anche pianificando un attacco al programma di bombe nucleari della Cina Rossa - un piano scartato da Lyndon Johnson entro un mese dall'assassinio di JFK.

Nello stesso periodo, secondo il famoso storico dei servizi segreti britannici Donald McCormack (che scrive con lo pseudonimo di Richard Deacon nel suo libro *The Israeli Secret Service*), Israele e la Cina Rossa erano coinvolti in ricerche segrete congiunte sulle bombe nucleari.

Oggi sappiamo che un elemento chiave della rete Permindex, Shaul Eisenberg, è diventato l'ufficiale di collegamento del Mossad con la Cina e alla fine ha svolto un ruolo fondamentale nello sviluppo dei massicci trasferimenti di armi tra Israele e la Cina che sono stati resi noti al pubblico negli anni Ottanta.

Non è nemmeno insignificante che James Angleton, l'ufficiale di collegamento della CIA con il Mossad, fosse un fervente sostenitore di Israele che non solo ha orchestrato lo scenario che collegava il presunto assassino Lee Harvey Oswald al KGB sovietico, ma ha anche fatto circolare successivamente informazioni errate per confondere le indagini sull'assassinio. I resoconti degli intrighi di Angleton con il Mossad durante la Guerra Fredda sono numerosi.

Per quanto riguarda il più volte citato legame tra la "mafia" e l'assassinio di JFK, anche le fonti "classiche" sul crimine organizzato notano che le figure della "mafia" italo-americana più spesso accusate di essere dietro l'assassinio - Carlos Marcello di New Orleans e Santo Trafficante di Tampa, Florida - erano in realtà subordinati di Meyer Lansky, associato al Mossad.

Inoltre, il nipote e omonimo del famigerato boss della mafia di Chicago Sam Giancana - spesso sospettato di essere il mandante dell'assassinio di JFK - ha recentemente affermato che il vero capo della mafia di Chicago era un socio ebreo americano di Meyer Lansky - Hyman "Hal" Larner - che, mentre tirava le fila di Giancana e della mafia di Chicago, collaborava attivamente agli intrighi internazionali con il Mossad di Israele.

Non sorprende che alcuni critici suggeriscano che Oliver Stone possa aver omesso questi dettagli da *JFK* perché il film è stato finanziato da Arnon Milchan, un trafficante d'armi israeliano diventato produttore hollywoodiano che persino *Sixty* Minutes della CBS ha collegato al contrabbando di materiale per il programma nucleare israeliano - che, ovviamente, si è rivelato essere l'aspro (e forse fatale) punto di contesa tra JFK e Israele.

Anche se il diplomatico israeliano Uri Palti ha dichiarato che tutto ciò - come descritto in dettaglio nel libro di questo autore, *Giudizio Universale* - è "assurdo" e lo scrittore Gerald Posner, legato alla CIA, lo ha definito "inverosimile", Nel 1997 *il* Los Angeles *Times* ammise con riluttanza che la tesi del *Giudizio Universale* era "effettivamente nuova", affermando che "intreccia alcuni dei fili essenziali di un arazzo che molti considerano unico"."

E vale la pena notare che mentre molti credono che la CIA abbia avuto un ruolo nell'assassinio di JFK, molte delle stesse persone hanno paura di menzionare la possibilità di un ruolo del Mossad. Eppure, come ha sottolineato il giornalista Andrew Cockburn

> Fin dai primi tempi dello Stato israeliano e della CIA, esiste un legame segreto che permette ai servizi segreti israeliani di lavorare per la CIA e per il resto dei servizi segreti americani. Non si può capire cosa sia successo con le operazioni segrete americane e con le operazioni segrete israeliane finché non si comprende questo accordo segreto.

Esistono almeno tre importanti libri scritti da giornalisti di spicco che documentano i legami sotterranei tra la CIA e il Mossad, senza dimenticare, in un aspetto o nell'altro, gli aspetti del conflitto segreto e aspro tra JFK e Israele, non solo in relazione alla politica delle armi nucleari, ma anche alla politica statunitense in Medio Oriente in generale. Inoltre, questi volumi dimostrano che la politica americana ha effettivamente subito una svolta radicale alla morte del Presidente Kennedy:

1) *The Samson Option: Israel'Nuclear Arsenal and American Foreign Policy*, del giornalista Seymour Hersh, vincitore del premio Pulitzer e veterano del *New York Times*.

2) *Dangerous Liaison: The Inside Story of the U.S.-Israeli Covert Relationship* di Andrew e Leslie Cockburn, entrambi rispettati giornalisti liberali; e

3) *Taking Sides: America*'s *Secret Relations with a Militant Israel* di Stephen Green, che è stato associato al "mainstream" Council on Foreign Relations e al Carnegie Endowment for International Peace.

Sia Hersh che Green sono ebrei. Tutti e tre i libri sono stati pubblicati da autorevoli case editrici.

Tutti questi volumi chiariscono che JFK e il Primo Ministro israeliano David Ben-Gurion erano in profondo disaccordo, al punto che Ben-Gurion riteneva che le politiche di JFK minacciassero la sopravvivenza stessa di Israele - e lo disse. Dopo l'assassinio di JFK, la politica degli Stati Uniti nei confronti del Medio Oriente subì una sorprendente svolta di 180 gradi, il risultato più immediato dell'assassinio del Presidente americano. Questo è un fatto freddo, duro e indiscutibile che non può essere discusso. Le prove sono fin troppo chiare.

Hersh ha osservato che la stampa israeliana e mondiale "ha detto al mondo che le improvvise dimissioni di Ben-Gurion erano il risultato della sua insoddisfazione per gli scandali e le turbolenze politiche interne di Israele". Tuttavia, Hersh continua affermando, in modo piuttosto significativo, che "non c'era modo per il pubblico israeliano" di sapere che c'era "un altro fattore" dietro le dimissioni: in particolare, secondo Hersh, "il sempre più aspro confronto tra Ben-Gurion e Kennedy per un Israele dotato di armi nucleari". La resa dei conti finale con JFK sulla bomba nucleare fu chiaramente la "ragione principale" delle dimissioni di Ben-Gurion.

Il desiderio di costruire una bomba nucleare non era solo uno dei principali obiettivi della politica di difesa di Israele (il suo stesso fondamento); era anche un interesse particolare di Ben-Gurion.

In ogni caso, le rivelazioni di Seymour Hersh su JFK e Ben-Gurion sono state messe in ombra da un libro più recente sullo stesso argomento, scritto da un accademico israeliano, Avner Cohen. Quando Cohen pubblicò il suo libro *Israel and the Bomb* (New York: Columbia University Press) nel 1999, fece scalpore in Israele.

L'"opzione nucleare" non era solo al centro della visione *personale* del mondo di Ben-Gurion, ma anche il fondamento stesso della politica di sicurezza nazionale israeliana. Gli israeliani erano essenzialmente pronti, se necessario, a "far saltare in aria il mondo" - compresi loro stessi - se fosse stato necessario per sconfiggere i nemici arabi.

Questo è ciò che, secondo Hersh, i pianificatori nucleari israeliani vedevano come "l'opzione Sansone", ovvero il Sansone della Bibbia che, dopo essere stato catturato dai Filistei, abbatté il Tempio di Dagon a Gaza e si uccise insieme ai suoi nemici. Come dice Hersh, "per i sostenitori del nucleare israeliano, l'opzione Sansone è diventata un altro modo per dire "mai più" (riferendosi alla prevenzione di un nuovo Olocausto)".

Tutte le prove, nel loro insieme, mostrano chiaramente che fu l'"opzione Sansone" la causa principale delle dimissioni di Ben-Gurion.

In definitiva, nel 1963, il conflitto tra JFK e Ben-Gurion era un segreto per l'opinione pubblica israeliana e americana, e lo è rimasto per almeno vent'anni; e lo rimane tuttora, nonostante la pubblicazione del libro di Hersh, seguito da Il *giudizio universale* e poi dal libro di Avner Cohen.

Il poderoso libro di Avner Cohen ha sostanzialmente confermato tutto ciò che Hersh aveva scritto, ma è andato anche oltre.

Cohen descrive come il conflitto tra JFK e Ben-Gurion sia arrivato al culmine nel 1963 e come, il 16 giugno di quell'anno, JFK abbia inviato una lettera al leader israeliano che, secondo Cohen, era "il messaggio più duro ed esplicito" fino ad allora. Cohen aggiunge: "JFK inviò una lettera al leader israeliano

> Kennedy esercitò la leva più utile a disposizione di un presidente americano nelle sue relazioni con Israele: la minaccia che una soluzione insoddisfacente avrebbe compromesso l'impegno e il sostegno del governo americano a Israele...

Ben-Gurion non lesse mai la lettera. Ha invece annunciato le sue dimissioni. Cohen sostiene che Ben-Gourion non ha mai fornito una spiegazione per la sua decisione, a parte un riferimento a "motivi personali".

Ben-Gurion disse ai suoi colleghi di gabinetto che "doveva" dimettersi e che "nessun problema o evento di Stato ne era la causa". Cohen ha aggiunto che Ben-Gurion aveva "concluso che non poteva dire la verità su Dimona ai leader americani, nemmeno in privato".

Subito dopo le dimissioni di Ben-Gurion, JFK scrisse una lettera al nuovo Primo Ministro Levi Eshkol che era chiaramente *ancora più feroce* delle precedenti comunicazioni di JFK con Ben-Gurion. Scrive Avner Cohen:

> Era dai tempi del messaggio di Eisenhower a Ben-Gurion, al culmine della crisi di Suez nel novembre 1956, che un presidente americano non era stato così diretto con un primo ministro israeliano.

Kennedy ha detto a Eshkol che l'impegno e il sostegno degli Stati Uniti a Israele "potrebbero essere seriamente compromessi" se Israele non permettesse agli Stati Uniti di ottenere "informazioni affidabili" sui suoi sforzi nucleari.

Le richieste di Kennedy erano senza precedenti. Si trattava infatti di un ultimatum.

Cohen osserva che: "Dal punto di vista di [Eshkol], le richieste di Kennedy sembravano diplomaticamente inappropriate; erano incompatibili con la sovranità nazionale. Non c'erano basi legali o precedenti politici per tali richieste", spiega Cohen. "La lettera di Kennedy fece precipitare una situazione di quasi crisi nell'Ufficio del Primo Ministro. La pressione di Kennedy *su* Israele *non* finì con le dimissioni di Ben-Gurion. *Al contrario,* si è chiaramente intensificata.

Il quotidiano israeliano *Ha'aretz* ha pubblicato una recensione del libro di Cohen il 5 febbraio 1999, definendolo una "bomba". La recensione di *Ha'aretz*, scritta da Reuven Pedatzur, è completamente inter estante. Essa recita in parte come segue:

> L'assassinio del Presidente degli Stati Uniti John F. Kennedy ha messo bruscamente fine alle massicce pressioni esercitate dall'amministrazione americana sul governo israeliano affinché abbandonasse il suo programma nucleare.
>
> Cohen dimostra a lungo la pressione esercitata da Kennedy su Ben-Gurion. Racconta l'affascinante scambio di lettere tra i due uomini, in cui Kennedy chiarì al Primo Ministro israeliano che non avrebbe in nessun caso accettato che Israele diventasse uno Stato nucleare.
>
> Il libro suggerisce che se Kennedy fosse rimasto in vita, non è certo che oggi Israele avrebbe un'opzione nucleare.

Secondo lo storico Stephen Green: "Lo sviluppo più importante del 1963 per il programma di armi nucleari di Israele si verificò il 22 novembre su un aereo da Dallas a Washington. Lyndon Baines Johnson aveva prestato giuramento come 36° Presidente degli Stati Uniti, dopo l'assassinio di John F. Kennedy.

Green scrive: "Nei primi anni dell'amministrazione Johnson, il programma di armi nucleari di Israele fu descritto a Washington come una "questione delicata". La Casa Bianca di Lyndon Johnson non vide Dimona, non sentì Dimona e non parlò di Dimona quando il reattore divenne critico all'inizio del 1964".

Così, il punto critico della disputa tra John F. Kennedy e il governo israeliano dominato dal Mossad non era più rilevante. Il nuovo presidente americano, da sempre sostenitore di Israele, autorizzò il perseguimento dello sviluppo nucleare. Questo era solo l'inizio.

Come si concilia la tesi più convenzionale secondo cui la CIA fu il principale mandante dell'assassinio di JFK con la teoria secondo cui anche il Mossad ebbe un ruolo chiave nella cospirazione di John F. Kennedy

Nel 1963, John F. Kennedy non era solo in guerra con Israele e con il sindacato criminale dominato dal lealista israeliano Meyer Lansky e dai suoi scagnozzi mafiosi, ma anche con il loro stretto alleato nel mondo dell'intelligence internazionale, la CIA.

La CIA, ovviamente, aveva i suoi problemi con JFK. Solo sei settimane prima dell'assassinio di John F. Kennedy, *il New York Times* riportò che un alto funzionario dell'amministrazione Kennedy aveva avvertito che un colpo di stato orchestrato dalla CIA in America era una chiara possibilità.

La CIA - come i suoi alleati in Israele - aveva buone ragioni (secondo la sua stessa percezione) per volere che JFK fosse rimosso dalla Casa Bianca e sostituito da Lyndon B. Johnson. Johnson.

La battaglia di JFK con la CIA per la disfatta della Baia dei Porci era solo l'inizio. Negli ultimi giorni della sua presidenza, JFK non solo stava combattendo gli sforzi della CIA per coinvolgere sempre più profondamente gli Stati Uniti nel Sud-Est asiatico, ma si stava anche preparando a smantellare completamente la CIA. L'esistenza stessa della CIA era in pericolo.

Questo, naturalmente, ha messo in evidenza la CIA come probabile sospetto nell'assassinio di JFK, ed è una linea di indagine perseguita da Jim Garrison.

Tuttavia, altri collegamenti tra la CIA e l'assassinio, spesso citati, indicano anche il Mossad.

Ad esempio, l'ex amante di Fidel Castro, Marita Lorenz, un'agente della CIA, ha testimoniato davanti al Congresso degli Stati Uniti che Frank Sturgis, un agente della CIA di lunga data famoso per il suo attivismo anticastrista, le disse dopo l'assassinio che era stato coinvolto nell'assassinio di JFK.

Sulla base di uno studio approfondito dell'assassinio di JFK, l'ex capo del controspionaggio cubano, il generale Fabian Escalante, ha dichiarato alla giornalista Claudia Furiati che l'intelligence cubana aveva stabilito che, in effetti, "Sturgis era responsabile delle comunicazioni, il che significa che riceveva e trasmetteva informazioni sui movimenti nella Dealey Plaza e sul corteo agli uomini armati e ad altri".

Se Sturgis è stato coinvolto nella meccanica dell'assassinio, le prove storiche suggeriscono che Sturgis potrebbe aver agito come strumento del Mossad nell'ambito della cospirazione.

La verità è che circa quindici anni prima dell'assassinio di JFK, Sturgis aveva lavorato per il Mossad.

Allo stesso modo, F. Peter Model, ricercatore sull'assassinio di JFK, ha affermato che Sturgis era un "mercenario di Hagannah durante la prima guerra arabo-israeliana (1948)" e che Sturgis aveva anche una fidanzata in Europa negli anni '50 che lavorava per l'intelligence israeliana e con la quale lavorava.

Lo stesso Sturgis ha dichiarato di aver aiutato la sua ragazza come corriere in Europa in alcune attività del Mossad.

Sturgis era un ex corrispondente di Time-Life che aveva trascorso molto tempo a Cuba durante e dopo la rivoluzione castrista, ed era anche ben noto tra gli esuli cubani anticastristi che Sturgis aveva lavorato a lungo per il Mossad.

Inoltre, al culmine delle operazioni anticastriste della CIA a Miami, in cui Sturgis era una figura chiave, da 12 a 16 agenti del Mossad lavoravano da Miami sotto il comando del vicedirettore del Mossad

Yehuda S. Sipper, e la loro influenza si estendeva in tutta l'America Latina e nei Caraibi. Sipper, e la loro influenza si estendeva a tutta l'America Latina e ai Caraibi.

Citando un memo della CIA del 1976, il professor John Newman, che ha indagato sulla conoscenza da parte della CIA delle attività di Lee Harvey Oswald, sostiene che Sturgis ha fondato la Brigata Internazionale Anticomunista e che "i finanziatori del gruppo di Sturgis non sono mai stati pienamente stabiliti".

Le informazioni provenienti da diverse fonti suggeriscono che il gruppo di Sturgis potrebbe essere stato una propaggine delle operazioni del Mossad con sede a Miami, intrecciate con gli intrighi sostenuti dalla CIA dello stesso Sturgis nella stessa sfera di influenza.

In effetti, un'unità della brigata di Sturgis era la "Interpen" dell'ufficiale a contratto della CIA Gerry Patrick Hemming, che operava da New Orleans, e Sturgis era collegato a queste operazioni della Interpen.

Queste attività nei dintorni di New Orleans sono note per aver coinvolto due dei personaggi chiave che circondavano Lee Harvey Oswald prima dell'assassinio di JFK: gli agenti a contratto della CIA Guy Banister e David Ferrie (entrambi sono stati indagati da Jim Garrison, ed entrambi sembrano essere stati collegati in modo permanente da Garrison a Clay Shaw in attività che coinvolgono intrighi di intelligence). *In realtà, esiste un collegamento israeliano con la Interpen.* Secondo lo stesso Hemming, il "contatto più importante di Interpen negli Stati Uniti" era il finanziere newyorkese Theodore Racoosin, che Hemming descrive come "uno dei principali fondatori dello Stato di Israele".

Hemming dichiara francamente che, sebbene non abbia personalmente visto alcuna prova che lo convinca del coinvolgimento diretto del Mossad nell'assassinio di JFK, ha affermato: "So dalla fine degli anni '60 che il Mossad era a conoscenza dell'assassinio di JFK *ancor prima che avvenisse*, che ha poi condotto un'indagine completa sulla questione e che da allora ha conservato tutti questi file". [enfasi aggiunta].

In ogni caso, *non solo* Clay Shaw, agente della CIA a New Orleans, è legato al Mossad attraverso la sua associazione con l'Operazione Permindex (come Banister e Ferrie), ma scopriamo anche che altri due attori legati alla CIA nelle operazioni anticastriste di New Orleans (Sturgis e Hemming) erano nella sfera di influenza del Mossad. E Lee Harvey Oswald è collegato a tutti gli attori chiave coinvolti.

Comunque sia, ora sappiamo che almeno una persona che avrebbe confessato di essere coinvolta nell'assassinio di JFK - Frank Sturgis - aveva legami di lunga data con il Mossad, che risalgono a molti anni prima (e dopo) l'assassinio di JFK.

E così via. La storia è tutt'altro che conclusa. Ma concludiamo con questo:

Alcuni anni fa, un americano incontrò il famoso presentatore della CBS Walter Cronkite a Martha's Vineyard. Gli parlò della teoria del coinvolgimento del Mossad nell'assassinio di JFK e Cronkite lo ascoltò attentamente.

Guardando verso il mare, Cronkite osservò sinteticamente: "Non riesco a pensare a nessun gruppo - ad eccezione dei servizi segreti israeliani - che sarebbe stato in grado di tenere nascosto il complotto per l'assassinio di JFK per così tanto tempo".

Le prove dimostrano che la tesi poggia su basi molto solide. È uno scenario che ha senso, con grande disappunto di molti critici. Si avvicina più di qualsiasi altra cosa sia stata scritta finora a riassumere l'intera cospirazione per l'assassinio di JFK.

Questa ricostruzione, indubbiamente "insolita" e certamente controversa, della cospirazione per l'assassinio di JFK getta una nuova luce su un puzzle molto grande, il cui quadro è notevolmente complesso e alquanto oscuro.

L'immagine estremamente confusa sul fronte del puzzle mostra tutti i gruppi e gli individui coinvolti nella cospirazione per l'assassinio di JFK. Tuttavia, quando si gira il puzzle, si trova un'immagine grande e molto chiara della bandiera israeliana.

CAPITOLO XI

Polemiche sull'autore del *Giudizio Universale*

Nell'estate del 1997, sui giornali di tutto il Paese scoppiò una grande polemica per il fatto che Michael Collins Piper era stato invitato a parlare in un piccolo college della contea di Orange, in California, sul tema del suo libro, Giudizio finale, *che documentava il ruolo del servizio segreto israeliano, il Mossad, nell'assassinio del presidente John F. Kennedy. La Anti-Defamation League del B'nai B'rith è stata la principale forza che ha cercato di impedire a Piper di parlare. Quello che segue è un commento preparato da Piper in risposta alla controversia, che è stato successivamente pubblicato sull'*Orange County Register.

Le lezioni sull'assassinio di JFK sono popolari nei campus americani da 30 anni. Tuttavia, la tesi del mio libro, *Giudizio finale,* è una tesi che alcuni non vogliono che gli studenti sentano: l'agenzia di spionaggio israeliana, il Mossad, ha avuto un ruolo con la CIA e il sindacato criminale di Lansky nell'assassinio del Presidente Kennedy.

Il mio libro non è ancora "vietato a Boston", ma a quanto pare lo è a Orange County. Nella stessa settimana (20-27 settembre 1997) in cui l'American Library Association e la National Association of College Stores sponsorizzavano la "Settimana dei libri proibiti", nella Contea di Orange infuriava la polemica perché alcune persone erano arrabbiate per il fatto che Steve Frogue, presidente dei fiduciari del South Orange County Community College District (SOCCD), mi avesse invitato a parlare di *Final Judgment* a un seminario del SOCCD sull'assassinio di JFK.

Sebbene un'intensa attività di lobbying abbia costretto a cancellare il seminario, è in corso una campagna ben finanziata per rimuovere Frogue dall'incarico perché crede nella garanzia della nostra Costituzione che gli americani hanno il diritto di esprimere opinioni diverse.

Il diplomatico israeliano Uri Palti dichiara *che il Giudizio Universale* è "un'assurdità".

Eppure, contraddittoriamente, i critici continuano a sostenere che le mie scoperte sono "pericolose" e non dovrebbero essere ascoltate da bambini "impressionabili" che potrebbero prendere sul serio un "pazzo".

Mentre gli studenti di Orange County non sono chiaramente considerati abbastanza maturi per giudicare da soli la mia teoria, sono considerati abbastanza maturi per arruolarsi nell'esercito e morire nel Golfo Persico, in Bosnia, in Somalia o in altri luoghi scelti in tutto il mondo.

Ecco cosa è rivelatore: i miei detrattori (come Roy Bauer dell'Irvine Valley College) si *rifiutano* assolutamente *di* discutere. Non colgono l'opportunità di dimostrare, punto per punto, dove sbaglio. Non è sorprendente - alla luce della reazione isterica a Il Giudizio *Universale* - *che* alcuni pensino che il libro abbia davvero "messo la coda all'asino", che i miei critici abbiano "protestato troppo".

Molti abitanti di Orange County hanno sentito parlare dell'*Affare Frogue,* ma pochi sanno *cos'è il Giorno del Giudizio, cosa* dice o cosa non dice.

Il giudizio finale è di 769 pagine ed è chiaramente documentato da oltre 1.000 note a piè di pagina. L'analisi del contenuto confermerà che l'85% delle 111 fonti bibliografiche proviene da editori "mainstream" e costituisce la base principale del consistente materiale citato. Sono stati notati tre errori minori, non correlati alla tesi.

Purtroppo, a causa delle accuse mosse dai critici, molti pensano che io "neghi l'Olocausto" (il che non è vero). Pertanto, secondo questo argomento pretestuoso, qualsiasi cosa io dica sull'assassinio di JFK deve necessariamente essere - secondo l'amministratore del SOCCD Marcia Milchiker - "assurda" e "falsa", *anche se l'Olocausto e l'assassinio di JFK sono due argomenti non correlati.*

Questa tattica (intelligente) distrae l'attenzione da ciò che sto realmente dicendo. Comunque, per la cronaca, il mio libro non parla dell'Olocausto. Ecco cosa sostiene *il Giudizio Finale:* nel 1963, JFK fu coinvolto in un'aspra disputa (allora segreta) con il leader israeliano David Ben-Gurion sulla volontà di Israele di costruire la bomba atomica; Ben-Gurion si dimise disgustato, dopo aver detto a JFK che, a causa della sua politica, "l'esistenza di Israele [era] in pericolo". Dopo l'assassinio di JFK, la politica degli Stati Uniti nei confronti di Israele iniziò immediatamente una svolta di 180 gradi.

Tutto questo è documentato dal premio Pulitzer Seymour Hersh in *The Samson Option*, da James Cockburn in *Dangerous Liaison* e da Stephen Green in *Taking Sides, tutti* storici di tutto rispetto. Dov'è dunque il "legame israeliano" con l'assassinio

Il fatto è che quando Jim Garrison, procuratore distrettuale di New Orleans, perseguì Clay Shaw per cospirazione nell'assassinio di JFK, Garrison si imbatté (inconsapevolmente) nel legame con il Mossad.

Sebbene (dopo la sua assoluzione) Shaw sia stato dipinto come una risorsa della CIA, nel 1963 fu coinvolto in attività segrete con Tibor Rosenbaum, un alto funzionario del Mossad la cui banca svizzera riciclava il denaro della mafia per Meyer Lansky, il "presidente" del sindacato criminale.

Alcuni dicono che "la mafia ha ucciso JFK". In realtà, i boss mafiosi accusati di aver "ucciso" JFK - Carlos Marcello e Santo Trafficante - non erano solo subordinati di Lansky, ma anche collaboratori della CIA in complotti contro Fidel Castro.

E mentre molti accusano James Angleton della CIA di aver avuto un ruolo nell'insabbiamento dell'assassinio, nessuno menziona che Angleton, l'ufficiale di collegamento della CIA con il Mossad, era un fervente sostenitore di Israele.

Perché Oliver Stone non ha menzionato questi dettagli nel suo film *JFK*? Forse perché *JFK* è stato finanziato da Arnon Milchan del Mossad, il più grande trafficante di armi di Israele.

Tutto questo è solo la punta dell'iceberg. Di fronte all'isteria *dell'apocalisse*, ricordiamo le parole di JFK: "Una nazione che ha paura di lasciare che il suo popolo giudichi la verità e la falsità in un mercato aperto è una nazione che ha paura del suo popolo".

Nota dell'editore: alla fine, sebbene il seminario su JFK in questione sia stato cancellato, Piper si è recato nella Contea di Orange e ha visitato il Saddleback College, dove gli studenti del giornale della scuola, animati dalla libertà, hanno invitato Piper a parlare a un seminario privato nella loro aula privata - in aperta sfida alla "polizia del pensiero" dell'Anti-Defamation League. Piper - e gli studenti - hanno avuto l'ultima parola.

CAPITOLO XII

Peter Jennings e l'assassinio di Kennedy - Oltre la cospirazione

Il defunto Peter Jennings della ABC e i suoi burattinai dietro le quinte hanno chiaramente preso in giro il popolo americano. Peter Jennings, conduttore *di ABC Nightly News,* ha perso ogni credibilità che poteva avere la sera del 20 novembre 2003. Quella sera, ABC News presentò in pompa magna un documentario di due ore sull'assassinio del Presidente John F. Kennedy, condotto da Jennings.

Intitolato *The Kennedy Assassination-Beyond Conspiracy,* il documentario di due ore presenta mezze verità e distorsioni e sostiene apertamente la teoria della Commissione Warren, da tempo screditata, secondo cui Lee Harvey Oswald, agendo da solo, avrebbe compiuto l'assassinio del 35° Presidente degli Stati Uniti.

Una cosa va detta fin dall'inizio: il modo migliore per determinare chi ha veramente ucciso JFK è quello di guardare a come i media d'élite hanno riportato il suo assassinio, e poi vedere chi controlla veramente i media.

Una volta determinato ciò, è possibile stabilire immediatamente la fonte della cospirazione e del suo insabbiamento. Con queste premesse, vediamo cosa ha detto la ABC, ora filiale dell'impero hollywoodiano della Disney Company di Michael Eisner.

Peter Jennings ha dato il via alla trasmissione dichiarando che i teorici della cospirazione sono "al di sopra di ogni sospetto", poi ha trascorso le due ore successive cercando di dimostrarlo, in gran parte ignorando la verità.

Nell'affermare che "non c'era uno straccio di prova credibile di una cospirazione" dietro l'assassinio, Jennings ha di fatto ignorato il duro lavoro e la dedizione di migliaia di investigatori indipendenti (e anche di ricercatori per l'inchiesta della House Select Committee on Assassinations a metà degli anni Settanta) che hanno portato alla luce una vasta gamma di documenti che contraddicevano seriamente quasi tutte le principali conclusioni della Commissione Warren.

La ABC non si è mai preoccupata di presentare nemmeno uno dei molti critici di spicco e rispettati che sono emersi negli ultimi quarant'anni per mettere in discussione la leggenda del "pistolero solitario". Nessuno dei principali critici della Commissione Warren è mai apparso sullo schermo o è stato menzionato.

Il meglio che la ABC ha potuto fare è stato recensire brevemente una selezione di opere critiche nei confronti della Commissione Warren, tra cui il pionieristico *Rush to Judgment* di Mark Lane. Ma né Lane né altri critici della Commissione sono apparsi nel programma.

Al contrario, tutti gli intervistati dalla ABC che hanno espresso un'opinione sulla questione hanno appoggiato senza riserve le conclusioni della Commissione Warren. E la maggior parte degli intervistati dalla ABC aveva già delle rimostranze.

Questi includono

- Robert Goldman, un professore universitario che ha scritto un libro in cui denuncia tutte le forme di "teoria del complotto" sull'argomento, proclamando che tali teorie sono dannose. (Il libro di Goldman contiene anche un attacco a Michael Collins Piper, l'autore di questa recensione)

- Hugh Aynesworth, un giornalista che da tempo lavora a stretto contatto con l'FBI

- Gerald Posner, uno stimato avvocato di Wall Street, il cui scadente libro, *Case Closed*, che sostiene la Commissione Warren (scritto con il sostegno della CIA) è notoriamente pieno di errori

- Priscilla Johnson MacMillan, una giornalista con legami di lunga data con la CIA, che è stata descritta come la "biografa" di Oswald

- James Hosty, l'ex agente dell'FBI di Dallas che fu assegnato a Oswald dopo il ritorno di quest'ultimo dall'Unione Sovietica.

(Hosty - per inciso - era lo "specialista" dell'ufficio locale sugli "estremisti di destra" e, in questa veste, avrebbe agito da collegamento con i "cacciatori di estremisti" dell'Anti-Defamation League di B'nai B'rith (ADL))

- Michael e Ruth Paine, l'oscura coppia di Dallas che fece amicizia con Oswald e la sua famiglia. Fu la signora Paine a procurare a Oswald un lavoro al Texas School Book Depository un mese prima dell'assassinio di JFK - un fatto riconosciuto dalla ABC. Ciò che la ABC non ha menzionato è che numerosi ricercatori hanno documentato i probabili legami con i servizi segreti dei coniugi Paine, una coppia insolita la cui storia completa non è ancora stata raccontata.

E per una buona misura, la ABC ha persino chiamato Hillel Silverman, il rabbino di Dallas che fu il consigliere spirituale di Jack Ruby, il proprietario di un nightclub legato alla mafia che sparò a Oswald due giorni dopo l'assassinio del Presidente.

Il rabbino Silverman ha assicurato al pubblico che Ruby non faceva parte di alcuna cospirazione e che pensava di fare una buona azione - ignorando il fatto che esiste almeno una breve videocassetta in cui Ruby fa ampio riferimento a una cospirazione e dice di essere stato "usato", e che la verità completa non sarà mai conosciuta.

Un "testimone" particolarmente intrigante della ABC che provava la colpevolezza di Oswald era Volkmar Schmidt, la cui associazione con Oswald non fu mai descritta dalla ABC - e probabilmente per una buona ragione: avrebbe sollevato troppe domande.

Tuttavia, i ricercatori di lunga data sull'assassinio di JFK hanno riconosciuto Schmidt: un emigrato tedesco fuggito dal suo Paese natale dopo essere stato coinvolto in un complotto per uccidere Adolf Hitler, Schmidt fu presentato a Oswald dal misterioso aristocratico russo George De Mohrenschildt, che si ritiene sia stato - almeno per parte del periodo successivo al ritorno di Oswald in Texas - il "babysitter" della CIA di Oswald.

Si dice che Schmidt avesse un fascino particolare per l'ipnosi, cosa che alcuni che pensavano che Oswald potesse essere stato preparato per essere un assassino (o un capro espiatorio) del tipo "candidato manciuriano" hanno sempre trovato intrigante.

In seguito Schmidt presentò Oswald ai già citati Michael e Ruth Paine, che secondo molti sostituirono De Mohrenschildt nel tenere d'occhio Oswald per conto della CIA.

Sebbene la ABC non abbia mai intervistato la vedova di Oswald - che ora dice di credere che ci sia stata una cospirazione e che suo marito non fosse l'assassino, ma piuttosto il "capro espiatorio", come ha detto lo stesso Oswald - la ABC ha coinvolto il fratello maggiore di Oswald, Robert, che ha proclamato la sua convinzione della colpevolezza del fratello.

Ciò che la ABC non ha menzionato, tuttavia, è che molti critici della Commissione Warren hanno sollevato seri dubbi su precedenti dichiarazioni, alquanto sospette, rilasciate dallo stesso Robert Oswald e utilizzate per "provare" la colpevolezza del fratello.

La ABC non ha nemmeno menzionato la possibilità - sollevata da alcuni investigatori sull'assassinio - che la CIA avesse molteplici legami con la stessa famiglia Oswald, forse anche con la madre, aggiungendo ulteriore carburante alla tesi che la CIA avesse messo gli occhi su Oswald per molti anni prima dell'assassinio di JFK.

A questo proposito, il suggerimento della ABC che Oswald fosse "un uomo che nessuno conosceva veramente" è ridicolo. Il professor John Newman dell'Università del Maryland, nel suo libro fondamentale "Oswald e la CIA", dimostra in modo inequivocabile che la CIA disponeva di ampi dossier su Oswald, la maggior parte dei quali erano "gestiti" dal famigerato capo del controspionaggio della CIA, James J. Angleton, un devoto lealista israeliano che fungeva da unico collegamento tra la CIA e l'agenzia di intelligence israeliana, il Mossad.

Partendo dalla premessa che le teorie cospirative sono emerse sull'assassinio di JFK perché, come ha detto Peter Jennings, il popolo americano sentiva che "una cosa così orribile doveva essere opera di più di un uomo", la ABC a volte ignorava palesemente i fatti. Ad esempio, la ABC sostenne che i testimoni avevano visto l'agente di polizia di Dallas J. D. Tippit "salutare Oswald" prima che "Oswald" sparasse a Tippit.

Tuttavia, la verità è che ci sono molte testimonianze contrastanti, anche sulle circostanze dell'omicidio di Tippit der - avvenuto poco dopo l'assassinio di JFK - e che è tutt'altro che certo che Oswald abbia commesso questo crimine.

Quando alla fine la ABC decise di esplorare il fatto che c'erano effettivamente delle preoccupazioni riguardo a una cospirazione dietro l'assassinio del Presidente, non approfondì la convinzione più diffusa, cioè che la cospirazione fosse molto probabilmente riconducibile (come lo era e lo è tuttora) a elementi della CIA.

Al contrario, la ABC fece di tutto per dimostrare che non si trattava di una cospirazione sovietica, utilizzando persino un famoso disertore sovietico, Yuri Nosenko, per sostenere che era "impossibile" che i sovietici avessero mai usato Oswald. In realtà, pochissimi dei critici della Commissione Warren pensarono che si trattasse di un complotto sovietico.

In realtà, i critici della Commissione sostennero che i veri cospiratori dell'assassinio avevano deliberatamente cercato di collegare Oswald ai sovietici (e al dittatore cubano Fidel Castro) per uno dei diversi scopi possibili: o per costringere a un insabbiamento ufficiale per "prevenire una guerra con l'Unione Sovietica", o per provocare un'invasione statunitense di Cuba come rappresaglia contro Castro. In ogni caso, la maggior parte dei critici della Commissione non ha mai preso sul serio l'idea che fossero stati i sovietici o Castro.

Esaminando il misterioso soggiorno di Oswald in Unione Sovietica - dove molti ritengono che fosse un agente della CIA - la ABC ha insistito sul fatto che i sovietici non hanno mai preso Oswald troppo sul serio in un modo o nell'altro e che, nonostante i ripetuti proclami della ABC che Oswald non era "nessuno", le autorità sovietiche "cedettero" e permisero a Oswald di rimanere in Unione Sovietica quando, dopo aver chiesto a di andarsene, tentò il suicidio poco dopo il suo arrivo. L'idea che i sovietici avrebbero "ceduto" a un tale "straniero" è a dir poco assurda. Chiaramente, per qualsiasi motivo, i sovietici decisero che valeva la pena tenere d'occhio Oswald. Ma la ABC non voleva che il suo pubblico considerasse questa possibilità.

Nel parlare dell'altrettanto misterioso periodo trascorso da Oswald a New Orleans (prima del suo ritorno definitivo a Dallas prima dell'assassinio di JFK), la ABC non menziona nemmeno una volta la chiara associazione di Oswald con l'ex membro dell'FBI Guy Banister e con il collega agente a contratto della CIA David Ferrie. La ABC menziona, in modo piuttosto agghiacciante, che Oswald riuscì a ottenere una fama "fugace" presentandosi pubblicamente come un agitatore di strada pro-Castro, intervistato alla TV e alla radio mentre distribuiva volantini pro-Castro.

Si potrebbe anche ricordare che le stazioni televisive e radiofoniche locali della NBC, che all'epoca contribuirono a pubblicizzare Oswald, erano di proprietà di Edith e Edgar Stern, importanti esponenti della lobby pro-Israele e amici intimi di Clay Shaw, in seguito implicato dal procuratore Jim Garrison nelle circostanze relative alla gestione di Oswald a New Orleans prima dell'assassinio. Ma, naturalmente, la ABC non ne ha parlato.

La ABC parla del viaggio di Oswald in Messico e invita Edwin Lopez, ex investigatore della Commissione Assassini della Camera dei Rappresentanti, a dimostrare che non ci sono prove che Oswald abbia cospirato con i sovietici o i cubani nell'assassinio di JFK.

Tutto ciò va bene. Tuttavia, la ABC ha omesso di dire che i critici della Commissione Warren considerano Lopez un eroe proprio perché la sua vasta mole di indagini ha effettivamente dimostrato che era la CIA - in particolare l'ufficio del capo del controspionaggio James Angleton - a lavorare nei mesi precedenti l'assassinio di JFK per collegare Oswald ai sovietici. In breve, la ABC prese solo una parte di ciò che Lopez aveva scoperto e lo distorse per gli spettatori.

Uno dei punti salienti della presentazione della ABC è stata una grafica computerizzata a colori (piuttosto divertente) dell'assassinio di Kennedy che sosteneva di "provare" che un singolo colpo aveva effettivamente trapassato il presidente Kennedy e l'allora governatore del Texas John B. Connally.

Ciò che la ABC non ha menzionato è che, in passato, l'autore Gerald Posner aveva esaltato le virtù di un'analoga simulazione al computer che dimostrava lo stesso punto. Ma Posner non ha menzionato nel suo libro, *Case Closed*, che la stessa società che ha prodotto quella simulazione ha prodotto anche un'altra simulazione che dimostra che più di un tiratore potrebbe essere stato coinvolto nell'assassinio di John F. Kennedy.

Tuttavia, per quanto riguarda la ferita alla testa di JFK, che la maggior parte dei critici seri ritiene sia stata sparata frontalmente (e quindi ovviamente non da Lee Harvey Oswald o da chiunque altro si trovasse nel Texas School Book Depository), la simulazione al computer della ABC ha semplicemente mostrato l'ovvio: la parte posteriore della testa di JFK era nella linea di vista dell'edificio che ospitava il libro.

Jennings della ABC ha spiegato che il motivo per cui la testa di JFK è stata tirata indietro con violenza (come se gli avessero sparato dal davanti) è che, secondo Jennings, i corpi possono muoversi in qualsiasi direzione quando vengono colpiti. O almeno così sostiene. La maggior parte dei cacciatori, poliziotti, soldati e altri utilizzatori di armi da fuoco probabilmente direbbero il contrario.

Quando la ABC dovette affrontare il fatto che la Commissione per gli Assassinii della Camera del 1976 aveva finalmente concluso (sulla base di una registrazione sonora fatta nella Dealey Plaza) che c'era stato un secondo uomo armato che aveva sparato dal davanti, chiamò la sua simulazione al computer per dimostrare solo che il poliziotto (il cui radiomicrofono aveva registrato gli spari) non poteva - così la simulazione dimostrò - trovarsi nel punto in cui gli esperti del suono avevano concluso che si trovava quando fu fatta la registrazione. In altre parole, l'abilità informatica della ABC non confutava il fatto che un colpo fosse stato sparato da davanti, ma solo che la registrazione dello sparo non era stata fatta dal punto in cui si supponeva fosse stata fatta.

La ABC ha cercato di screditare la "teoria" di Robert Blakey, direttore della Commissione per gli Assassinii della Camera, secondo cui "la mafia" avrebbe ucciso Kennedy, ma in realtà la ABC stava solo screditando un'altra teoria che non è mai stata presa sul serio.

Per quanto riguarda Blakey stesso, sebbene non abbia mai smesso di affermare che la figura del mafioso di Dallas Jack Ruby fosse legata alla "mafia", Blakey ignorò studiosamente i reali legami di Ruby con il sindacato criminale non italiano di Meyer Lansky e dei suoi soci, i Bronfman. Ciò non sorprende, dal momento che Blakey, a un certo punto, fu di fatto un "consulente" pagato da Morris Dalitz, capo della mafia di Lansky a Las Vegas.

Quando si è trattato di Oliver Stone e del suo controverso film *JFK*, Jennings e la ABC hanno potuto solo sottolineare, giustamente, che

Stone aveva, per sua stessa ammissione, mostrato un certo grado di "licenza drammatica" nel presentare il suo film sull'indagine di Jim Garrison su Clay Shaw.

La verità è che molti ricercatori seri sull'assassinio di JFK sono stati molto critici nei confronti di Stone e del suo film. Questo autore è stato uno dei primi a sottolineare che il film di Stone è stato finanziato da Arnon Milchan, un trafficante d'armi israeliano che ha svolto un ruolo chiave nel programma di sviluppo delle armi nucleari di Israele, proprio quel programma che JFK era così determinato a fermare sul nascere.

Per sbarazzarsi di Stone (e di Garrison), la ABC ha mostrato uno spezzone del film in cui Garrison (interpretato dall'attore Kevin Costner) tiene un discorso drammatico. Jennings della ABC osserva ironicamente: "Il vero Jim Garrison non ha mai tenuto quel discorso", suggerendo che qualsiasi cosa sia lontanamente associata al film o a Garrison è in qualche modo "non reale".

Ci sarebbe molto da dire - e molto altro ancora - su questa vergognosa propaganda di Peter Jennings e del suo capo, il boss della Disney Michael Eisner, il gigante di Hollywood che ora controlla la ABC. Ma è sufficiente dire che la vera chiave per capire chi ha veramente ucciso JFK, e perché, può essere compresa al meglio esaminando il modo in cui i media americani si sono dedicati completamente alla copertura di questa cospirazione.

Quindi la risposta alla semplice domanda "Chi controlla i media?" fornisce una soluzione alla domanda "Chi ha veramente ucciso JFK e perché?".

CAPITOLO XIII

La mafia di Chicago era davvero coinvolta nell'assassinio di JFK

Se pensate che Sam Giancana, la famosa figura di "mafioso" italo-americano, fosse il "grande uomo" della mafia di Chicago, avrete una sorpresa.

Double Deal, di Michael Corbitt, fornisce una straordinaria convalida della tesi secondo cui il Mossad israeliano avrebbe avuto un ruolo chiave, insieme alla CIA e alla criminalità organizzata, nell'assassinio del presidente John F. Kennedy.

Questo libro rivelatore svela fatti inediti sulla storia segreta della famigerata "mafia" di Chicago, rivelando alcuni importanti dettagli mai raccontati prima e gettando nuova luce su molti dei principali eventi che hanno plasmato la vita americana (e la politica estera) nella seconda metà del XX secolo.

L'autore Corbitt, ex capo della polizia di Willow Springs, Illinois (un sobborgo di Chicago), ha collaborato con lo scrittore Sam Giancana, nipote e omonimo del leggendario boss della mafia di Chicago Sam Giancana, per produrre uno straordinario libro di 347 pagine che rivela, per la prima volta la sorprendente identità dell'uomo misterioso e poco conosciuto che era il vero "potere dietro il trono" della criminalità organizzata di Chicago e la cui influenza si estendeva fino a Israele, Panama, Iran, Las Vegas e Washington, D. C.. C.C.

Corbitt - che ha trascorso un lungo periodo in prigione dopo essere stato condannato per racket federale, culmine di una vita di coinvolgimento nel crimine organizzato - ammette liberamente le sue numerose malefatte e non finge di essere innocente. Ammette di aver usato la sua posizione di capo della polizia di una piccola città per promuovere gli interessi della mafia. I suoi racconti di prima mano (e spesso agghiaccianti) della vita nella mafia sono paralleli a molte delle storie già raccontate.

Nonostante il suo famoso nome da "mafioso", il co-sceneggiatore di Corbitt Giancana non è mai stato coinvolto negli "affari di famiglia". Qualche anno fa ha scritto *Double Cross*, un bestseller che racconta la vita e i crimini del suo defunto zio, assassinato nel 1975.

Tuttavia, ciò che rende unico il nuovo libro di Corbitt-Giancana è che gli autori osano dire qualcosa che non è mai stato pubblicato prima: che un oscuro gangster non italiano di nome Hyman "Hal" Larner è stato la forza continua dietro le quinte che ha guidato la mafia di Chicago per oltre trent'anni.

Nonostante la "porta girevole" dei boss della mafia italo-americana, come Giancana e altri, che venivano alternativamente imprigionati o "uccisi", era Larner ad essere sempre l'uomo al comando.

Inoltre, gli autori rivelano che gran parte dell'attività criminale di Larner è stata condotta non solo di concerto con la CIA ma anche, in particolare, con il Mossad israeliano.

Larner non era solo una figura di spicco della criminalità di Chicago, ma anche della scena internazionale. Non solo era un socio di lunga data (anche se certamente meno noto) del boss del crimine ebraico Meyer Lansky (noto collaboratore del Mossad), ma anche il successore di Lansky alla sua morte nel 1983.

Secondo Corbitt, egli venne a conoscenza dell'esistenza di Larner fin dall'inizio dell'era mafiosa, anche se la presenza di Larner a un livello così alto nella mafia non era un aspetto che gli investigatori governativi o i media appassionati di mafia volevano approfondire. Scrive Corbitt: Tutti gli altri membri dell'Outfit erano sui giornali ogni giorno, le loro foto appese alla prima pagina del *Tribune*. Ma quando il nome di Hy Larner veniva citato dai giornali, veniva descritto solo come un "associato" o un "protetto" di un gangster e nulla più. Nessuno sapeva fino a **che punto** si spingessero i suoi contatti, o a quale livello. I giornalisti lo definivano un "enigma" e un "uomo del mistero".

Man mano che Corbitt avanzava negli ambienti della criminalità organizzata sotto il patrocinio di Giancana, alla fine scoprì come e perché la mafia di Chicago poteva operare così liberamente. È stata la loro collaborazione con il Mossad - che spediva armi a Israele - a permettere alla mafia di Chicago di ottenere una carta per uscire di prigione per i funzionari del governo degli Stati Uniti

> Su insistenza di Meyer Lansky, [Giancana] e i suoi amici iniziarono a lavorare con il Mossad israeliano, contrabbandando armi in Medio Oriente.

> Tutto entrava e usciva da Panama, il che significava che tutto era gestito da Hy Larner. Larner era senza dubbio il consulente finanziario più fidato di Sam Giancana. Tutti a Panama, dai banchieri ai generali, mangiavano dalla sua mano. Una volta che le armi iniziarono a fluire verso Israele, Larner ebbe a disposizione anche l'esercito statunitense e le sue piste d'atterraggio.

E contrariamente alla leggenda popolare, non fu Giancana o un altro famoso mafioso di Chicago, Johnny Roselli, a mettere in atto l'ormai famigerato complotto CIA-Mafia per uccidere Castro. Furono Larner e il suo socio, Meyer Lansky, a mettere in atto il complotto.

Inoltre, rivelano Corbitt e Giancana, i rapporti di Larner con altre figure del crimine, come il boss della mafia di New Orleans Carlos Marcello e Santo Trafficante di Tampa, erano altrettanto intimi.

Larner e le due figure della mafia meridionale erano impegnati in lucrose operazioni di contrabbando di armi e droga nei Caraibi, per non parlare delle attività di gioco d'azzardo della mafia. Riguardo all'associazione di Larner con Lansky, Corbitt scrive

> Entrambi erano assolutamente brillanti nel maneggiare il denaro, probabilmente i migliori che la mafia avesse mai visto. Erano anche sionisti, appassionati sostenitori del diritto divino degli ebrei a occupare la Terra Santa di Gerusalemme. Non si direbbe che la religione di una persona faccia alcuna differenza, non quando si tratta di un affare come quello che la criminalità organizzata ha concluso con la CIA.

> Ma Hy Larner e Meyer Lansky non erano solo sionisti; erano anche mafiosi che credevano che il fine giustificasse i mezzi.

Mettete a loro disposizione il crimine organizzato e il governo degli Stati Uniti e otterrete una forza molto potente, capace di cambiare il volto della malavita e del mondo.

Larner e Giancana erano anche coinvolti in operazioni di gioco d'azzardo con casinò basati in Iran, all'epoca roccaforte dello Scià dell'Iran, la cui famigerata polizia segreta, il SAVAK, era una creazione congiunta della CIA e del Mossad - un importante punto di contesa quando i fondamentalisti islamici rovesciarono lo Scià e lo costrinsero all'esilio.

Corbitt rivela anche l'incredibile storia di come Giancana (con l'aiuto di Larner) sia finalmente riuscito a liberarsi del Dipartimento di Giustizia degli Stati Uniti.

Si scopre che, sebbene il presidente Lyndon Johnson e i suoi consiglieri sionisti volessero muovere guerra all'Egitto e agli altri Stati arabi in nome di Israele, il coinvolgimento degli Stati Uniti nel Vietnam impedì a Johnson di agire.

Tuttavia, non solo Giancana ha fornito una notevole somma di denaro per aiutare Israele ad armare la sua guerra del 1967 contro i Paesi arabi, ma Larner e Giancana hanno anche organizzato spedizioni di armi rubate a Israele da uno dei loro avamposti a Panama, un'operazione condotta in collaborazione con l'agente del Mossad di Panama Michael Harari.

In cambio di questo servizio a Israele, il presidente Johnson ordinò al Dipartimento di Giustizia di abbandonare la campagna contro Giancana.

Ma l'accordo tra Giancana e Larner alla fine finì. Larner, a quanto pare, era quasi certamente dietro l'assassinio di Giancana nel 1975. Larner continuò comunque a prosperare, anche se i successori di Giancana affrontarono una serie di procedimenti federali, ampiamente salutati dai media come "la fine della mafia a Chicago".

Durante i suoi anni nella mafia, Corbitt ha spesso agito come corriere per Larner, viaggiando a Las Vegas, in America Centrale e altrove. Secondo Corbitt, è ormai certo che molte delle attività di Larner hanno avuto un ruolo centrale nell'ormai famigerato affare Iran-Contra, che ha scosso l'amministrazione Reagan-Bush negli anni Ottanta.

Alla fine Corbitt fu accusato di corruzione e finì in prigione. Ma era amareggiato dai suoi alleati mafiosi, che riteneva lo avessero tradito. Si offrì di aiutare l'FBI a mettere Larner fuori gioco.

Tuttavia, nel 1997, quando sembrava che il caso contro Larner fosse in corso, Corbitt fu informato dall'FBI che il Dipartimento di Stato era intervenuto e aveva cancellato l'indagine. Come spiega Corbitt, "sembra che il mio vecchio amico Larner abbia degli amici molto influenti".

In effetti, non era la prima volta che alti funzionari del governo federale ordinavano all'FBI, all'IRS e alla DEA, congiuntamente e individualmente, di cessare le indagini sugli affari di Larner, e non sarebbe stata l'ultima.

Sebbene i giornali panamensi abbiano riportato la notizia della morte di Larner nel 1991, alcuni anni dopo sono emerse voci secondo cui Larner era in realtà vivo e vegeto e viveva a Flathead, nel Montana.

Poi, proprio mentre il libro di Corbitt era pronto per essere stampato, il *Miami Herald* annunciò che Larner era morto il 12 ottobre 2002 e sarebbe stato sepolto a Skokie, nell'Illinois. Come dice Giancana in modo semplice ed eloquente

> Curiosamente, non c'erano titoli che annunciassero la morte di uno dei più potenti mafiosi del Paese.

Quindi non ha molta importanza se Larner sia vivo o morto. Secondo Giancana:

> Ciò che conta è che l'alleanza illecita che lui e i suoi compari hanno stretto circa cinquant'anni fa con, leader internazionali ed elementi disonesti all'interno dei servizi segreti e delle forze armate statunitensi, è ancora viva e vegeta... Le agenzie federali conoscono i nomi dei responsabili. Sanno dove vivono. Eppure non fanno nulla.

Double Deal è un libro sorprendente che vi farà ricredere su ciò che pensavate di sapere su un'ampia gamma di argomenti, dalla "mafia" all'assassinio di JFK, dall'Iran-Contra all'intera storia del contrabbando di armi della CIA, e molto altro ancora. Tutti questi argomenti sembrano avere un filo conduttore comune ma poco conosciuto: la connessione israeliana a lungo nascosta.

CAPITOLO XIV

Il Mossad collegato all'assassinio di Martin Luther King

Un personaggio chiave nell'assassinio di Martin Luther King Jr. era collegato a una figura chiave nella cospirazione per l'assassinio di JFK. Entrambi, a loro volta, erano saldamente legati a un coinvolgimento comune in un'operazione di contrabbando di armi con sede negli Stati Uniti, intimamente connessa al servizio segreto israeliano, il Mossad.

Questa rivelazione è contenuta in un nuovo libro, *An Act of State*, del dottor William F. Pepper, che - a meno che non succeda qualcosa di più esplosivo - sarà probabilmente la parola definitiva su chi ha ucciso King e perché.

Basato sulle indagini condotte da Pepper nell'ambito del suo lungo ruolo di avvocato del presunto assassino di King, James Earl Ray, *An Act of State* è tutt'altro che un'apologia del Mossad.

Tuttavia, il cauto riferimento di Pepper al Mossad è un ritorno di fiamma per chi ha già letto *Giudizio finale*, il primo libro che non solo documenta il ruolo del Mossad nell'affare JFK, ma solleva anche la probabilità di un coinvolgimento israeliano nell'assassinio di Martin Luther King.

L'affermazione di Pepper sul Mossad si basa sulle dichiarazioni rilasciate a uno degli investigatori di Pepper dall'ex colonnello John Downie del 902° Gruppo di Intelligence Militare, un'unità del Ministero della Difesa.

Secondo Downie, il misterioso personaggio "Raul" - che il presunto assassino di King, James Earl Ray, sosteneva avesse contribuito a incastrarlo (Ray) per l'omicidio di King - faceva parte di un'operazione di contrabbando internazionale di armi con base negli Stati Uniti (operante in parte in Texas) che Pepper aveva già determinato -

attraverso altre fonti - coinvolgendo Jack Ruby, la guardia del nightclub di Dallas che uccise il presunto assassino di JFK, Lee Harvey Oswald.

Il legame tra "Raul" e Ruby era tutt'altro che tenue: "Raul" e Ruby furono accostati dalle fonti di Pepper in numerose occasioni prima dell'assassinio di JFK, cinque anni prima dell'omicidio di King.

L'operazione di contrabbando utilizzava armi rubate da basi e armerie dell'esercito statunitense, che venivano consegnate all'organizzazione criminale Carlos Marcello, con sede a New Orleans, la quale a sua volta consegnava le armi per la vendita in America Latina e Sudamerica e altrove. I proventi delle vendite di armi sarebbero stati divisi in parti uguali con il 902° Gruppo di intelligence militare degli Stati Uniti, che ha utilizzato la sua parte per finanziare operazioni segrete e fuori bilancio.

Ecco il collegamento con il Mossad: Downie ha detto che uno degli individui - un giocatore chiave in questa operazione - era "un alto funzionario del Mossad che lavorava in Sud America e agiva come un alto funzionario di collegamento con l'esercito statunitense e la CIA".

Sembra che il *Giudizio Finale* abbia quasi certamente individuato l'identità dell'individuo descritto dalla fonte di Pepper.

In *Giudizio finale,* ho sottolineato che il famoso "uomo con l'ombrello", fotografato nella Dealey Plaza di Dallas il 22 novembre 1963, assomigliava in modo inquietante a Michael Harari, una figura di lunga data del Mossad, oggi famigerata (ma allora nell'ombra).

Nel 1963, Harari era sul campo come specialista di omicidi del Mossad e sarebbe stato certamente a Dallas se, come sostiene la *Sentenza Finale,* il Mossad avesse avuto un ruolo di primo piano nella cospirazione del JFK. Inoltre, i documenti pubblicati dimostrano che per tutta la sua carriera Harari è stato pesantemente coinvolto nelle operazioni di intelligence israeliane in Messico, Sudamerica e Caraibi, culminando nel ruolo, ampiamente pubblicizzato, di consigliere principale dell'allora dittatore panamense Manuel Noriega, che alla fine fu rovesciato da un'invasione statunitense.

Era dunque Harari l'"agente senior del Mossad che lavorava in Sud America" citato dalla fonte militare statunitense di Pepper? In caso contrario, si trattava certamente di qualcuno con cui Harari lavorava.

Il fatto che Jack Ruby - che faceva parte dell'operazione di contrabbando legata al Mossad scoperta da Pepper - avesse molteplici legami con il Mossad e con Israele non sorprende chi ha letto *Giudizio Finale*, che ha messo in evidenza questo fatto:

- Contrariamente al mito, Ruby non era uno scagnozzo della "mafia" italo-americana, ma piuttosto un agente chiave del traffico di droga nel sindacato criminale del boss mafioso e lealista israeliano Meyer Lansky

- Ruby si vantava già nel 1955 - secondo i documenti dell'FBI - di aver contrabbandato armi in Israele

- Luis Kutner, l'avvocato di lunga data di Ruby - che risale ai primi anni di Ruby a Chicago - aveva legami molto stretti con i servizi segreti ed era uno dei principali esponenti della lobby pro-Israele

- Al Lizanetz, uno dei principali scagnozzi del boss del crimine dell'Arizona Kemper Marley (un prestanome ben pagato della famiglia Bronfman, un primo collaboratore di Meyer Lansky), aveva affermato che anche Ruby, che operava in Texas, era sul libro paga dei Bronfman

- La notte prima dell'assassinio di JFK, Ruby si incontrò con un amico intimo, Lawrence Meyers, che era coinvolto in una società collegata dall'FBI al contrabbando di armi verso Israele.

Quindi, sebbene i legami di Ruby con il Mossad siano stati trascurati da altri scrittori sull'assassinio di JFK, i dettagli possono essere trovati in *Giudizio finale*.

In realtà, ci sono altri strani legami israeliani con l'assassinio di Martin Luther King che hanno ricevuto poca attenzione.

Nel suo precedente libro sull'assassinio di Martin Luther King, *Ordini di uccidere*, William Pepper ha descritto il background del canadese Eric Galt, la cui identità James Earl Ray aveva adottato durante i suoi numerosi viaggi. Sembra che Galt gestisse un magazzino che ospitava un progetto di munizioni top-secret finanziato dalla CIA, dal Centro armi di superficie della Marina statunitense e dal Comando di ricerca e sviluppo elettronico dell'esercito. Lo scopo era quello di produrre e immagazzinare "spolette di prossimità" utilizzate nei missili terra-aria e nei proiettili di artiglieria.

Nell'agosto 1967, secondo Pepper, Galt "collaborò a un'altra operazione del 902 [Military Intelligence Group] che prevedeva il furto di alcune di queste spolette di prossimità e la loro consegna segreta a Israele". Secondo Pepper, ha ottenuto "un memorandum confidenziale emesso dal 902° MIG il 17 ottobre 1967 che conferma e discute questa operazione, il Progetto MEXPO, definito come un 'progetto per sfruttare le attrezzature militari della Divisione Scientifica e Tecnica (S&T) in Israele'".

Così, con mezzi che rimangono tuttora misteriosi, il "patsy" per l'assassinio di King utilizzò l'identità di un individuo che aveva legami con Israele e la sua ricerca "scientifica e tecnica" - che, ovviamente, va nella direzione dello sviluppo nucleare. Si noti anche che Galt era legato alla "divisione scientifica e tecnica" di Israele.

È anche accertato (ma raramente menzionato) che prima dell'assassinio di King, Ray aveva ricevuto due numeri di telefono dal suo contatto, "Raul", che Raul gli aveva dato istruzioni di contattare in caso di necessità. In seguito Ray stabilì che il numero di New Orleans era quello della Laventhal Marine Supply; e nel poco citato appello alla sua condanna, scritto da lui stesso, Ray sostenne che "il residente registrato a New Orleans era, tra le altre cose, un agente di un'organizzazione mediorientale sconvolta dal presunto sostegno pubblico di King, prima della sua morte, alla causa degli arabi palestinesi". Naturalmente Ray si riferiva alla Anti-Defamation League (ADL) di B'nai B'rith.

Più tardi, quando Ray testimoniò davanti alla Commissione per gli Assassinii della Camera, fece riferimento a questo numero misterioso e commentò: "Non voglio entrare di nuovo nel campo della diffamazione e dire qualcosa che potrebbe essere imbarazzante per uno o più gruppi o organizzazioni... lui [King] intendeva, come in Vietnam, sostenere la causa araba... qualcuno nella sua organizzazione ha preso contatto con i palestinesi in vista di un'alleanza". Anche in questo caso, Ray parlava chiaramente di una posizione assunta da King che avrebbe potuto irritare l'ADL, anche se parlava dell'argomento senza esprimerlo direttamente.

L'attacco dell'ADL a King fu una sorpresa per molti ammiratori e detrattori di King, soprattutto perché l'ADL aveva spesso elogiato King in pubblico, in particolare nelle sue pubblicazioni rivolte al pubblico nero.

La prima rivelazione pubblica dello spionaggio dell'ADL su King è stata fatta nel numero del 28 aprile 1993 del *San Francisco Weekly, un* giornale liberale "alternativo":

> Durante il movimento per i diritti civili, quando molti ebrei erano alla guida della lotta contro il razzismo, l'ADL spiò Martin Luther King e passò le informazioni a J. Edgar Hoover, ha dichiarato un ex dipendente dell'ADL.

> "Era una cosa risaputa e accettata con disinvoltura", ha detto Henry Schwarzschild, che ha lavorato nel dipartimento pubblicazioni dell'ADL tra il 1962 e il 1964.

> "Pensavano che King fosse una specie di elettrone libero", ha detto Schwarzschild. "Era un predicatore battista e nessuno poteva essere sicuro di quello che avrebbe fatto. L'ADL era molto preoccupata di avere un missile non guidato.

Per quanto riguarda l'ADL, il nuovo libro di Pepper rivela un altro dettaglio interessante: si scopre che l'ADL ha conservato un importante dossier (di cui l'ADL ha negato l'esistenza) su un certo generale Henry Cobb, che ha lavorato per sabotare gli sforzi di Pepper per scagionare James Earl Ray. Pepper non spiega perché l'ADL avesse questo dossier su Cobb, ma si può concludere che i documenti potrebbero essere stati usati per "convincere" Cobb a "collaborare" all'insabbiamento dell'assassinio di Martin Luther King.

La tesi di Pepper è che il vero assassino di King - forse un poliziotto di Memphis - sia stato ingaggiato da Frank Liberto, un ricco socio di Memphis della famiglia criminale Marcello di New Orleans (a sua volta un anello chiave del sindacato criminale Lansky legato a Israele), ma che anche mentre il crimine veniva compiuto, i cecchini dell'esercito americano erano sulla scena, osservando gli eventi e fornendo possibili rinforzi nel caso in cui King fosse sopravvissuto all'assalto dei "civili". Il suo libro presenta uno scenario spaventoso e ben documentato.

Tuttavia, è improbabile che Pepper si soffermi sul filo conduttore israeliano che attraversa l'intero scenario.

Qualunque sia l'opinione che si ha di Martin Luther King, non c'è dubbio che egli intendesse andare oltre la sua azione a favore dei "diritti civili" basati sulla razza e impegnarsi nel campo della politica estera degli Stati Uniti, il che costituiva un problema preciso per le autorità. È proprio questo che ha portato al suo assassinio.

SEZIONE TRE

INTERVISTE

CAPITOLO XV

Reality Radio Network Intervista sul *giudizio finale di* "Lost" 9 giugno 2003

Victor Thorn: Michael, iniziamo questa intervista parlando di *Final Judgment*. Permettetemi di preparare la scena tornando al 1992. Un rappresentante dell'Illinois di nome Paul Findley disse che di tutti i libri che erano stati scritti sull'assassinio di Kennedy, nessuno - o forse solo alcuni - aveva mai menzionato il ruolo del Mossad. Ora, sono stati scritti così tanti libri sull'assassinio che persino Elvis è stato citato. Quindi sono stati gli unici a rimanere indenni per 30 anni, fino al gennaio 1994, quando è uscito il suo libro. Il libro si intitola *Final Judgment: The Missing Link in the JFK Assassination Conspiracy.* Dopo questa breve introduzione, ci dica qual è stata la reazione alla pubblicazione di questo libro.

Michael Collins Piper: Lasciatemi spiegare brevemente come sono arrivato a scriverlo, perché credo sia molto importante.

Ci sono stati molti libri, non solo sull'assassinio di Kennedy, ma anche sulla politica estera di Kennedy, sulla Baia dei Porci a Cuba, sulle relazioni con l'Unione Sovietica e, naturalmente, sulla politica di JFK nel Sud-Est asiatico. Ma fino all'inizio degli anni '90 non era stato scritto nulla sulle relazioni di JFK con Israele e il mondo arabo. Fino al mese scorso, infatti, non esisteva un solo libro sulla politica mediorientale di JFK. Oggi è stato pubblicato un libro su questo argomento specifico.

Ma all'inizio degli anni Novanta ho letto diversi libri, tra cui uno del premio Pulitzer Seymour Hersh sul programma di armi nucleari di Israele; un altro di Stephen Green (*"Taking Sides: America's Secret Relations with a Militant Israel"*),; e un altro della coppia Andrew e Leslie Cockburn,, *"Dangerous Liaisons"*, sulle relazioni segrete tra gli Stati Uniti e l'agenzia di intelligence israeliana, il Mossad. Il filo conduttore che ho trovato in questi tre libri, che offrono una panoramica sull'argomento, è che, nonostante la percezione pubblica del contrario, John F. Kennedy era in realtà profondamente in contrasto con il governo di Israele fino al momento del suo assassinio.

Ho iniziato ad approfondire l'argomento e mi sono detto: "Mio Dio, tra tutti i possibili sospetti che sono stati menzionati, mi sono reso conto che a quel tempo, in tutta la letteratura sull'assassinio di Kennedy, nessuno aveva mai considerato la possibilità che Israele potesse essere coinvolto nell'assassinio. Il motivo era che John F. Kennedy stava cercando di impedire a Israele di costruire una bomba nucleare. Questo è tanto più importante perché l'intera politica di difesa di Israele, la sua difesa nazionale, ruota attorno al tema della difesa nucleare. E John F. Kennedy stava cercando di impedirgli di raggiungere i suoi obiettivi.

Su questa base, iniziai a consultare la solita letteratura sul tema dell'assassinio di JFK e, naturalmente, c'erano vari nomi e persone spesso citati come possibili sospetti. Queste persone venivano definite "di destra", "anticomuniste", lavoravano per la CIA, erano conservatori, ecc.

Ma l'unica cosa che ho trovato che non è mai stata menzionata - e questo include la cosiddetta "mafia" - l'unica cosa che non ho mai trovato menzionata nella maggior parte dei casi di attori o protagonisti principali è il loro legame non solo con la lobby di Israele, ma anche con legami molto evidenti con i servizi segreti israeliani. Questi stessi legami con i servizi segreti israeliani si sono intersecati con elementi della criminalità organizzata americana e della CIA, i nomi più spesso citati pubblicamente in relazione all'assassinio di JFK.

Il mio libro parla proprio di questo. Ho messo tutto insieme. L'ho descritto come una sorta di immagine segreta dell'altra faccia del puzzle. Guardando un puzzle si vedono tutti questi collegamenti apparentemente disparati: la mafia, il crimine organizzato, persino elementi del Ku Klux Klan e dell'ala destra di New Orleans. Si suppone che tutte queste persone siano state individuate in un momento o nell'altro, ma in realtà, se si guarda all'altro lato del puzzle, si vede che sono tutte collegate. E la vera immagine sull'altro lato del puzzle è la bandiera israeliana.

Ha sconvolto molte persone.

Victor Thorn: Lei mostra un complesso coinvolgimento tra i quattro attori principali: il Mossad, la CIA, la criminalità organizzata di Lansky, che secondo lei è a capo dell'intera vicenda al posto degli italiani, e infine i media con questa organizzazione chiamata Permindex che galleggia al centro di tutto. Ma tornando a Israele, lei dice che avevano i mezzi, l'opportunità e, soprattutto, il movente per essere coinvolti in questo assassinio proprio perché volevano diventare una potenza nucleare.

Michael Collins Piper: Suppongo che sia questo a rendere il libro molto attuale, perché abbiamo appena avuto una guerra in Medio Oriente che non sembra essere ancora finita a causa delle accuse che Saddam Hussein avesse tutte queste armi di distruzione di massa. Ma lasciatemi dire che non sembra che avesse armi di distruzione di massa. Ovviamente lo sapevamo. Ciò che è interessante è che sappiamo che a un certo punto ha cercato di svilupparle.

Sappiamo anche che il motivo per cui stava cercando di sviluppare queste armi di distruzione di massa era proprio perché sapeva, come altri Stati arabi del Medio Oriente e come gli iraniani, che Israele ha di fatto un massiccio arsenale nucleare che, secondo una fonte autorevole che ho visto, è considerato il quinto più grande del mondo.

Quindi, se si vuole essere coerenti e sollevare questioni sulla corsa agli armamenti nucleari, non ci si può limitare a porre domande su Saddam Hussein o sulla Corea del Nord. Se si considera l'instabilità dello Stato di Israele, con fazioni letteralmente molto conflittuali che a volte si combattono tra loro, con alcuni che suggeriscono che alla fine potrebbe scoppiare una guerra civile in Israele, direi che noi,, dovremmo davvero preoccuparci del possesso di armi nucleari da parte di Israele.

Come ho detto, ho sollevato questi problemi e tutte le fonti che ho citato erano fonti "mainstream". È buffo perché ho notato che in uno dei tentativi falliti di recensire il mio libro, qualcuno ha pubblicato su Internet una parte della recensione che lei ha pubblicato sul suo sito web. E una persona ha cercato di rispondere all'indirizzo dicendo: "Oh, Piper - e probabilmente ora Victor Thorn - la fanno sembrare una gigantesca cospirazione in cui tutti inciampano gli uni sugli altri".

Sapete, leggendo il mio libro - e tutti quelli che lo hanno letto lo sanno - che posso identificare non più di cinque o dieci persone chiave che ritengo siano state coinvolte nella pianificazione.

Victor Thorn: Esattamente.

Michael Collins Piper: Si trattava di una cospirazione su larga scala, nel senso che stavano uccidendo il Presidente degli Stati Uniti, ma in termini di numero di persone coinvolte, non era necessario che fossero così tante.

Victor Thorn: Lei mostra che c'è un nucleo interno di pianificatori, un nucleo secondario e alcune persone alla periferia.

Michael Collins Piper: È vero. Ancora oggi, molte persone i cui nomi sono stati spesso associati all'assassinio - e questa è solo la mia opinione, da quello che posso vedere - ma ci sono molti nomi di persone che erano coinvolte in cose a Dallas e in altre città che si muovevano in una sorta di periferia. Non avevano nulla a che fare con l'assassinio e probabilmente non avevano idea che John F. Kennedy sarebbe stato assassinato.

Facevano solo cose su istruzioni di altre persone che alla fine li coinvolgevano in un modo o nell'altro.

Ecco perché, ad esempio, abbiamo la storia di Clay Shaw a New Orleans. A tutt'oggi non sono convinto che Clay Shaw abbia partecipato attivamente alla preparazione dell'assassinio di JFK; ma d'altra parte non c'è dubbio che si sia mosso negli ambienti delle persone che erano legate all'assassinio. Ed è stato ad attirarlo nell'indagine di Jim Garrison.

Victor Thorn: Michael, c'è qualcosa che hai citato in questo libro che è così incredibile che tutti dovrebbero conoscerlo. Nel 1950 c'è stata una cosa chiamata Dichiarazione Tripartita, che in sostanza diceva che gli Stati Uniti si sarebbero rivalsi su qualsiasi Paese del Medio Oriente che ne avesse attaccato un altro. Finché questo durò, in Medio Oriente c'era pace, o almeno una pace relativa. C'era un equilibrio. John Kennedy voleva preservare questo accordo tripartito, che oggi sembra di vitale importanza, soprattutto perché non c'è più equilibrio in Medio Oriente.

Michael Collins Piper: È interessante perché solleva un altro argomento. C'è questo nuovo libro - un libro straordinario nel senso che è molto dettagliato, ma molto falso.

Si intitola, credo, *Support Any Friend* e fa un tentativo molto maldestro di ritrarre John F. Kennedy come il padre della relazione speciale tra gli Stati Uniti e Israele. L'aspetto interessante del libro è che quando si parla del conflitto di JFK con Israele sulle armi nucleari, l'autore - che francamente è stato finanziato da fondazioni sostenute da Israele e da fondazioni finanziate qui negli Stati Uniti da sostenitori di Israele - sostiene che la lotta di JFK con Israele ha rafforzato le nostre relazioni con Israele. Nel migliore dei casi si tratta di un pensiero velleitario. È un'assurdità assoluta, ecco cos'è.

Devo dire francamente che non cerco mai di sopravvalutare la mia influenza, ma devo davvero pensare che questo libro sia stato scritto in qualche modo in risposta al *Giudizio Finale* perché, sempre di più, la voce del mio libro si è diffusa. So di un caso in cui una copia del libro è stata letta da una ventina di medici e tecnici sanitari in una grande città dell'ovest del Paese. È successo che si è diffusa la notizia di questo conflitto tra JFK e Israele e ora stanno facendo uscire un libro per dire: "In realtà, JFK e Israele erano davvero buoni amici". E questo non è vero

Victor Thorn: Dopo l'assassinio di Kennedy, LBJ entrò in carica e fece due cose orribili per il nostro Paese. In primo luogo, nel suo libro lei dimostra che quasi immediatamente dopo l'insediamento di LBJ, i nostri aiuti a Israele salirono a livelli record. Inoltre, pochi giorni dopo il suo insediamento, firmò documenti che intensificavano il nostro coinvolgimento in Vietnam. Tra il Vietnam e gli aiuti a Israele, LBJ è stato disastroso per il nostro Paese.

Michael Collins Piper: Questo ha cambiato l'intero corso degli eventi. È un dato di fatto che la prima grande vendita di armi a Israele da parte degli Stati Uniti avvenne durante l'amministrazione Kennedy.

Ma il motivo per cui Kennedy lo fece fu che sperava di usarlo come mezzo per influenzare Israele a non costruire armi nucleari. Ma fino alla sua ultima conferenza stampa importante, poche settimane prima del suo assassinio, Kennedy si lamentava del fatto che la lobby di Israele a

Washington aveva essenzialmente sabotato gli sforzi per costruire ponti con il mondo arabo, e in particolare con l'Egitto.

Kennedy vendette armi a Israele, la prima vendita di armi dalla creazione dello Stato di Israele. Solo dopo l'assassinio di Kennedy la politica americana cambiò così radicalmente, e questo fu anche il cambiamento di politica in Vietnam. L'assassinio di Kennedy - più di quanto la maggior parte delle persone si renda conto - è stato un importante punto di svolta nella politica americana, e ancora oggi ha ripercussioni che ci riguardano. Ogni volta che un giovane americano torna dall'Iraq in un sacco per cadaveri, è una conseguenza diretta dell'assassinio di Kennedy.

Victor Thorn: Sono d'accordo. Lei racconta un'altra storia su come Israele abbia iniziato a costruire un impianto nucleare a Dimona, e pensavano di farlo senza che Kennedy se ne accorgesse, ma lui lo sapeva. Sapeva cosa stavano facendo. Anzi, lo sapeva così bene che li sfidò e mandò delle persone a dire loro che avrebbero ispezionato l'impianto. Quando l'ho letto, ho pensato a ciò che sta accadendo oggi con le "strutture nucleari" in Medio Oriente. Le spostano qui e le spostano lì, e Israele fece la stessa cosa all'epoca.

Michael Collins Piper: Sì, hanno costruito un "impianto di copertura", per così dire. Un impianto nucleare "di copertura" intorno all'impianto principale per cercare di distrarre gli ispettori americani, per convincerli che non si trattava di costruire bombe nucleari, ma di distillare acqua per far fiorire il Medio Oriente. All'epoca la situazione era così intensa; mancavano solo due settimane all'assassinio di Kennedy. Si tenne un incontro ad alto livello qui a Washington tra un rappresentante israeliano, un rappresentante americano e altri, e in realtà misero da parte la questione nucleare perché era così delicata e avevano altre cose di cui occuparsi. Così l'hanno accantonata. Questo avviene nel bel mezzo di lettere molto virulente del Presidente Kennedy al Primo Ministro israeliano Ben Gurion e poi al suo successore.

È stato dimostrato - anche se alcuni hanno cercato di confutarlo - che l'intransigenza percepita da JFK sulla questione delle armi nucleari fu uno dei motivi per cui Ben-Gurion si dimise da Primo Ministro di Israele. L'intera questione nucleare tra Israele e Stati Uniti è qualcosa a cui non si può sfuggire.

L'altra cosa che mi è stata detta - e vorrei davvero avere un critico serio che mi demolisca, ma non è così - l'altra critica che viene fuori, e mi viene quasi da ridere quando la sento, è: "Oh, beh, un piccolo Paese come Israele non sarebbe mai coinvolto nell'assassinio di un presidente americano perché, se venisse preso? Io dico sempre: "Chiunque abbia ucciso John F. Kennedy non è stato preso perché sapeva che Lyndon Johnson e la Commissione Warren avrebbero insabbiato tutto".

E naturalmente, senza esagerare, nel mio libro dimostro in modo molto convincente che c'erano persone chiave nello staff della Commissione Warren, non solo membri della Commissione stessa, che erano di fatto direttamente collegate, o dovrei dire coinvolte, nel programma di armi nucleari di Israele; e in secondo luogo, persone che ne traevano profitto. Si trattava quindi di una questione nucleare nascosta che JFK aveva con Israele.

Ho ricevuto più lettere di persone che dicevano: "Quando ho sentito parlare del suo libro, ho pensato che fosse una follia". Pensavano che fosse propaganda o sciocchezza. Poi hanno letto il libro e si sono voltati, mi hanno scritto lettere di scuse e mi hanno detto: "Sai, credo che tu abbia ragione".

L'altro giorno un uomo mi ha scritto per dirmi che aveva ricevuto una copia del mio libro da una "persona molto importante" che gli aveva detto: "Penso che tu debba leggere questo libro perché è più o meno quello che è successo".

La notizia del mio libro si è diffusa, anche grazie a persone come voi che hanno avuto il coraggio di parlarne bene e di diffondere la notizia. È l'unico modo. Torniamo a ciò di cui stavamo parlando.

Questa è l'essenza del mio e del vostro lavoro: far emergere le notizie vere e le opinioni, le teorie e le idee alternative che non vengono espresse dai media tradizionali, che si tratti dell'assassinio di Kennedy, della politica estera degli Stati Uniti, della politica economica o di qualsiasi altra questione importante. È di questo che si tratta. In questo Paese abbiamo la libertà di parola e molte persone stanno cercando di togliercela. Sappiamo chi sono i colpevoli.

Victor Thorn: Ciò che sorprenderà le persone quando leggeranno questo libro è che penseranno che si tratti solo dell'assassinio di

Kennedy. Ciò che mi ha colpito è quanto sia storico, come vada oltre per mostrare eventi politici, eventi attuali e cose che sono accadute fino ai giorni nostri. Come ha detto a proposito di David Ben Gurion (e sto parafrasando): era così irremovibile al riguardo - diceva che la sopravvivenza stessa di Israele dipendeva dall'avere armi nucleari.

Michael Collins Piper: Assolutamente, assolutamente. Hai ragione, hai ragione. Hai ragione. Questo è un altro aspetto del *giorno del giudizio*.

Anche se ruota intorno all'assassinio di JFK, è molto diverso da molti altri libri sull'argomento, perché inserisce l'intero assassinio in un contesto storico e mostra come gli eventi attuali dell'epoca siano stati influenzati dall'assassinio e come questo si colleghi ad altri sviluppi della storia, che vanno da cose come il coinvolgimento della CIA nel traffico internazionale di droga al Vietnam, all'America centrale e meridionale. È tutto collegato e, come ho detto, il filo conduttore è il legame con Israele.

Anche oggi, con lo scandalo Iran-Contra, la parte segreta di questa vicenda era Israele. Israele era coinvolto fino al collo nell'affare Iran-Contra. Anche gli accordi americani, e naturalmente gli accordi Iran-Contra, erano direttamente collegati al coinvolgimento della CIA nel traffico di droga.

Se si guarda al Sud America in questo momento, gli israeliani sono profondamente coinvolti nel traffico di droga. Questo è letteralmente legato all'Iraq a causa della guerra Iran-Iraq. Gli israeliani hanno giocato da entrambe le parti e hanno contribuito a cambiare il ruolo degli Stati Uniti in quella guerra, che ha provocato la morte di milioni di persone. Questa è la guerra tra Iraq e Iran. Tutto questo ci riporta agli eventi di Dallas.

Victor Thorn: Michael, ci riporta a una figura ben nota: Meyer Lansky.

Michael Collins Piper: Meyer Lansky è un personaggio molto interessante. Abbiamo tutti questi film meravigliosi. *Il Padrino* è un grande film. Adoro quel film. L'ho visto dieci volte. Racconta la storia di una famiglia italo-americana, del crimine organizzato e così via. "La mafia, la mafia". Ma se si guarda ai diversi personaggi che sono stati più spesso collegati all'assassinio di JFK, e quando si dice che è stata la mafia, si trova Carlos Marcello a New Orleans e Santo Trafficante a Tampa. Mi dispiace dirvelo, ma questi personaggi erano tutti strettamente legati al Mossad attraverso Meyer Lansky.

Meyer Lansky è l'uomo che ha fatto di Carlos Marcello il capo della criminalità organizzata di New Orleans. In realtà, Carlos Marcello non faceva nemmeno parte della famosa famiglia "mafiosa" che gestiva New Orleans. Meyer Lansky arrivò, rimosse il vero capo della mafia e passò il potere a Carlos Marcello. Santo Trafficante divenne responsabile di Tampa solo perché si alleò con Meyer Lansky. Meyer Lansky, a sua volta, aveva stretti legami con gli israeliani e il Mossad. Era anche coinvolto in molti affari della CIA.

Dopo *la* pubblicazione della quinta edizione di *Final Judgment*, è stato pubblicato un nuovo affascinante libro, intitolato *Double Deal*. Il coautore del libro è Sam Giancana, nipote di Sam Giancana di Chicago. Secondo Giancana e il suo coautore, che era un poliziotto locale di Chicago con legami con la mafia, si scopre che il vero potere dietro il trono del crimine organizzato a Chicago dagli anni Trenta agli anni Settanta e Ottanta era un certo Hyman Larner, a sua volta socio di Meyer Lansky, che a sua volta faceva molti affari con il Mossad.

Così anche Sam Giancana, il noto boss della mafia di Chicago, ha visto susseguirsi boss della mafia e personaggi della criminalità italo-americana a Chicago che rimanevano al potere per qualche anno e poi finivano in prigione. Ma Hyman Larner non è mai andato in prigione.

Come ho detto, continuiamo a girare le pietre e a trovare il collegamento con Israele. E non sto parlando necessariamente di un legame con gli ebrei. Sto parlando di un legame con Israele.

Victor Thorn: Vorrei che avessimo tutta la sera per parlare di questo argomento; ma su un'altra nota, so che nelle ultime settimane e mesi vi siete occupati di questa nuova orribile sentenza della FCC che è stata approvata pochi giorni fa. Ci dica cosa ne pensa e cosa vede accadere in questo Paese ora che è stata approvata.

Michael Collins Piper: È una cosa molto complessa, ma in linea di massima la situazione è questa: ci sono poche grandi società internazionali che controllano un gran numero di giornali, stazioni radio, canali televisivi e, sempre più spesso, varie forme di comunicazione. Le cifre variano a seconda delle stime individuali, ma in linea di massima non ci sono più di dieci grandi aziende. Si tratta di catene di giornali, società di comunicazione come Disney e Viacom, e così via.

Nel corso degli anni, sono state imposte restrizioni dalla Federal Communications Commission, che ha limitato il numero di giornali e/o stazioni radiotelevisive che possono essere posseduti in un determinato mercato dei media. L'anno scorso, tuttavia, la FCC è stata presieduta da Michael Powell, di nomina repubblicana e figlio del Segretario di Stato Colin Powell. Attualmente la Commissione è composta da una maggioranza di repubblicani.

In ogni caso, la FCC ha annunciato che cambierà le regole e permetterà ai grandi gruppi mediatici di acquistare più giornali, stazioni radio e canali televisivi nei vari mercati dei media. L'idea stessa di una stampa libera è che ci sia il maggior numero possibile di voci diverse. Ma le nuove regole proposte dalla FCC sono pensate per consentire alle grandi aziende di aumentare la propria influenza.

L'AFP pubblicò un articolo in prima pagina sull'argomento e vorrei dirvi che, all'epoca, sono abbastanza sicuro di dire che era la prima volta che questa storia riceveva pubblicità a livello nazionale. Gli articoli furono pubblicati nelle sezioni economiche dei giornali. Seppelliti, dovrei dire, nelle sezioni economiche dei giornali.

Ma negli ultimi due mesi, con il diffondersi della notizia, varie organizzazioni, sia di destra che di sinistra, e badate bene, non aderisco alla teoria della "destra" contro la "sinistra".

A mio avviso, si tratta di un problema di grandi aziende e gruppi di interesse speciale contro il popolo. In ogni caso, un'ampia gamma di organizzazioni, dalla National Rifle Association alla National Organization for Women e molte altre, stanno incoraggiando i loro sostenitori a contattare la FCC e il Congresso per dire: "Non vogliamo che questo accada. Siamo contro il monopolio dei media. Siamo contrari al fatto che queste aziende continuino a fondersi".

Il risultato è che l'FCC ha ricevuto quasi 500.000 lettere, e-mail, cartoline - e chi più ne ha più ne metta -. È una cifra senza precedenti.

Ciononostante, la FCC è andata avanti e ha adottato queste nuove norme.

L'opposizione pubblica al progetto era molto diffusa. Le uniche persone che lo hanno sostenuto sono state le grandi imprese. Continuano a dirci che negli Stati Uniti abbiamo una stampa libera e che abbiamo la democrazia, quando abbiamo 500.000 persone che si preoccupano abbastanza da fare qualcosa e dire loro "no" - eppure sono andati avanti e l'hanno fatto comunque.

Lisa Guliani: Michael, l'autore Edward Aboud dice che la maggioranza dell'elettorato non è rappresentata dai media tradizionali. Quali sono i suoi commenti in merito

Michael Collins Piper: Penso che sia assolutamente corretto. Ho appena scritto un articolo per *American Free Press* in cui sottolineo, basandomi sul lavoro di Robert McChesny, che è un ottimo scrittore di media e professore di comunicazione mediatica all'Università dell'Illinois, che c'è la percezione che i mass media siano liberali; ma i media sono molto più conservatori di quanto molti pensino. In effetti, ci sono molte di quelle che io chiamo "voci conservatrici approvate", come Bill O'Reilly di FOX News, Rush Limbaugh, Mike Savage, G. Gordon Liddy - queste "voci conservatrici approvate" che sono autorizzate a discutere certi argomenti. Ma non li sentirete parlare del Nuovo Ordine Mondiale.

Non li sentirete parlare della Commissione Trilaterale o del Consiglio per le Relazioni Estere. Non parlano mai di "cospirazione". Non parlano della Federal Reserve o di cose del genere.

Abbiamo un'azienda mediatica che serve gli interessi di un'élite potente e ricca in questo Paese. Ecco a cosa si riduce.

Victor Thorn: Per preservare lo status quo.

Michael Collins Piper: Esattamente.

Victor Thorn: Questa è la definizione di conservatorismo: preservare lo status quo. Quindi direi che i media sono molto conservatori nel senso dello status quo.

Michael Collins Piper: È vero, ed è molto divertente perché si trovano tutti questi commentatori conservatori molto famosi e ben pagati, i cui libri sono promossi dai media e che sono promossi dai media, che parlano di come i liberali controllino i media. Ma se i liberali controllassero davvero i media, queste voci conservatrici "approvate" non avrebbero alcuna portata o sbocco.

È un po' una festa. Siedono e sanno che il grande segreto è che è un'élite a controllare i media, e ci danno una dieta costante di presunti dibattiti tra destra e sinistra che ci tengono tutti concentrati - oserei dire - o nel campo di sinistra o in quello di destra. E ci perdiamo quello che succede davvero al centro, per così dire.

Lisa Guliani: E ciò che finisce per accadere è che le vere notizie non vengono rese disponibili al pubblico.

Michael Collins Piper: No, non è così. Ed è questo che mi irrita molto. Qualcuno oggi ha citato un articolo dell'*AFP* di questa settimana in cui si sottolineava che la stampa tradizionale ha parlato molto della tragedia di Laci Peterson, in California. Perdonatemi, è molto tragico, ma lasciatemi dire una cosa: qui a Washington, D.C., le persone vengono brutalmente assassinate ogni due giorni, e solo a Washington. Anche a State College vengono uccise delle persone e non fanno notizia a livello nazionale, mentre questi altri omicidi a volte fanno molto scalpore.

Dobbiamo quindi chiederci perché i media abbiano fatto della vicenda di Laci Peterson una notizia nazionale. Cosa stanno cercando di fare? Stanno cercando di distrarci dalle vere notizie che riguardano tutti gli americani? È questo che temo. Anzi, so che è quello che sta accadendo.

Victor Thorn: Come "Long Island Lolita", ha gli ingredienti giusti.

Michael Collins Piper: Esattamente. È una vera offesa per me, come persona ragionevolmente istruita di, essere alimentato con queste non-notizie sotto forma di notizie, quando ci sono questioni reali come la Federal Reserve, che influenza il nostro sistema monetario, o come la Guerra del Golfo. Tutte queste cose influenzano la nostra vita quotidiana, la nostra sopravvivenza e la nostra esistenza, non solo come americani, ma anche come esseri umani su questo pianeta. È in questo contesto che ci concentriamo sul caso Peterson o, oserei dire, sul caso O.J. Simpson.

Lisa Guliani: O, come dice Edward Aboud, "la copertura dei temporali da parte della squadra".

Michael Collins Piper: Esattamente! Sul serio, è a questo che si riduce, ed è per questo che è così importante avere media indipendenti. Questi grandi mostri dei media, questo monopolio dei media - la loro scusa per poter comprare sempre più media è che tutti hanno accesso a Internet. Ma quello che dimenticano di dire, è che molte di queste grandi aziende - ancora oggi - quando la gente cerca notizie e informazioni, ci sono persone a Peoria, nell'Illinois, o a Lincoln, nel Nebraska, che pensano di avere accesso alle vere notizie perché possono andare su Internet e accedere al *New York Times* e al *Washington Post*, che non potrebbero avere per abbonamento, semplicemente perché non esistono. In realtà, le stesse informazioni vengono ripetute all'infinito attraverso un gran numero di canali diversi.

A Walter Cronkite, il bisnonno dei notiziari televisivi (o forse della propaganda televisiva), fu chiesto una volta: "Come si decide cosa ci sarà nel notiziario della sera?". Rispose: "È sempre una scommessa sicura che se si vuole decidere cosa ci sarà nel telegiornale, è quello che c'è sulla prima pagina *del New York Times"*. Se è così che Walter Cronkite ha preso il comando, significa che chi decide cosa c'è sulla prima pagina del *New York Times* decide anche cosa c'è sul notiziario della CBS quella sera.

Victor Thorn: Michael, cosa pensi che significherà questa decisione della FCC tra qualche anno? Come vede il mercato dei media tra qualche anno

Michael Collins Piper: In questa fase, diversi membri del Congresso hanno sollevato questioni al riguardo. La cosa positiva è che sembra che stiano cercando di usare la questione come argomento di campagna elettorale contro George Bush. Alcuni membri del Congresso sono probabilmente preoccupati quanto voi e me. Se possiamo approfittarne perché i Democratici vogliono usarlo contro George Bush, sono d'accordo perché è importante. Dobbiamo continuare a concentrarci su questo tema, anche se non cambieranno di nuovo queste regole, anche se il Congresso non interverrà per costringere la FCC a fare marcia indietro - cosa che può fare - dobbiamo continuare a lottare su questo tema. Questo è un altro punto importante da menzionare.

Altri Paesi, come la Nuova Zelanda, il Canada e l'Australia, hanno creato partiti politici alternativi e terzi partiti che hanno fatto dello smantellamento dei monopoli dei media una questione politica importante.

E questi sono partiti politici che hanno un impatto. Se possono farlo in altri Paesi, in un Paese come gli Stati Uniti dove abbiamo tanti mezzi di comunicazione, tanta capacità di mettere in evidenza i problemi, allora penso che dobbiamo farlo anche qui negli Stati Uniti.

Lisa Guliani: Il problema che dobbiamo affrontare è quello di allargare il cerchio, perché le informazioni su Internet sono così deliberatamente confinate all'interno della scatola che è praticamente impossibile cercare di diffonderle al grande pubblico.

Michael Collins Piper: È vero, e questo è uno dei problemi che ho con Internet; ma d'altra parte, il cerchio si è allargato notevolmente grazie a Internet.

Francamente, questo è stato un problema per pubblicazioni come l'*American Free Press*. Non direi mai che abbiamo un monopolio, ma in un certo senso, qualche anno fa, quando lavoravo per *The Spotlight - forse* 20 anni fa - *The Spotlight* era un grande giornale e c'erano molte piccole pubblicazioni indipendenti. Oggi, purtroppo, molte di queste piccole pubblicazioni indipendenti sono scomparse, come conseguenza diretta di Internet. È solo grazie a un pubblico di lettori fedeli,, che un giornale come l'*American Free Press è riuscito* a sopravvivere.

Lisa Guliani: Ha il nostro massimo rispetto.

Michael Collins Piper: Ecco di cosa si tratta. Ecco perché l'*American Free Press* è riuscita a sopravvivere, solo grazie ai suoi sostenitori. Vorrei fare un'altra osservazione, senza dilungarmi, ma un giornale come l'*American Free Press* o la vostra pubblicazione su Internet dipendono dai nostri sostenitori per finanziare letteralmente i nostri sforzi, perché se non avessimo questo sostegno non potremmo esistere. Al contrario, i principali media di questo Paese, i grandi giornali, le stazioni televisive e radiofoniche, ricevono letteralmente miliardi di dollari di finanziamenti dagli inserzionisti e dalle grandi aziende.

E sapete, l'ironia è che la maggior parte delle persone non lo sa, ma la maggior parte degli americani pensa che il loro quotidiano sia una sorta di servizio pubblico. Un po' come il telefono, la radio o la televisione. Per la maggior parte delle persone, l'impressione è che sia "gratuito". Lo accendono e ricevono le informazioni "gratuitamente". Magari pagano 10, 15 o 25 centesimi al giorno per il loro giornale. Non lo considerano un costo, quindi pensano che persone come Tom Brokaw siano lì per essere gentili e per portare loro le informazioni di cui hanno bisogno.

Ma in realtà Tom Brokaw è un membro del Council on Foreign Relations. Alcune famiglie potenti hanno interessi finanziari sostanziali nei tre principali network. Si tratta quindi di un monopolio mediatico. *American Free Press* dice che i media sono il nemico, e noi ci crediamo.

Lisa Guliani: Anche noi ci crediamo.

Victor Thorn: Michael, passiamo un attimo agli affari esteri. Ci dica cosa pensa di questa tabella di marcia per la pace.

Michael Collins Piper: Il concetto di base della roadmap è qualcosa che tutti vorrebbero sostenere. Tuttavia, i critici della cosiddetta destra cristiana qui negli Stati Uniti dicono che George Bush, che solo poche settimane fa lodavano per aver bombardato l'Iraq,, ora dicono che George Bush andrà all'inferno perché sta abbandonando Israele.

D'altra parte, alcuni elementi tra i palestinesi affermano che questa roadmap è una capitolazione da parte dei palestinesi e che non si siederanno. Si rifiutano di prendere parte a questa capitolazione. Parte del problema, e questo deriva dai miei studi al Mossad, è che se si iniziano a studiare alcuni di questi gruppi fondamentalisti islamici e gruppi palestinesi della linea dura, si scopre nel corso degli anni che gli israeliani hanno effettivamente finanziato Hamas a un certo punto. Hamas è il loro più acerrimo nemico.

Gli israeliani hanno infiltrato un gran numero di questi gruppi "terroristici". Sanno cosa stanno facendo e quando faranno esplodere le bombe. Per quanto tutti vorremmo vedere la pace in Medio Oriente, francamente non credo che accadrà. Non credo che sia raggiungibile a breve perché ci sono troppi elementi intransigenti da entrambe le parti; e sorprendentemente, ci sono elementi intransigenti anche nella destra israeliana che finanziano e incoraggiano elementi estremisti tra i palestinesi e altri gruppi perché è a loro vantaggio.

Se riescono a far credere ai palestinesi che non vogliono la pace, allora possono tornare indietro e dire che non si siederanno a negoziare. È una vera e propria trappola per serpenti. È una vera tragedia perché ci sono molte persone innocenti da entrambe le parti - musulmani, cristiani ed ebrei - tra tutte le persone coinvolte.

Non si tratta di una questione religiosa, anche se la questione della religione continua ad essere sollevata. Si tratta di una vera e propria politica di potere e c'è da chiedersi se i veri detentori del potere - i controllori segreti di questo mondo - non vogliano che sia così. È come se volessero questo tipo di problemi perché dà loro il potere di plasmare il mondo. Voglio che ci sia uno Stato palestinese e, se gli israeliani si comportano bene, voglio che abbiano il loro Stato.

Ma allo stato attuale delle cose, non vedo come ciò possa accadere.

Victor Thorn: Lei sta trattenendo il fiato come noi. E Perle, Wolfowitz, Cheney e Rumsfeld? Vogliono mantenere in funzione la macchina da guerra

Michael Collins Piper: Temo di sì. All'inizio pensavo che avessero come obiettivo la Siria, ma all'improvviso sembra che le cose siano evaporate. Ora, all'improvviso, l'attenzione sembra concentrarsi sull'Iran.

L'altro giorno ho sentito che Condoleezza Rice aveva discretamente fatto sapere che non ci sarebbero state altre azioni militari sotto la prima amministrazione Bush. Non vogliono correre il rischio di rovinare tutto. Probabilmente perché sanno che la vicenda dell'Iraq non è ancora finita. Ci sono ancora dei morti che tornano a casa. La guerra è tutt'altro che finita, nonostante la grandiosa apparizione del nostro Presidente sulla portaerei e tutte quelle meravigliose foto di truppe sorridenti che lo accolgono. Non è così semplice.

Credo che ciò che mi preoccupa di più - e questa è una cosa terribile - è che stasera stavo parlando con qualcuno per strada di questo argomento e mi ha chiesto se ci sarebbe stato un altro attacco terroristico. Ho risposto: "Beh, sai, potrebbe esserci".

E quando dico "loro", non parlo della manciata di terroristi arabi che operano dalle caverne in Afghanistan. Sto parlando delle persone che hanno ordinato questo crimine. Non so chi sia stato, ma non credo che sia stato un manipolo di terroristi.

Victor Thorn: Pensa che un giorno la verità sull'11 settembre sarà rivelata su larga scala

Michael Collins Piper: No. Sapete perché non accadrà mai su larga scala? Pezzi di verità vengono rivelati qua e là, a modo loro. L'altro giorno, una delle mogli di una delle persone morte in uno degli aerei dell'11 settembre ha testimoniato davanti a una commissione speciale e ha sollevato tutte queste questioni molto serie. I media non ne hanno mai parlato.

CAPITOLO XVI

WING TV I sommi sacerdoti della guerra Intervista 24 maggio 2004

Victor Thorn: Oggi su WING TV siamo orgogliosi di annunciare il nostro primo ospite, una persona che consideriamo il miglior scrittore politico del Paese: Michael Collins Piper. È l'autore del recente *The High Priests of War* e del libro fondamentale sull'assassinio di JFK, *Final Judgment*, giunto alla sesta edizione. Michael scrive anche per l'*American Free Press*. Come stai, Michael

Michael Collins Piper: Sono pronto a iniziare. Oggi nel nostro mondo stanno succedendo molte cose, Victor e Lisa, quindi dobbiamo essere più vigili che mai, temo.

Lisa Guliani: Michael, siamo lieti di averti con noi.

Michael Collins Piper: Sì, è bello tornare al suo programma. Ho già partecipato al suo programma radiofonico, ma questa è una nuova esperienza per me con WING TV. Sarà un'esperienza di apprendimento per tutti noi, suppongo.

Victor Thorn: Lei è il nostro primo ospite, quindi inizieremo con un BANG! Andiamo al cuore della questione. Fino a che punto la nostra politica estera è dettata dagli interessi di Israele

Michael Collins Piper: Vi dico che un tempo avrei detto che si trattava di un'influenza molto forte. Ora direi, sulla base di ciò che ho osservato e di ciò che ho imparato scrivendo *I sommi sacerdoti della guerra*, che una cricca filo-israeliana - questo gruppo che ho chiamato i "sommi sacerdoti della guerra" - i neo-conservatori - controlla assolutamente l'apparato decisionale di politica estera degli Stati Uniti. Questo non significa che tutti i membri dell'amministrazione Bush, ad esempio, appartengano a questa cricca. Ma coloro che fanno parte dei sommi sacerdoti della guerra, la cricca neoconservatrice, sono il fattore predominante nel processo decisionale di politica estera.

Lo stesso senatore Fritz Hollings - senatore uscente della Carolina del Sud - ha dichiarato che l'obiettivo della guerra in Iraq era incentrato sulla politica del Presidente Bush di proteggere Israele.

È proprio di questo che si trattava. Non aveva nulla a che fare con le armi di distruzione di massa. Non aveva nulla a che fare con la diffusione della democrazia. Non aveva nulla a che fare con la liberazione del popolo iracheno da Saddam Hussein. Era semplicemente parte di una politica volta a proteggere Israele da Saddam Hussein.

Questa politica è stata definita da questi neo-conservatori e fa parte di una politica molto più ampia in cui non solo vogliono estendere i confini di Israele dal Nilo all'Eufrate (la chiamano Grande Israele), ma è anche una cospirazione. Chiamiamolo per quello che è: un complotto per usare la forza militare degli Stati Uniti - gli uomini e le donne, i ragazzi e le ragazze che stanno morendo laggiù - per sostenere l'intera agenda segreta neoconservatrice.

Lisa Guliani: Farò alcuni nomi e vorrei che parlasse del loro ruolo in questa cricca. Prima di tutto, Paul Wolfowitz.

Michael Collins Piper: OK, Paul Wolfowitz è vice segretario alla Difesa sotto Donald Rumsfeld, ma la verità è che Wolfowitz e il suo luogotenente, Douglas Feith, sono probabilmente i veri poteri dietro il trono del Pentagono. Wolfowitz fa parte di questa cabala neoconservatrice da 25 o 30 anni, ma ovviamente è stato solo con la guerra in Iraq e le circostanze che l'hanno accompagnata che la gente ha iniziato a interessarsi a questi neoconservatori e al loro programma di guerra. Wolfowitz è in circolazione da molto tempo.

Lisa Guliani: E Richard Perle

Michael Collins Piper: Richard Perle è probabilmente il grande mago dei neo-conservatori, se mai ce n'è stato uno. È certamente il loro principale stratega geopolitico dietro le quinte.

Soprattutto, è il più influente negli ambienti militari e della difesa. Ex assistente segretario alla Difesa nell'amministrazione Reagan, più di recente ha "consigliato" il presidente Bush come membro dell'apparentemente indipendente Defense Policy Board. Richard Perle ha forti legami con Israele. È stato un lobbista registrato per l'industria israeliana delle armi ed è stato indagato dall'FBI - la nostra FBI - per spionaggio a favore di Israele. Naturalmente, non è mai stato perseguito. Si tratta quindi di uno degli uomini che hanno manipolato la politica all'interno e all'esterno dell'amministrazione Bush.

Victor Thorn: Inoltre, il loro "Principe delle Tenebre".

Michael Collins Piper: Richard Perle è conosciuto come il "Principe delle Tenebre". È abbastanza appropriato, in effetti.

Lisa Guliani: William Kristol.

Michael Collins Piper: William Kristol è il direttore *del Weekly Standard*, pubblicato da Ruppert Murdoch. *Il Weekly Standard è* un settimanale che fa eco ai neo-conservatori. L'altro giorno dicevo a qualcuno che questa rivista è così israelo-centrica che non riesce nemmeno a fare un articolo sul baseball senza menzionare Israele in qualche contesto. Questa rivista è la chiave per capire la politica dei neo-conservatori: essi credono che ogni aspetto della politica estera statunitense, che abbia a che fare direttamente con il Medio Oriente o meno, anche se si tratta dell'Islanda o dell'Irlanda o dell'Indonesia; ogni politica che gli Stati Uniti perseguono - vogliono che sia attentamente integrata con gli interessi di Israele. Se gli Stati Uniti decidono di concludere un accordo commerciale amichevole con l'Indonesia, tale accordo deve essere annullato se risulta interferire con la commercializzazione dei prodotti israeliani negli Stati Uniti. Questo dimostra l'intensità con cui i neo-conservatori hanno correlato e integrato Israele nel loro pensiero politico.

Potete constatarlo voi stessi leggendo la rivista di William Kristol. Lui e suo padre Irving Kristol sono stati i principali coordinatori politici del movimento neo-conservatore nella Washington ufficiale. Hanno messo le mani su numerose fondazioni. Grazie a questa influenza, sono stati in grado di controllare la distribuzione dei fondi delle fondazioni a numerosi gruppi neoconservatori. Quindi, se non hai il favore di William Kristol e di suo padre, di Irving Kristol e dei neoconservatori, non ricevi alcun denaro. Cosa dicono sempre? Seguire i soldi? Ebbene, se si seguono i soldi, questi portano sempre alla famiglia Kristol.

Lisa Guliani: E il ruolo di Henry Kissinger in tutto questo

Michael Collins Piper: Henry Kissinger è un personaggio molto interessante in tutto questo perché, tradizionalmente, non era considerato parte della rete neoconservatrice. Tuttavia, da quando ha lasciato l'incarico di Segretario di Stato nel 1977 e si è dato agli affari privati, si è di fatto immerso nella rete di potere neoconservatrice attraverso le sue associazioni con William Kristol, Irving Kristol e la rete neoconservatrice.

Ironia della sorte, molti di questi moderni neoconservatori criticavano apertamente le politiche sostenute da Henry Kissinger quando era Segretario di Stato nelle amministrazioni Nixon e Ford. Ma ora Kissinger, in un certo senso, si è unito ai neo-cons, difendendo essenzialmente quelle stesse politiche. Ora che non è più in carica, può fare esattamente ciò che vuole senza essere governato da nessun altro.

Victor Thorn: sempre l'opportunista.

Michael Collins Piper: Sì, è un opportunista.

Kissinger non è generalmente riconosciuto come un neo-conservatore di per sé, a causa del suo background politico, ma è arrivato ad appoggiare le politiche da loro sostenute. Questo è interessante.

Il lupo perde il pelo ma non il vizio.

Victor Thorn: Quando si parla dei neo-conservatori, è facile vedere quanto siano diabolici e ingannevoli, ma c'è sempre questo elemento di intrigo intorno a loro, come se fossero una setta che in qualche modo ha ricevuto un'ampia notorietà. Cosa può dire di questo elemento "intrigante" che sembra seguirli

Michael Collins Piper: Sa, è molto interessante che lei sollevi questa questione perché deve tenere presente che ho citato il padre di William Kristol, Irving Kristol, che è stato il padrino intellettuale di questo movimento neo-conservatore. È stato il padrino intellettuale di questo movimento neo-conservatore, e ciò che bisogna ricordare è che, sebbene oggi siano riconosciuti come conservatori, hanno iniziato intellettualmente - ed è sempre molto complesso - ma hanno iniziato come comunisti trotzkisti.

Erano discepoli di Leon Trotsky. Torniamo agli anni Trenta. Irving Kristol era un comunista trotskista.

Odiavano Josef Stalin, il dittatore nazionalista dell'Unione Sovietica, e seguivano Leon Trotsky, espulso dalla Russia da Stalin. Trotsky aveva l'idea di estendere la rivoluzione mondiale. Stalin non era d'accordo con questa idea. Voleva mantenere le cose più o meno all'interno della Russia e vedere il mondo da un punto di vista nazionalista russo. Questo non rendeva Stalin un bravo ragazzo, ma gli altri ragazzi erano gli internazionalisti, i trotskisti.

Questi seguaci americani di Trotsky - persone come Norman Podhoretz, Irving Kristol e una manciata di altri - iniziarono a "evolversi" intellettualmente. Nel corso del tempo, sono diventati improvvisamente ciò che loro stessi hanno definito neo-conservatori. In altre parole, sono solo una nuova forma di trotskismo vecchio stile.

Victor Thorn: Erano seguaci di Henry "Scoop" Jackson, e quando i Democratici hanno smesso di prestare attenzione a Israele, è arrivata la svolta.

Michael Collins Piper: Sì, questa è la cosa interessante. Quando la maggior parte delle persone pensa al 1972, pensa a Nixon contro McGovern, e tutti hanno l'impressione che la comunità ebraica sia molto liberale e voti automaticamente per i candidati democratici. In realtà, ciò che accadde nel 1972 fu che gli ebrei sostenitori della linea dura di Israele, che sono in realtà ciò che si potrebbe definire la spina dorsale dei neo-cons, ruppero con McGovern, e McGovern non ricevette molti soldi da fonti che normalmente avrebbero donato al Partito Democratico.

Fu a questo punto che il gruppo dei neo-conservatori, i leader di quelli che oggi chiamiamo i neo-conservatori, cominciarono a lasciare il Partito Democratico e ad aderire al Partito Repubblicano. Intorno al 1980, tutti loro sostennero fortemente Ronald Reagan. Ecco perché negli anni Ottanta abbiamo assistito a una massiccia costruzione di armi sotto Ronald Reagan. I neo-conservatori erano lì per dire: "Oh, l'Unione

Sovietica si sta preparando a impegnarsi in tutte queste grandi imprese militari in tutto il mondo e abbiamo bisogno di un massiccio accumulo di armi, e solo se continuiamo ad accumulare armi saremo in grado di sostenere lo Stato di Israele, che è il nostro grande alleato nella guerra contro il comunismo".

Naturalmente, abbiamo speso miliardi e miliardi di dollari per costruire le nostre difese, mentre abbiamo lasciato andare molte cose a casa nostra; e alla fine l'Unione Sovietica è crollata comunque. E questo non ha nulla a che fare con la nostra politica degli armamenti. L'Unione Sovietica è crollata come previsto.

Ma la cosa interessante è che, ancora una volta, i neoconservatori ci hanno mentito. Ci hanno detto che la CIA aveva sottovalutato la potenza sovietica e che quindi avevamo bisogno di questo massiccio armamento. I neoconservatori hanno mentito. Hanno mentito, hanno mentito, hanno mentito... proprio come hanno mentito su Saddam Hussein. C'è un vecchio detto: "Fool me once, shame on you": fregami una volta, vergognati. Fregami due volte, vergognati di me.

Victor Thorn: In questo Paese ci sono molti "vergogna".

Michael Collins Piper: Sì, siamo stati ingannati di nuovo, perché questi neoconservatori sono i bugiardi che ci hanno portato agli ultimi giorni della massiccia costruzione di armi nella guerra fredda, una costruzione di armi non necessaria e costosa per l'economia americana; e ora ci hanno anche portato alla guerra in Iraq, in cui stiamo perdendo persone ogni giorno. Certo, il Presidente Bush ha dichiarato la vittoria un anno fa, ma a me non sembra una vittoria.

Lisa Guliani: Considerando che i neoconservatori hanno iniziato come un piccolo gruppo con poco potere, come ha fatto questa cricca ad acquisire un tale potere all'interno del nostro governo

Michael Collins Piper: È un punto molto interessante e credo che tutto dipenda dai media. Un buon esempio è questo tizio, William Kristol. Anche se è solo l'editore di una rivista con una tiratura relativamente piccola, quella rivista è considerata "must-read" nei circoli politici repubblicani. Ogni giovane repubblicano intelligente porta con sé una copia del *Weekly Standard* nella propria valigetta.

Victor Thorn: Probabilmente lo vedete in giro per Washington, vero

Michael Collins Piper: Sì, e ad essere sinceri è una rivista piuttosto noiosa. A parte questo, è influente. Inoltre - e lo noterà lei stesso - non si può accendere la televisione o aprire un giornale nazionale che parli di un evento politico importante senza trovare William Kristol citato o intervistato. È onnipresente sulla stampa. Lui e altri neoconservatori hanno la felice abitudine di essere scelti per essere citati in televisione. Non perché promuovano se stessi, cosa che fanno, ma perché godono del sostegno benevolo e amichevole della stampa americana.

In altre parole, ci possono essere altre dieci o quindici persone altrettanto citabili, o anche più citabili, per così dire, ma la stampa va sempre da William Kristol. O Richard Perle.

Sono stati loro a coordinare tutto questo; e poi, naturalmente, con tutti i soldi che ho menzionato prima attraverso le loro fondazioni, sono stati in grado di avere molta influenza nei circoli politici repubblicani a Washington, mettendo le loro persone, i loro alleati, in posti chiave e facendoli salire. Di conseguenza, quando ognuno di questi nuovi collaboratori inizia a costruire la propria rete di potere, è sempre collegato alla famiglia Kristol.

Victor Thorn: Uno dei punti di forza del suo libro è che dimostra che i neocons fanno parte di un movimento globalista molto più ampio, come i Bilderberg, il CFR e il Royal Institute of International Affairs; e dimostra che sono controllati, o, che fanno parte di questo quadro più ampio.

Michael Collins Piper: Sì, è qualcosa su cui è facile puntare il dito. Molti scrivono di politica estera e dicono: "C'è dietro il Council on Foreign Relations", o "C'è dietro il Gruppo Bilderberg", o "C'è dietro la lobby sionista". Il fatto è che tutti questi gruppi sono interconnessi e si sovrappongono in molti modi, ed è impossibile allontanarsi dal Council on Foreign Relations senza guardare alla famiglia Rothschild in Europa, che è uno dei principali patrocinatori di Israele.

Sebbene il CFR sia un'organizzazione americana creata con il sostegno della famiglia Rockefeller e di altre famiglie di New York, il fatto è che il Council on Foreign Relations è per certi versi il parente povero americano del Royal Institute of International Affairs, finanziato in

Europa, a Londra, dalla famiglia Rothschild. Anche in questo caso, tutto fa parte di una rete. Questi gruppi operano tutti in tandem. Ci sono differenze di opinione all'interno di questi gruppi, come all'interno del Gruppo Bilderberg. Molti membri europei del gruppo Bilderberg non volevano che gli Stati Uniti entrassero in Iraq. Francia e Germania si sono opposte categoricamente all'intervento statunitense in Iraq.

Quindi, anche all'interno dei circoli più alti, ci sono differenze di opinione, e gran parte di queste sono in realtà legate alla divisione tra i sostenitori di Israele e coloro che cercano solo denaro e potere e che non sono ideologicamente motivati dalla preoccupazione per Israele. Questa è la caratteristica del movimento neo-conservatore.

Ma questa rete neo-conservatrice di cui stiamo parlando è fortemente legata al gruppo Likud di Ariel Sharon e a Israele, e riflette i fondamentalisti islamici della linea dura. Si dà il caso che siano fondamentalisti ebrei della linea dura e che siano alleati con i fondamentalisti cristiani della linea dura negli Stati Uniti. È una strana dicotomia.

Lisa Guliani: Il resto del Congresso e la classe politica sono stati resi impotenti dal potere di questa cricca? E come vede il futuro dell'America? La gente ci chiede sempre cosa possiamo fare per combatterli.

Michael Collins Piper: Oh cielo, questa sarà probabilmente la domanda più difficile. Per quanto riguarda il resto del Congresso, credo sia molto significativo che negli ultimi anni uno dei critici più espliciti di Israele e della politica statunitense in materia sia stato Jim Traficant. Attualmente è detenuto in una prigione federale nello Stato di New York e il suo appello per un nuovo processo è stato recentemente respinto. Quindi passerà sette anni in prigione. Naturalmente, Fritz Hollings era qui l'altro giorno per denunciare l'influenza israeliana a Washington, ma sta andando in pensione. Ha 84-85 anni e si ritira dal Senato.

Victor Thorn: E la deputata Cynthia McKinney...

Michael Collins Piper: Sì, Cynthia McKinney è stata eletta in Georgia, ma è tornata. Ci sono alcuni aspetti positivi nel Congresso su varie questioni, ma nel complesso il Congresso è impotente. Il denaro della lobby israeliana che lo attraversa è molto potente. Ma i media sono ancora più potenti. È questo che bisogna sempre tenere a mente, perché qualsiasi membro del Congresso che esca dalle righe sarà sicuramente colpito da una raffica di pubblicità negativa da parte dei media. I media possono fare la differenza. Per quanto riguarda la scelta tra Bush e Kerry, il futuro immediato non promette nulla di buono, visto che Kerry promette solo di gestire un po' meglio la guerra.

Victor Thorn: Consegnatelo alle Nazioni Unite...

Michael Collins Piper: Sì, e non ci conterei nemmeno. Kerry fa parte dell'élite della politica estera. Non dimentichiamo che è Skull & Bones insieme a George W. Bush. Quindi questa è una delle non-scelte a nostra disposizione. Personalmente, voterò per Ralph Nader se sarà sulla scheda elettorale.

Lisa Guliani: Cosa possiamo fare

Michael Collins Piper: È una buona domanda. Suppongo che dovremo continuare a fare quello che stiamo facendo fino a quando un movimento politico nazionale al si riunirà e avrà una reale possibilità di entrare e iniziare a vincere le elezioni. Ma quando si tratta di elezioni locali, tutti pensano a presentare un candidato alla presidenza ogni quattro anni. Le persone hanno davvero bisogno di fare cose nelle loro comunità locali per smuovere le cose e ottenere un dibattito pubblico sugli eventi e così via.

C'è ancora un'opportunità da cogliere. La maggior parte delle persone non ha un forum nazionale, ma ha contatti nella propria comunità locale. Diffondere il messaggio con qualsiasi mezzo possibile è, al momento, la cosa migliore da fare. Grazie a Internet e alle nuove tecnologie di cui disponiamo, il mondo sta diventando molto più piccolo e probabilmente abbiamo più possibilità.

Mettiamola così. Anche se la situazione negli Stati Uniti si è notevolmente deteriorata negli ultimi 25 anni, disponiamo ancora di mezzi di comunicazione più immediati rispetto a 25 anni fa, il che ci offre nuove opportunità di entrare in contatto con altre persone, con persone che la pensano allo stesso modo, di creare coalizioni e di sfidare i potenti.

Al momento, suppongo che la cosa più immediata che vorrei vedere è sbarazzarmi di George Bush e dei neoconservatori, ma non sono sicuro che John Kerry ci offrirebbe qualcosa di meglio.

Victor Thorn: John McCain ha fatto molto parlare di sé ultimamente, e quando abbiamo realizzato un video sulla *U.S.S. Liberty*, abbiamo visto che suo padre (McCain) era stato coinvolto nell'insabbiamento di quanto accaduto alla *U.S.S. Liberty* nel 1967. Nel suo libro, lei cita il senatore John McCain dell'Arizona: "La sopravvivenza di Israele è uno dei più importanti impegni morali di questo Paese". Non è forse questo il riassunto di tutto

Michael Collins Piper: Sì, è vero. John McCain...

Potrei passare un'ora a parlare di John McCain, ma è sufficiente dire che ha delle connessioni molto strane nella sua famiglia... e in suo suocero.... John McCain è uno di quei politici che, francamente, ha fatto un sacco di soldi grazie ai suoi legami con i posti giusti, e alcuni di questi legami risalgono alle persone che ho documentato in *Giudizio Finale* e che erano coinvolte nell'assassinio di Kennedy.

Lisa Guliani: Invece di dire che la sopravvivenza dell'America è uno dei nostri impegni morali più forti, McCain dice che è Israele.

Michael Collins Piper: Sì, non sono mai riuscito a capirlo.

Come americano, non sento mai dire che la sopravvivenza dell'Islanda o dell'Indonesia o dell'Irlanda sia parte integrante della sicurezza americana. Non lo capisco proprio. È una questione di ideologia - è quasi un culto. Il sionismo ha una certa attrattiva per un piccolo gruppo di persone che hanno molto denaro e influenza.

Alcuni dei migliori critici di Israele che conosco sono ebrei. Non credono nemmeno, per una questione di fede ebraica, che lo Stato di Israele debba esistere. E questo da un punto di vista teologico purista. Eppure, una manciata di persone come John McCain sono in balia del denaro e del potere sionista e hanno prestato il loro nome, il loro prestigio e la loro reputazione a questa causa. E ne vediamo i risultati proprio ora in Medio Oriente, ogni volta che torna un sacco con dentro un americano.

CAPITOLO XVII

Intervista di WING TV all'American Free Press 29 ottobre 2004

Victor Thorn: Michael, benvenuto a WING TV.

Michael Collins Piper: È sempre bello essere su... non si può trovare un posto migliore per essere su Internet.

Victor Thorn: Oggi stavo pensando che lei è stato il primo ospite di WING TV.

Michael Collins Piper: L'avevo dimenticato, ma ha assolutamente ragione. Ricordo che mi ha raccontato come ha creato questo programma. Da allora ha fatto molta strada. Sa, ieri ho partecipato a un programma radiofonico su una piccola stazione dell'Ovest. È una stazione AM indipendente molto affermata, ma ho detto alla gente che non credo si rendano conto di quanto i media in questo Paese siano nelle mani di pochi privilegiati, di questo monopolio mediatico di cui parliamo sempre all'*American Free Press*. È quindi positivo che ci siano altre voci indipendenti, risorse mediatiche indipendenti di cui la gente può usufruire. WING TV è una di queste.

Victor Thorn: *American Free Press* fa un ottimo lavoro nel coprire i media aziendali e nell'evidenziare ciò *che non* coprono. Michael, vorrei iniziare la giornata di oggi ponendoti questa domanda: se qualcuno non ha letto *Giudizio Finale*, qual è la cosa che potrebbe trarre da questo libro sull'assassinio di Kennedy che nessun altro libro o media tradizionale ha trattato

Michael Collins Piper: Suppongo sia il fatto che ci fu una guerra segreta tra John F. Kennedy e Israele. JFK stava cercando di impedire a Israele di costruire armi nucleari di distruzione di massa.

Credo che la conclusione sia questa: se JFK non fosse stato ucciso, Israele probabilmente non avrebbe mai ottenuto armi nucleari e, di conseguenza, l'Iraq non avrebbe mai cercato di costruire armi nucleari e non avremmo avuto la guerra in Iraq che stiamo affrontando oggi.

Lisa Guliani: Quando *Giudizio Finale* è stato pubblicato per la prima volta, ci sono state molte polemiche, soprattutto da parte di alcuni gruppi di pressione, che hanno cercato di far vietare il suo libro. Perché

Michael Collins Piper: Beh, non è consentito dire nulla di critico nei confronti di Israele, o almeno in una certa misura; certamente non un'idea che suggerisca che Israele sia coinvolto nell'assassinio di Kennedy. È una critica molto estrema. Non è estrema nel senso che non è una possibilità, ma è considerata al di là dei limiti di ciò che è, o non è, permesso dire su Israele. Non si tratta solo di Israele, ci sono tante altre aree controverse nella vita americana in cui ci sono limiti a ciò che è permesso dire. Ma Israele è forse il più delicato di tutti.

Lisa Guliani: La sua tesi ruota attorno al fatto che il Mossad, la CIA e la criminalità organizzata hanno avuto un ruolo fondamentale nell'assassinio di JFK, che ha spianato la strada all'influenza sionista in America, non è vero

Michael Collins Piper: È esattamente così. È più o meno quello che è successo all'indomani dell'assassinio di JFK. La lobby di Israele ha acquisito più influenza a Washington di quanta ne avesse mai avuta prima e la politica degli Stati Uniti in Medio Oriente ha subito una svolta di 180 gradi dopo la morte di JFK. Coloro che credono in una cospirazione intorno all'assassinio di JFK continuano tuttavia a discutere. Alcuni mettono ancora in dubbio le precise intenzioni di JFK riguardo al Vietnam, ad esempio.

Ma il fatto è che, per quanto riguarda la politica del Medio Oriente, c'è stata una svolta di 180 gradi alla morte di JFK. Anche se era il 1963, sentiamo ancora l'impatto di quell'improvvisa svolta e di l'immensa crescita del potere della lobby israeliana, perché oggi l'intero Medio Oriente, l'intero Medio Oriente arabo, non avrebbe il desiderio di avere armi nucleari - e tanto meno di avere armi nucleari - se non fosse che per anni Israele ha avuto questa scorta segreta di armi di distruzione di massa e non ha voluto ammetterlo.

Victor Thorn: Ho scritto una serie di articoli per WING TV.

su un certo John Lehman, membro di quello che chiamiamo il Comitato per il lavaggio dell'11 settembre. Questo comitato era originariamente chiamato Commissione Indipendente sull'11 settembre, ma quando si indaga su questo personaggio, si scopre che era uno dei firmatari delle lettere del PNAC. È anche un membro del "Team B", nonché del CPD, il Comitato per il Pericolo Presente. È anche associato a Wolfowitz, Perle e Feith. Nell'articolo di oggi, ho rimandato i lettori al suo libro, *I sommi sacerdoti della guerra*. Allora parli a tutti del "Team B", del PNAC e di tutti gli altri gruppi in cui John Lehman è coinvolto.

Michael Collins Piper: Credo che la caratteristica principale di tutti questi gruppi sia che sono parte integrante, ad un livello molto alto, della politica della lobby di Israele all'interno dell'establishment della sicurezza nazionale statunitense, almeno qui a Washington. Lehman è stato coinvolto in affari di armi con Israele, ha ricoperto posizioni di rilievo e ha tutti i legami che lei ha menzionato. Fa parte di quel gruppo molto ristretto e affiatato di neo-conservatori che dettano la politica - almeno al momento - all'interno dell'amministrazione Bush. Per molti anni, hanno cercato di piegare la politica americana nel modo in cui sono riusciti a fare oggi. Lui faceva parte di questa "squadra B". Si tratta di persone che, a partire dagli anni '70, sono state coinvolte in un complesso programma messo a punto quando la CIA è stata criticata per aver sottovalutato le intenzioni militari e imperiali sovietiche. Le persone che muovevano queste critiche erano in gran parte sostenitori di Israele, i quali avevano stabilito che il modo migliore per ottenere aiuti militari e sostegno a Israele era affermare che Israele era una parte fondamentale della difesa degli Stati Uniti contro l'espansionismo sovietico.

Victor Thorn: Ricorda l'Iraq e le armi di distruzione di massa, non è vero

Michael Collins Piper: Esattamente. Quindi dissero che non potevano fidarsi della CIA, quindi avrebbero creato un'istituzione alternativa per analizzare le analisi della CIA, cioè per analizzare gli analisti. Il gruppo "Team B", a cui Perle, il suo amico Lehman e tutte le altre persone erano associate, era uno sforzo per contrastare il lavoro della CIA e dire: "La CIA si sbaglia e noi abbiamo ragione". Quella prima esperienza della "squadra B" ha cementato il rapporto tra molti di quei neoconservatori che hanno continuato a svolgere un ruolo così importante nel mondo di oggi. Personalmente, John Lehman è un buon esempio. Era una delle ultime persone che avrebbero dovuto essere nominate nella Commissione sull'11 settembre, proprio a causa dei suoi stretti legami con i neo-conservatori in Israele.

Lisa Guliani: Abbiamo visto come la politica estera americana favorisca Israele quando si tratta di Medio Oriente e Asia centrale, ma questo vale anche per altri Paesi e nazioni in Europa, non è vero

Michael Collins Piper: Sì, è questo che è così strano.

Come sapete, sono appena stato in Malesia e uno degli oggetti che avevo in mano era una copia del *Journal of International Security Affairs*, pubblicato dal Jewish Institute for National Security Affairs (JINSA). C'era un numero speciale intitolato *Asia Now*, che analizzava la politica degli Stati Uniti verso l'*Asia: la* politica degli Stati Uniti verso l'Asia.

Ma in realtà questi neoconservatori hanno una visione molto ampia del mondo e, che si tratti di politica verso l'Europa o l'Asia, l'Africa, il Sud America e così via, sono costantemente preoccupati di una cosa e una sola: ciò che è meglio per Israele.

Quindi, se gli Stati Uniti concludono un accordo commerciale con la Colombia, per esempio, i difensori di Israele in questi circoli neoconservatori guarderanno a quell'accordo commerciale e diranno: "Sentite, se importate olive dalla Colombia, questo influenzerà le importazioni americane di olive da lo Stato di Israele? Non so nemmeno se ci siano olive in Colombia; era solo un esempio.

Ma una cosa così banale comporta che tutti questi analisti si siedano, guardino le politiche americane e cerchino di decidere se sono buone per Israele. In secondo luogo, ci si chiede - forse anche a un terzo livello - se sia un bene per gli Stati Uniti

Victor Thorn: Un sottoprodotto.

Michael Collins Piper: Sì, è vero.

Victor Thorn: Oggi ho chiacchierato con una donna iraniana che è ingegnere elettrico e abbiamo avuto circa 25 minuti per parlare.

Abbiamo iniziato a parlare di alcune cose e lei ha detto che potrebbero esserci elementi della CIA all'interno del governo iraniano che cercano di provocare una nuova guerra in Medio Oriente. Dopo aver sentito questo, ho fatto riferimento al suo libro di oggi in cui scrive: "Il mondo arabo, insieme al resto dell'umanità, è solo una pedina in un gioco molto più grande in cui i neocons sono solo strumenti per loro stessi?". E tutto sembrava combaciare.

Michael Collins Piper: Sì, è davvero spaventoso perché nel corso degli anni, per quanto gli americani abbiano apprezzato il crollo di Saddam Hussein, mi risulta - senza entrare troppo nei dettagli - che il motivo per cui l'esercito e il governo di Saddam sono crollati così rapidamente nell'ultima guerra è stato che gli Stati Uniti hanno corrotto alcuni dei suoi uomini chiave per entrare e far ritirare l'esercito. Non voglio sminuire il lavoro delle truppe americane che erano lì, ma a volte ci sono elementi che operano dietro le quinte, e temo che questo sia il caso anche in Iran.

Ho sentito cose simili nel corso degli anni, ovvero che alcune fazioni all'interno del governo iraniano hanno "legami esterni", per così dire. È possibile che non lavorino nell'interesse del proprio Paese. In effetti, potrebbe essere nell'interesse degli Stati Uniti che ci sia un cambio di governo nel Paese.

D'altra parte, se è in atto un'agenda più ampia, come quella di cui ho parlato in *I sommi sacerdoti della guerra,* se l'agenda è la guerra per il gusto della guerra, per rimodellare il mondo secondo i piani di questi grandi giocatori di scacchi, non so se questo sia nell'interesse dell'America, o dell'Iran.

Ma sì, il punto fondamentale è che la CIA e le altre agenzie di intelligence hanno persone all'interno dei governi, persone che vengono corrotte, persone che vengono ricattate, e così via. Quindi quello che si vede non è sempre quello che si ottiene.

Lisa Guliani: Sul tema dell'uranio impoverito e delle nostre truppe, l'*American Free Press* ha riportato che otto dei venti uomini che hanno prestato servizio in un'unità durante l'offensiva militare del 2003 in

Iraq hanno ora tumori maligni. Questo rappresenta il 40% dei soldati di questa unità che sono stati colpiti da tumori maligni in 16 mesi. Come si fa a nascondere alle nostre truppe queste informazioni sull'uranio impoverito e pensate che sia la causa definitiva della Sindrome del Golfo

Michael Collins Piper: Stavo riguardando alcuni degli articoli che abbiamo scritto e ripenso alla Sindrome del Golfo, come è stata chiamata dopo la prima invasione americana dell'Iraq. Fin dall'inizio fu chiaro che si stavano sviluppando gravi problemi tra i veterani della Guerra del Golfo, ma il governo statunitense rifiutò categoricamente l'idea che stesse succedendo qualcosa. Le persone che discutevano dell'argomento erano, ovviamente, "teorici della cospirazione", "mistificatori della paura" e "non prestate attenzione a queste persone perché sono solo dei piantagrane". Eppure ne abbiamo visto le conseguenze.

Sono passati dieci anni dalla prima invasione dell'Iraq... e grazie al lavoro di Christopher Bollyn, dell'*American Free Press* e di molti altri ricercatori indipendenti in tutto il Paese e in tutto il mondo, sappiamo molto di più sull'uranio impoverito e credo sia abbastanza ovvio che c'è qualcosa di sbagliato.

Ma quanto tempo ci vorrà? Ci vorranno altri dieci anni prima che il resto del mondo si renda conto di ciò che sta accadendo? Quanti altri casi di cancro dovremo registrare

Lisa Guliani: Pensate che sia stato Henry Kissinger a progettare l'uso dell'uranio impoverito? Sta distruggendo i codici genetici e le future popolazioni di arabi e musulmani, e i nostri soldati trasportano questa polvere radioattiva in giro per il mondo e ne contaminano altre.

Michael Collins Piper: È interessante perché qualche anno fa, mi pare sul *Sunday Times di Londra*, c'era una notizia secondo cui gli israeliani stavano lavorando ad armi genetiche che avrebbero preso di mira specificamente persone con geni arabi. Ne ho parlato in un discorso che ho tenuto alla Lega araba in Medio Oriente e sono stato attaccato per questo negli Stati Uniti dalla Anti-Defamation League. Hanno detto che avevo *affermato* che gli israeliani stavano lavorando a una bomba del genere. In altre parole, hanno insinuato che fosse una cosa inventata da me, mentre in realtà, come ho detto, è stata riportata dal *Times di Londra* diversi anni fa. Quindi potrebbe benissimo essere una conseguenza di ciò.

È molto probabile che siano stati utilizzati trattamenti genetici ed è inevitabile che un gran numero di persone, qualunque sia la causa, ne sia affetto. Oggi lo sappiamo.

Non c'è dubbio. Le conseguenze sono immense.

Sebbene sia stato menzionato in alcuni media tradizionali, non riceve la pubblicità e l'attenzione che merita a causa della portata di ciò che rappresenta. Voglio dire, quanti soldati - anche il più coraggioso soldato americano - pensate che sarebbero davvero disposti a combattere in una guerra in cui possono subire conseguenze senza nemmeno essere feriti dal fuoco nemico? È incredibile.

Lisa Guliani: È una condanna a morte.

Victor Thorn: Michael, torniamo per un attimo all'aspetto tabloid dei media mainstream. Oggi è stato rivelato che Bill O'Reilly ha raggiunto un accordo extragiudiziale con il produttore di FOX News che aveva intentato una causa contro di lui.

Secondo i media, l'importo dell'accordo sarebbe compreso tra i 2 e i 10 milioni di dollari. Inoltre, la donna non si sarebbe assunta alcuna responsabilità per l'incidente, così come O'Reilly. Che cosa ne pensate dell'intera disfatta di

Michael Collins Piper: Oh, si sono accordati fuori dal tribunale - molto, molto interessante. Solo perché qualcuno si accorda in via extragiudiziale non significa necessariamente che sia colpevole in qualche modo. A volte è più facile dal punto di vista finanziario ed emotivo fare una cosa del genere. Ma credo che quello che devo dire su Bill O'Reilly e su molte di queste persone - che fanno tutte parte della rete neo-conservatrice - è che Bill O'Reilly e molte di queste persone fanno parte della rete neo-conservatrice. Bill O'Reilly lavora per la FOX.

Ho sempre trovato abbastanza divertente - e non sono affatto un puritano, credetemi - ma questi neoconservatori parlano costantemente di valori familiari e della necessità di ripulire la televisione. Eppure amano FOX News e tutti i commentatori di FOX. Ma vi garantisco che se accendete la televisione FOX, troverete una programmazione più, come dire, viscida.

Victor Thorn: E poi c'è Dick Morris e i suoi succhiatori di dita.

Michael Collins Piper: Sì, è quello che sto dicendo. Le dico una cosa: c'è un po' di ipocrisia. Anche Pat Robertson, se ricordo bene, aveva accordi di trasmissione con la televisione FOX. Ecco Pat Robertson che ha passato gli ultimi 40 anni a parlare di ripulire la televisione, e non c'è niente di sbagliato in questo. Come ho detto, non sono un puritano. Ma d'altra parte, ci sono molte cose in televisione che sono piuttosto viscide, in mancanza di una parola migliore. E preferirei non vederle in televisione.

Lisa Guliani: L'abbiamo sentito (Bill O'Reilly) mentire alla radio oggi.

Ha detto: "Non esiste un'autorità che controlli i media". Ma sapete cosa è curioso? Ultimamente ha anche questa propensione a cercare di separarsi dai media tradizionali.

Michael Collins Piper: È divertente. Cerca di fingere di essere diverso, mentre è solo un'altra parte della loro scuderia di cavalli ben addestrati che escono e si esibiscono. È come un cavallo o un orso danzante. È solo questo. Ha un gioco particolare, un'agenda particolare, ed è quello che fanno tutti questi orsi e cavalli ballerini, queste scimmie addestrate, che si esibiscono per gli "organi di informazione" dei media mainstream.

Victor Thorn: Michael, in questa lunghissima stagione elettorale, credo che il momento più rinfrescante sia stato quando Ralph Nader ha iniziato a parlare dei burattinai israeliani che entrano alla Casa Bianca... e questi sono gli stessi burattinai che entrano nelle sale del Congresso... ed escono e riportano a Israele quello che vogliono.

In effetti, questa citazione è apparsa sulla pagina centrale dell'*American Free Press* questa settimana. Secondo lei, quali saranno le conseguenze per Ralph Nader di questa citazione così pericolosa

Michael Collins Piper: Vi dirò una cosa. Per quanto riguarda Ralph Nader, credo che si sia guadagnato un posto di rilievo nella "lista dei sorvegliati" della lobby di Israele e di altre persone che si occupano di controllare la libertà di parola in questo Paese, perché Nader è probabilmente il primo politico "mainstream", se così si può dire; suppongo che sia mainstream nel senso che è stato una sorta di personaggio famoso mainstream per molti anni. È il primo a usare questo tipo di terminologia. Altri hanno parlato del potere della lobby israeliana a Washington, ma arrivare a usare l'espressione "burattinai" mette davvero in prospettiva l'intero dibattito sul potere della lobby israeliana. Fornisce una prospettiva più chiara di quella che chiunque abbia mai presentato prima. Purtroppo, ha in gran parte ragione. Vorrei poter dire che esagera.

Lisa Guliani: All'inizio di quest'anno, lei ha scritto dell'HR 3077, la legislazione contro i discorsi d'odio che attacca direttamente il Primo Emendamento, nonché dell'influenza della lobby sionista su questa legge e di come l'hanno fatta passare alla Camera dei Rappresentanti. Ce ne parli un po'.

Michael Collins Piper: È anche molto interessante, perché se si legge la legislazione stessa, è piuttosto innocua. Non dovrei dire che è innocua - è formulata in modo innocuo. È un linguaggio legislativo molto asciutto che la persona media non capirebbe se lo togliesse dal contesto.

Ma ciò che questa legge fa di preciso è mettere in atto un meccanismo con cui il governo federale può effettivamente mettere a tacere il dissenso nei confronti di Israele nei campus americani, sia che si tratti di professori universitari che di istruttori, e implicitamente questo avrebbe ramificazioni di vasta portata per l'intero sistema universitario stesso. La legge istituirebbe un tribunale incaricato di esaminare il modo in cui gli studi sul Medio Oriente vengono insegnati nei campus americani. L'intento di questa legislazione - ovviamente se si considerano i suoi finanziatori (la lobby di Israele) - era quello di impedire ai professori universitari americani di criticare Israele.

Victor Thorn: Prima di andare, potrebbe condividere con noi i suoi pensieri su ciò che il futuro riserva al Nuovo Ordine Mondiale e all'America

Michael Collins Piper: Per quanto riguarda il futuro di questo Nuovo Ordine Mondiale, penso che molto sia ancora determinato dalle elezioni, anche se in generale non credo che le elezioni facciano una grande differenza nel lungo periodo. Penso che questa elezione potrebbe avere un impatto maggiore delle altre, proprio per la presenza di questi alti sacerdoti della guerra neo-conservatori nel campo di Bush. Se otterranno altri quattro anni, potrebbero causare danni immensi che non sarebbero possibili se John Kerry e la sua "banda" venissero eletti. Se mi farete questa domanda il martedì successivo alle elezioni, credo che sarò in grado di darvi una risposta più definitiva.

Voglio solo dire, però, che ci sono - grazie a WING TV e *American Free Press* e a molte altre voci indipendenti su Internet, alla radio e sulla carta stampata - così tante voci di dissenso che si levano, che non sarà così facile per la banda del Nuovo Ordine Mondiale portarci dove vogliono loro. Continuano a fare pressione, e hanno molto potere e influenza, ma noi possiamo reagire. È quello che stiamo facendo qui oggi.

CAPITOLO XVIII

WING TV La nuova Gerusalemme intervista 17 giugno 2005

Victor Thorn: Ho ricevuto *The New Jerusalem: Zionist Power in America* qualche settimana fa, ed è fenomenale. Non vedevamo l'ora di essere qui con voi oggi. Per cominciare, credo che il punto più importante che ogni persona in questo Paese deve conoscere si trovi nella prima pagina dell'introduzione del libro, dove lei dice che le due grandi tragedie di questo secolo ancora giovane sono l'11 settembre, naturalmente, e anche l'invasione americana dell'Iraq, che è una conseguenza diretta della politica americana in Medio Oriente, dettata dalla lobby di Israele. La mia prima domanda è questa: ci dica perché è così importante capire questa nozione fondamentale.

Michael Collins Piper: È molto semplice, Victor. Come sottolineo nel mio libro, siamo coinvolti in questa sanguinosa, insensata e assurda guerra in Iraq, che non fa altro che rendere gli Stati Uniti un nemico in tutto il mondo, e abbiamo avuto 3.000 vittime americane a causa di una tragedia terroristica che è stata attribuita a terroristi mediorientali. Francamente, ho seri dubbi su chi sia il responsabile dell'11 settembre, ma per amor di discussione, accettiamo l'affermazione del Presidente secondo cui siamo stati attaccati da musulmani arrabbiati del Medio Oriente.

Ci sono state due cose nella mia vita contro cui ho disperatamente lottato da quando ero abbastanza grande per pensare politicamente. La prima è il coinvolgimento degli Stati Uniti nella guerra, in particolare in Medio Oriente. Ho visto cosa è successo in Vietnam e non vedo perché qualcuno debba essere sottoposto di nuovo alla brutalità della guerra. Ha colpito il mio stesso fratello. Era un veterano del Vietnam, non si è mai ripreso del tutto e la sua morte prematura è stata il risultato diretto della sua esperienza in Vietnam.

L'altra cosa che mi preoccupava molto erano gli attacchi terroristici negli Stati Uniti, e ora finalmente ne abbiamo avuto uno. E tutto a causa, mi dispiace dirlo, di Israele. Questo non ha nulla a che fare con il petrolio. Si tratta di Israele ed è ovvio che in questo Paese c'è una lobby molto potente, che la si chiami lobby di Israele, lobby pro-Israele o lobby ebraica - comunque la si voglia chiamare - il fatto è che esiste. Non è una teoria della cospirazione.

Alcuni dicono che si tratta di una teoria della cospirazione o di un racconto di vecchie mogli basato sui *Protocolli degli Anziani di Sion*, che secondo loro sono un falso. Ma non è così. Non è una favola.

Abbiamo questa potente lobby israeliana e coloro che la finanziano sono un gruppo di persone molto ricche e influenti che si dà il caso siano ebree. Hanno accumulato questo potere e questa ricchezza e ora ci troviamo in una posizione in cui abbiamo effettivamente un'élite che può dettare la nostra politica estera. Questa politica estera è progettata per promuovere gli interessi di un altro Paese! Lo trovo straordinario.

Lisa Guliani: Michael, di recente abbiamo partecipato alla *Giornata della verità organizzata* a Oklahoma City in occasione del *decimo anniversario dell'attentato* di OKC, insieme al tuo collega dell'*American Free Press*, Pat Shan-nan. Nel suo libro, lei sottolinea che decine di noti personaggi pubblici di ogni estrazione sociale sono stati etichettati come antisemiti.

Dopo il nostro ritorno da Oklahoma City, abbiamo scoperto che l'ADL aveva inserito questo evento, il Giorno della Verità, nella "lista dell'odio" del suo sito web. Potrebbe spiegare come l'ADL agisce come polizia del pensiero per l'élite sionista americana

Michael Collins Piper: È una domanda molto interessante, posta in un contesto molto rivelatore. Sapevo che l'ADL aveva etichettato questo evento come un evento di "odio" o "estremista", e lo trovo straordinario di per sé, perché non credo che nessuno abbia partecipato a questo evento con l'intenzione di diffamare un gruppo di persone, ed è proprio questo che l'Anti-Defamation League sostiene di voler prevenire: la diffamazione di gruppo.

Era semplicemente un gruppo di persone sincere che cercava di scoprire chi aveva ucciso tutte quelle persone a Oklahoma City, e ovviamente sappiamo che la versione ufficiale del governo non regge. Trovo quindi molto interessante che la Anti-Defamation League si stia effettivamente ponendo come difensore del governo.

In effetti, la Anti-Defamation League ha una storia interessante. È nata - e mi dispiace dirlo - perché alla fine del XIX secolo a New York c'erano molti ebrei coinvolti in attività criminali. La gente cominciò a fare commenti dispregiativi sugli ebrei e per questo fu creata la Lega Antidiffamazione, per contrastare questi commenti, perché i funzionari e le forze dell'ordine si lamentavano molto.

Nel corso degli anni, la Anti-Defamation League è diventata un canale e un organo di propaganda molto efficace per lo Stato di Israele dopo la sua creazione. L'ADL, ovviamente, spia - letteralmente spia - migliaia e migliaia di americani. Persino l'FBI e la polizia di San Francisco hanno condotto un'indagine approfondita sulle attività di spionaggio dell'ADL e hanno scoperto che aveva file su migliaia di americani. E non solo le persone di destra, ma anche molte persone che si consideravano liberali, pensavano che l'ADL stesse spiando solo quei cattivi del Klans e dei nazisti, e invece si è scoperto che stava spiando ogni tipo di persona di ogni convinzione politica.

In sostanza, l'ADL è una polizia del pensiero. Il suo scopo è quello di impedire a chiunque di dire qualcosa di critico sullo Stato di Israele, a meno che non venga preventivamente approvato dall'ADL. Chiunque osi anche solo accennare al fatto che gli israeliani hanno un potere immenso in questo Paese viene considerato antisemita. Questo è l'obiettivo dell'ADL. È una polizia del pensiero.

Victor Thorn: Nel suo libro, *Giudizio finale*, lei rivela che c'erano ovviamente tensioni tra John Kennedy e David Ben Gurion, e tutti sanno cosa pensava Richard Nixon degli ebrei. Ma nel suo nuovo libro rivela anche cosa pensavano Harry Truman, Gerald Ford, Jimmy Carter e persino James Baker della lobby ebraica. Ce ne parli un po'.

Michael Collins Piper: Posso dirle una cosa: tutte le persone che lei ha citato sono state citate da fonti giornalistiche tradizionali con un linguaggio piuttosto volgare, che non vorrei dire nel suo programma, in riferimento al potere del popolo ebraico in America *in relazione alla* sua influenza, in particolare sulla politica estera degli Stati Uniti. Harry

Truman - sono stati scoperti i suoi diari - è un eroe del popolo ebraico per il ruolo svolto nella creazione dello Stato di Israele.

Naturalmente ha riconosciuto lo Stato di Israele ed è sempre stato un eroe. Ma nel suo diario, che è stato citato dal *Washington Post*, leggerò questa citazione: Questo è ciò che Harry Truman, ex Presidente degli Stati Uniti, disse nel suo diario il 21 luglio 1947

> "Gli ebrei non hanno senso delle proporzioni e non sanno giudicare gli affari del mondo. Penso che gli ebrei siano molto, molto egoisti. A loro non importa quanti estoni, lettoni, finlandesi, polacchi, jugoslavi o greci vengano uccisi o maltrattati come sfollati, purché gli ebrei ricevano un trattamento speciale. Tuttavia, quando detenevano il potere - fisico, finanziario o politico - né Hitler né Stalin dovevano preoccuparsi della crudeltà o dei maltrattamenti inflitti a chi veniva lasciato indietro.

È un'affermazione piuttosto forte. È certamente più forte di qualsiasi cosa io abbia mai detto, o che molte persone abbiano mai detto. Ma voglio dirvi una cosa. Dal mio studio della storia - e mi trovo nella mia biblioteca - solo in questa stanza ho circa 6.000 libri. Sono molto colto. Devo dire che, in base alle mie letture, ciò che ha detto Harry Truman è assolutamente vero. È quello che vediamo oggi.

Scopriamo che le élite ebraiche al potere in America - e non sto parlando di tutti gli ebrei - ma di, queste grandi e potenti élite ebraiche che controllano letteralmente miliardi di dollari e usano questa influenza per il loro desiderio di far avanzare lo Stato di Israele. A queste persone non importa quanti bambini americani siano stati massacrati in Iraq. Non gliene importa nulla. Non è assolutamente un problema per loro. Sono pronti a trascinarci in una guerra contro l'Iran, contro la Siria e prevedo che alla fine cercheranno di trovare un modo per invadere l'Arabia Saudita. E questo probabilmente è solo l'inizio.

Queste persone sono davvero assetate di sangue - forse assetate di sangue non è la parola giusta. È solo che non gli importa. Sanno che i bambini americani saranno usati come carne da cannone, ma non i loro.

Lisa Guliani: Lei ha citato il libro di Benjamin Ginsberg, *L'abbraccio fatale*, in cui sostiene che il 75% del budget americano per gli aiuti all'estero viene speso per gli interessi di sicurezza di Israele. Michael, pensa che questa cifra sconvolga la maggior parte degli americani

Michael Collins Piper: Sai, è divertente... è un punto interessante. La risposta rapida a questa domanda è SÌ, perché a molte persone non piacciono gli aiuti esteri, punto e basta. E quelli a cui piacciono pensano che si tratti di aiutare i bambini affamati in Etiopia.

Hanno queste idee sincere, affettuose, molto sentimentali. Siamo un Paese bello, ricco e potente, qui negli Stati Uniti, e diamo i nostri soldi a persone che muoiono di fame. Beh, non stiamo dando i soldi a loro.

La maggior parte dei nostri aiuti esteri va a Israele, e una parte consistente va all'Egitto per pagare l'Egitto affinché sia gentile con Israele. Il popolo di Israele, a quanto mi risulta, ha uno dei livelli di reddito pro capite più alti al mondo. E questo proprio perché gli Stati Uniti sostengono lo Stato di Israele.

Questo piccolo Paese è molto, molto ricco, solo perché gli Stati Uniti lo sostengono.

Sapete tutto delle meraviglie della tecnologia israeliana, della scienza israeliana, di questo e di quello. Esiste solo perché gli Stati Uniti vi investono denaro. Quindi qualsiasi altro Paese delle stesse dimensioni potrebbe ottenere le stesse cose con l'aiuto degli Stati Uniti. È essenzialmente uno Stato mendicante.

Non potrebbe esistere senza gli Stati Uniti, eppure tutta la politica estera americana attuale - sia in Medio Oriente che nel resto del mondo - si basa su ciò che è necessario per gli interessi di Israele.

Victor Thorn: Di recente abbiamo visto una videocassetta che conferma molto di quello che lei ha detto in *La nuova Gerusalemme*. Questo video dà uno sguardo storico al popolo ebraico e allo Stato di Israele.

Fondamentalmente, ciò che sta dicendo è che ovunque il popolo ebraico sia stato nel corso della storia, è successa una delle tre cose.

segreti di stato

SEGRETI DI STATO

Sono stati ridotti in schiavitù, cacciati o uccisi in massa. A cosa attribuisce questa situazione? Qualche altro gruppo di persone nella storia ha vissuto lo stesso fenomeno

Michael Collins Piper: Lasciate che vi dica cosa ho detto a un amico ebreo. Gli ho detto: "Guardo i giornali della vostra comunità ebraica e la maggior parte del contenuto riguarda persone che non piacciono agli ebrei e che gli ebrei pensano non piacciano loro".

Ero abbonato a una rivista della comunità polacca e ho visto molte altre riviste di comunità etniche. Un redattore del nostro vecchio giornale, *The Spotlight*, aveva molti amici provenienti dall'Europa dell'Est, così abbiamo ricevuto molte pubblicazioni di comunità etniche. Erano tutte molto positive, molto orientate al futuro. C'erano begli articoli sulla patria e articoli su eventi comunitari che commemoravano un polacco americano o un famoso italiano o un americano slavo e così via.

Ma se si legge un giornale ebraico, è un panorama di rabbia e odio verso tutti. Si lamentano continuamente.

Quindi, se questo è il modo in cui gli ebrei agiscono e pensano come gruppo - e questo è ciò che i giornali comunitari riflettono, il pensiero di gruppo, per così dire - se questo è il modo in cui agiscono negli Stati Uniti oggi, quando hanno più potere e influenza di quanto ne abbiano mai avuto in qualsiasi altro Paese del mondo, compreso Israele, tra l'altro, non voglio sapere come hanno agito in passato, quando sono stati espulsi da tutti questi Paesi.

Ogni gruppo ha avuto, una volta o l'altra, qualcuno a cui non piaceva. Ma per un motivo o per l'altro, nel corso della storia, il popolo ebraico è stato cacciato da tutti i Paesi europei.

Lisa Guliani: Michael, c'è una nuova ondata tra l'élite dei media sionisti, come William Kristol. Stanno dando un tono: se critichi Israele, non sei solo antisemita, ma anche antiamericano e anticristiano. Può commentare questo aspetto, per favore

Michael Collins Piper: Certo, è un'assurdità assoluta. Questa è la vera linea di propaganda che stanno cercando di diffondere oggi, che (come lei dice) chiunque sia anti-israeliano è quindi anti-americano. È un'affermazione straordinaria, e dicono anche che se si è anti-Israele, si è automaticamente anti-cristiani. Questo sorprenderà molto i pastori cristiani che sono critici nei confronti di Israele. Ma, come disse Harry Truman, non hanno il senso delle proporzioni e queste persone mentono, dicono le bugie più grandi e si aspettano che la gente ci creda.

Come dico sempre, la politica estera degli Stati Uniti in Medio Oriente è una rete di menzogne sostenuta dall'intimidazione, dalla forza bruta e da molti doppi standard. Se vediamo questo nella nostra politica statunitense in Medio Oriente, lo vedremo anche in ogni aspetto dell'influenza di questi sionisti della linea dura e dei loro proxy mediatici.

Victor Thorn: "Gola Profonda" è stata oggetto di notizie nelle ultime settimane, ed è stato rivelato che si trattava di un uomo di nome Mark Felt. Una delle persone che ha confermato questa informazione è Bob Woodward, che tende a rilasciare questo tipo di informazioni solo quando la persona non è in grado di confermarle. Un buon esempio è l'intervista in punto di morte a William Casey. Oggi Mark Felt ha 91 anni e non può confermare molte di queste informazioni. Ci descriva il suo punto di vista su "Gola Profonda" e il fatto che fosse un fumatore accanito, cosa che Mark Felt non era.

Era anche molto colto, cosa che non accadeva a Mark Felt e James Jesus Angleton.

Michael Collins Piper: Per quanto riguarda Mark Felt, non condivido necessariamente l'idea che fosse l'unica "Gola Profonda", per così dire. Altre persone hanno scritto su questo argomento e sono tutte convinte che sia possibile sospettare l'esistenza di altre fonti. Ma per qualsiasi motivo, e sebbene Mark Felt possa essere stato una delle fonti principali, probabilmente non ha agito come un "angelo solitario". Anzi, viene dipinto come una specie di eroe. Probabilmente lavorava per qualcun altro dietro le quinte; e ironicamente, da quello che ho capito, e sto ancora cercando, è molto probabile che Mark Felt avesse qualche legame con James Angleton, di cui lei parlava prima.

Felt fu coinvolto nel COINTELPRO, l'allora programma segreto dell'FBI usato per infiltrare e distruggere gruppi politici. James Angleton, alla CIA, gestiva la sua "Operazione Caos", un programma simile che era totalmente illegale, in quanto la CIA non avrebbe dovuto operare sul territorio degli Stati Uniti. Il vice di James Angleton in questo programma era Richard Ober; e Debra Davis, nel suo libro *Katharine the Great* su Katharine Graham del *Washington Post*, sostiene in modo molto convincente che Richard Ober avrebbe potuto essere, ed era, secondo lei, "Gola Profonda". Come ho detto, il caso è direttamente collegato a Mark Felt, in quanto sia Felt che Ober gestivano operazioni correlate.

Ober era il vice di James Angleton. James Angleton era noto per essere un fumatore accanito, un noto fumatore a catena e, al momento della sua morte, un alcolizzato incallito. Era piuttosto delirante. Bob Woodward e Bernstein, nel loro libro *Tutti gli uomini del presidente*, descrivono "Gola profonda" come un fumatore e un bevitore incallito.

Ma questa descrizione non corrisponde a Mark Felt. Quindi il motivo per cui hanno scelto di usare quella descrizione è interessante, perché se stavano mentendo su "Gola Profonda" cercando di insabbiare il tutto, trovo interessante che abbiano dato una descrizione molto simile a quella di James Angleton.

Lisa Guliani: Secondo un rapporto, il ticket da sogno del GOP per il 2008 sarebbe composto da John McCain e Jeb Bush. Non sappiamo se questo sia plausibile, ma potrebbe fornirci qualche informazione dietro le quinte che colleghi la famiglia McCain a Jim Hensley, personaggio del crimine organizzato di, e alla famiglia Bronfman, che è una figura di spicco del Congresso ebraico mondiale

Michael Collins Piper: Sì, è una storia interessante. Ne ho parlato con persone che amano John McCain e non vogliono crederci, o cercano di spiegarla. La situazione è questa: la moglie di John McCain, Cindy, è figlia di un personaggio piuttosto interessante chiamato Jim Hensley. Jim Hensley è finito in prigione qualche anno fa - credo che ora sia morto - ma ha preso il posto del suo capo, un certo Kemper Marley. Kemper Marley gestiva lo Stato dell'Arizona, i partiti democratico e repubblicano.

Per quanto potente fosse Kemper Marley, era in realtà il prestanome della famiglia canadese Bronfman. Straordinario se si pensa che una famiglia che operava in Canada era in realtà a capo di uno Stato americano. In realtà, potrebbe non essere così straordinario, perché l'Arizona ha ancora una popolazione relativamente piccola. È uno Stato grande, ma ha una popolazione molto piccola. Se ci si trasferisce in un posto del genere, si è in una posizione ottimale per fare una cosa del genere. È esattamente quello che ha fatto la famiglia Bronfman. Erano vicini al Nevada, un avamposto del gioco d'azzardo.

I Bronfman avevano anche forti legami con il sindacato criminale Meyer Lansky, quindi tutto era interconnesso. E Jim Hensley, che era il suocero di John McCain, era la figura chiave di questa impresa criminale che gestiva lo Stato dell'Arizona.

La sua ricompensa per aver rilevato la Kemper Marley fu un importante contratto di distribuzione della birra Budweiser, che lo rese un uomo molto ricco. Oggi, ovviamente, ha reso John McCain un uomo molto ricco.

Victor Thorn: Fortunatamente, non tutti i leader mondiali sono sotto il controllo sionista. Due buoni esempi sono Hugo Chavez in Venezuela, e il primo ministro malese Mahathir Mohamad. Pensa che altri seguiranno questo esempio, soprattutto alla luce di un recente incontro che è stato praticamente oscurato negli Stati Uniti - un incontro a cui hanno partecipato i rappresentanti di dodici Paesi sudamericani e ventidue nazioni arabe

Michael Collins Piper: Quello che sta accadendo in questi Paesi sudamericani è che tutti sono stufi del potere di Israele e lo attribuiscono agli Stati Uniti, che lasciano che Israele la faccia franca. Quindi ci sono sempre più persone - sempre più Paesi - che si sentono liberi di parlare del potere sionista in America.

Anche Vladimir Putin in Russia, sebbene non sia stato *molto* disponibile, la lobby sionista americana non si fida molto di Putin e non gli interessa. Se potessero rovesciare Putin e installare qualcuno di loro gradimento, lo farebbero.

Sì, questa è un'espressione molto seria di disprezzo per il potere del sionismo, e penso che sia un male per l'America perché ci stiamo legando a un'entità per la quale la gente del mondo ha pochissima considerazione.

Lisa Guliani: Vorrei conoscere la sua opinione sul recente "no" francese e olandese alla Carta dell'UE.

Michael Collins Piper: Un tempo si diceva che il nazionalismo era cattivo, antiquato e morto. Penso che ciò che vediamo oggi siano espressioni di nazionalismo. La gente vuole mantenere l'integrità del proprio Paese e del proprio gruppo etnico. Non c'è nulla di sbagliato in questo. Hanno sempre cercato di dirci che dovremmo tutti mescolarci, sposarci e abbandonare le nostre tradizioni. Non c'è niente di male nel preservare e commemorare la propria nazione e il proprio gruppo etnico. Direi che questo voto contro l'Unione Europea riguarda essenzialmente questo.

Conosco molte persone che pensano che l'Unione Europea sia una buona idea. Conosco anche molte persone che pensano che sia una pessima idea. Francamente, io stesso non ne sono sicuro. Non ho un'opinione forte sull'argomento perché ho sentito tante argomentazioni valide da entrambe le parti, ma la sostanza è che il voto olandese è un'espressione di nazionalismo.

Victor Thorn: Guardiamo alle elezioni del 2008. Pensa che Hillary Clinton vincerà la nomination democratica e che è possibile che finisca di nuovo alla Casa Bianca

Michael Collins Piper: Dovrebbe uscire un libro su Hillary Clinton.

Victor Thorn: *La verità su Hillary* di Ed Klein.

Michael Collins Piper: Sì, e scrive per la rivista *Parade,* che è di proprietà della famiglia Newhouse, uno dei grandi imperi editoriali ebraici. Possiedono l'*Harrisburg Patriot*, tra gli altri giornali. Ad ogni modo, ho una copia dell'articolo di *Vanity* Fair che estrae questo libro su Hillary, e in grandi lettere evidenziate a metà pagina c'è una citazione della moglie del senatore Pat Moynihan, Liz, che si rivolge a Hillary: "Il motivo per cui non stai avendo successo a New York", ha detto Liz Moynihan, "è perché non piaci agli ebrei". Ecco, è così che parlano i politici potenti.

So che potrebbe essere uno shock per molti dei vostri telespettatori, ma questo è un vero discorso di potere e politica. Ecco cosa ha detto la signora Moynihan a Hillary.

Il fatto è che ci sono numerose accuse di sospetto contro Hillary Clinton all'interno della comunità ebraica. L'americano medio penserebbe che

Hillary sia la grande favorita degli ebrei. In realtà, quando si è candidata e ha vinto il Senato di New York, ha ottenuto solo il 55% dei voti ebraici. Se si considera che Al Gore, che quell'anno era in corsa con lo stesso candidato, ha ottenuto l'80% dei voti ebraici, credo che questo dimostri che c'è un po' di preoccupazione nei confronti di Hillary.

È stato anche affermato che il suo tono privato è piuttosto antisemita. Quando era una studentessa dell'università e ha conosciuto Bill Clinton, era nota per le sue critiche virulente a Israele e ai suoi sostenitori palestinesi, oltre che per il suo disprezzo per la politica americana in Medio Oriente. Il popolo ebraico ha il potere ultimo nella selezione del candidato democratico, cosa che ovviamente non ammette, ma ha molto potere in questo senso. Credo che l'élite ebraica sia abbastanza sospettosa nei confronti di Hillary da fare tutto ciò che è in suo potere per fermarla.

Victor Thorn: Un'ultima domanda. Tutti aspettano quello che pensano sarà il prossimo grande evento. Vediamo che la Carta dell'UE sta crollando in Europa. Vediamo crollare il sostegno alla guerra in questo Paese. Vediamo una forte resistenza al nuovo trattato CAFTA. vediamo che la truffa di George Bush sulla privatizzazione della sicurezza sociale sta crollando. I neoconservatori non sono riusciti a conquistare il Medio Oriente e, infine, c'è il memo di Downing Street e la vicenda dell'11 settembre che continua a suscitare scalpore. Pensate che qualcosa di simile all'11 settembre sia all'orizzonte

Michael Collins Piper: È una domanda che fa paura, Victor. Mi preoccupa il fatto che quando queste élite di potere iniziano a perdere la presa, hanno sempre bisogno di qualcosa per ricaricare i motori. Hanno bisogno di ristabilirsi, di riaffermare la loro autorità. E quale modo migliore di un altro attacco "terroristico"

Victor Thorn: Noi la vediamo così, perché a questi ragazzi non piace perdere, e sembra che ora siano messi alle strette; e Dio non voglia, speriamo che non ce ne sia un'altra.

Michael Collins Piper: Sappiamo che ci hanno mentito sull'11 settembre, quindi chi è il responsabile? Non ne sono sicuro, ma ho una buona idea, e non credo che sia stato Osama Bin Laden.

CAPITOLO XIX

Radio Free America L'attentato di Oklahoma City Intervista con Tom Valentine 6 luglio 1997

(Pubblicato originariamente su *The Spotlight*) Sta diventando sempre più chiaro che la Anti-Defamation League (ADL) del B'nai B'rith stava monitorando da vicino le attività di Timothy McVeigh, condannato per l'attentato di Oklahoma City, molto prima del tragico attentato del 19 aprile 1995.

Inoltre, sembra che la stessa ADL possa aver manipolato McVeigh attraverso un agente sotto copertura nella cerchia ristretta di McVeigh.

Il 6 luglio 1997, il veterano corrispondente *di Spotlight* Michael Collins Piper è apparso come ospite speciale nel forum di discussione settimanale di Tom Valentine su *Radio Free America* e ha discusso le prove del coinvolgimento dell'ADL nelle attività di McVeigh e ha fornito prove conclusive del fatto che l'ADL aveva attivamente cercato di "incastrare" Liberty Lobby, editore di *Spotlight*, per il suo coinvolgimento nel crimine.

Di seguito è riportata la trascrizione dell'intervento di Piper su *RFA*.

Tom Valentine: L'Anti-Defamation League (ADL) del B'nai B'rith ha cercato di insinuare che Liberty Lobby e *The Spotlight* fossero in qualche modo "collegati" a Timothy McVeigh e quindi coinvolti nell'attentato di Oklahoma City.

Michael Collins Piper: Ironia della sorte, la verità è proprio il contrario. Liberty Lobby e *The Spotlight* hanno prove inconfutabili che la cosiddetta divisione "investigativa" dell'ADL aveva una fonte nella cerchia ristretta di Timothy McVeigh molto prima dell'attentato e che l'ADL (attraverso quella fonte) potrebbe aver diretto alcune delle attività di McVeigh prima dell'attentato. Parte della manipolazione dell'ADL su McVeigh sembra essere stata un piano deliberato per coinvolgere la Liberty Lobby nelle attività di McVeigh. Tuttavia, in ogni caso possiamo vedere la mano fine dell'ADL. Quindi la domanda principale è: "Cosa sapeva l'ADL e quando lo sapeva?".

Sembra abbastanza chiaro che Timothy McVeigh abbia partecipato attivamente alla cospirazione per l'attentato. Tuttavia, è anche abbastanza chiaro che alcune persone (in particolare l'ADL) sapevano cosa stava facendo McVeigh e sono altrettanto colpevoli dell'attentato quanto McVeigh, se non altro per il fatto che non hanno fatto nulla per impedirlo.

Ma la cosa più preoccupante è che sembra che l'ADL l'abbia addirittura manipolata per i suoi scopi insidiosi.

Sebbene a molti piaccia parlare di "preveggenza governativa" dell'attentato di Oklahoma, il fatto è che gran parte di questa "preveggenza governativa" ha in realtà raggiunto l'FBI e il BATF, e probabilmente anche la CIA, attraverso gli informatori dell'ADL attivi all'interno della "destra" (e anche della "sinistra") nell'America di oggi.

Non dimenticate che l'ADL aveva persino delle spie che seguivano il dottor Martin Luther King, e che queste spie dell'ADL passavano poi queste informazioni all'FBI. Quindi non era l'FBI a spiare King (come dicono i media), ma l'ADL. Quindi, quando si parla di "conoscenza da parte del governo" del complotto per l'attentato, si parla in realtà, in larga misura, di "conoscenza da parte dell'ADL" del complotto - e questo è qualcosa che l'ADL non vuole che si sappia.

Vediamo quindi cosa sapeva l'ADL di Timothy McVeigh.

Tom Valentine: Molti americani hanno appreso dai media tradizionali che Timothy McVeigh era presumibilmente in possesso di una scheda telefonica prepagata acquistata da *Spotlight*. Ma lei dice che c'è molto di più in questa storia.

Michael Collins Piper: Lasciate che vi parli di questa carta telefonica. *Spotlight* ha sponsorizzato una carta telefonica prepagata.

Molte organizzazioni offrivano tali carte telefoniche. Tuttavia, dopo l'attentato di Oklahoma, *The Spotlight* ha appreso che qualcuno -

secondo l'FBI si trattava di Timothy McVeigh - aveva acquistato una carta telefonica *Spotlight* e aveva effettuato numerose chiamate in tutto il Paese come parte del piano di attentato.

Eravamo lì, seduti a Washington, a ricevere migliaia di ordini di biglietti da visita da tutto il Paese. Non avevamo idea di chi fossero queste persone. Abbiamo elaborato gli ordini, spedito le carte e la gente le ha usate. Queste carte sono disponibili per il grande pubblico. Non è necessario essere abbonati *a Spotlight*, né sostenere *le* idee politiche populiste *di Spotlight*, per acquistare o utilizzare questa carta.

Tuttavia, c'è una cosa molto strana riguardo alla carta che ci è stato detto essere stata acquistata da McVeigh: la carta è stata acquistata da qualcuno che utilizza il nome "Daryl Bridges". In base alle prove, sembra che il biglietto sia stato effettivamente acquistato da McVeigh.

L'FBI si è rivolta a *Spotlight* e noi abbiamo fornito tutti i dettagli e la documentazione possibile. Ma, come ho detto, tutto ciò che avevamo come prova nei nostri archivi era il fatto che qualcuno con il nome "Daryl Bridges" aveva ordinato una di queste carte. Il nome "Timothy McVeigh" non compariva in nessuno dei nostri registri, sebbene la carta fosse stata inviata a "Daryl Bridges" a un indirizzo nel Michigan dove ora sappiamo che viveva Timothy McVeigh.

L'FBI sostiene che questa carta sia stata utilizzata per acquistare i materiali per la bomba presumibilmente usata nell'attentato di Oklahoma (anche se, come ormai molti sanno, ci sono forti prove che, molto probabilmente, è stata usata più di una bomba).

Non avevamo alcun registro delle chiamate presso il nostro ufficio di Washington. Tutti i registri delle chiamate sono conservati presso l'ufficio servizi di che gestiva il programma di carte telefoniche per *The Spotlight*. Non sapevamo da dove provenissero le chiamate, né dove andassero, né chi usasse la carta. Sapevamo solo che una carta era stata acquistata da una persona di nome "Daryl Bridges".

Ecco cosa è interessante: L'FBI è tornata da *The Spotlight* e ci ha chiesto: "Perché *The Spotlight* ha telefonato a Timothy McVeigh usando il biglietto da visita di Daryl Bridges?". Ci ha sorpreso, inutile dire che l'FBI ha fatto questa affermazione.

Ecco cosa sembra essere successo. Un dipendente *di Spotlight* che elaborava gli ordini di carte telefoniche ricorda di aver ricevuto telefonate qui a Washington da qualcuno che diceva: "Potrebbe richiamarci usando la carta telefonica per vedere se funziona" (cioè la carta era registrata a "Daryl Bridges").

Un dipendente di *Spotlight* ha utilizzato il numero di accesso alla carta telefonica registrato a nome di "Daryl Bridges" per richiamare questa persona e verificare che la carta funzionasse. Di questa telefonata è stata fatta una registrazione - o, come si dice nel gergo dell'intelligence, una "didascalia".

In altre parole, un innocente dipendente di *Spotlight* ha utilizzato lo stesso numero di accesso alla carta telefonica per richiamare la persona che aveva chiamato *Spotlight*, concludendo poi che la carta telefonica funzionava davvero. In realtà, questo scenario sembra essersi verificato diverse volte con altri clienti di carte telefoniche. Ovviamente abbiamo pensato che la persona che utilizzava la carta avesse un problema di usabilità e che noi stessimo semplicemente cercando di aiutarla a risolvere il problema.

Dopo l'attentato di Oklahoma, quando l'FBI ci informò che McVeigh aveva un biglietto da visita *Spotlight*, ovviamente dicemmo all'FBI che avremmo collaborato in ogni modo possibile. Tuttavia - e questo è molto preoccupante - abbiamo appreso solo di recente, in un rapporto dello Scripps-Howard News Service, che l'FBI stava già cercando all'epoca (dietro le quinte e a nostra insaputa) di utilizzare le "prove" del biglietto da visita per dimostrare in qualche modo che *The Spotlight* aveva contribuito a favorire gli sforzi di McVeigh nell'attentato.

Tom Valentine: In altre parole, il ruolo di *The Spotlight* in questo scenario era del tutto innocente, ma l'FBI stava cercando di suggerire che *The Spotlight* era in comunicazione con McVeigh, presumibilmente aiutandolo nel suo piano di attentato.

Michael Collins Piper: Questa è la cosa più assurda. Ricevevamo queste chiamate a Washington da qualcuno. Noi di riceviamo centinaia di chiamate al giorno. Non sappiamo chi ci sia all'altro capo del filo. Tuttavia, dopo che sono emerse le informazioni sull'acquisto del biglietto da visita da parte di McVeigh (e sul suo presunto utilizzo), uno dei nostri dipendenti si è ricordato delle chiamate relative al biglietto "Daryl Bridges".

La conclusione è che chiunque abbia chiamato *The Spotlight* (sia McVeigh che qualcun altro) stava cercando di *fargli* effettuare chiamate in uscita utilizzando la carta telefonica che, secondo l'FBI, era in possesso di McVeigh. In effetti, l'FBI sembra suggerire (anche se ciò non è certamente vero) che McVeigh stesso fosse venuto nell'ufficio di Washington *di The Spotlight* e stesse usando il nostro telefono per effettuare chiamate in uscita addebitate sulla carta telefonica prepagata registrata a "Daryl Bridges". Inoltre, la cosa davvero interessante è che non sappiamo se sia stato McVeigh a chiamare *The Spotlight*. Per quanto ne sappiamo, potrebbe essere stato qualcun altro. Sappiamo solo che il chiamante chiedeva informazioni sulla carta "Daryl Bridges".

Ma questa è solo la punta dell'iceberg. Le cose sono molto più profonde e interessanti. L'unica cosa che sappiamo con certezza è che ci sono persone - persone che da tempo hanno stretto legami con l'FBI e il BATF - che hanno deliberatamente cercato di coinvolgere *The Spotlight* e il suo editore, Liberty Lobby, nell'attentato di Oklahoma. Li accusiamo di averlo fatto perché sapevano in anticipo che l'attentato sarebbe avvenuto e volevano far credere che *The Spotlight* fosse coinvolto in questa cospirazione.

Tom Valentine: Lei dice che questa è solo la punta dell'iceberg. Quali altri fattori la portano a concludere che c'è stato un tentativo deliberato di "incastrare" la Liberty Lobby

Michael Collins Piper: Beh, due giorni dopo l'attentato, eravamo seduti qui a Washington, a farci gli affari nostri, e *il Washington Post* ha riferito - con nostra grande sorpresa, ve lo assicuro - che la Anti-Defamation League (ADL) del B'nai B'rith aveva annunciato che un anno prima dell'attentato, Timothy McVeigh, sempre usando uno pseudonimo, questa volta "T. Tuttle", aveva pubblicato un annuncio su *The Spotlight*.

Non abbiamo l'archivio degli annunci sul computer, quindi questo ci ha sorpreso, come ho detto. Ci siamo subito chiesti come l'ADL potesse sapere che McVeigh aveva messo un annuncio del genere, soprattutto perché era a nome "T. Tuttle".

Ecco la cosa interessante: ho fatto diverse telefonate per verificare cosa stesse succedendo. Una di queste è stata fatta a una fonte amica con conoscenze di alto livello. Gli ho parlato del "T. Tuttle" e lui, ridendo, mi ha detto: "Sai come faceva l'ADL a sapere che McVeigh aveva fatto pubblicità su *The Spotlight?*".

Ho detto: "No, dimmi". Mi rispose: "L'ADL aveva un uomo nella cerchia ristretta di McVeigh, vicino a McVeigh".

Quindi l'autorevole ADL, che si definisce "organizzazione per i diritti civili", aveva qualcuno che lavorava a stretto contatto con McVeigh. A quanto pare, McVeigh aveva detto a questa persona che avrebbe pubblicato un annuncio su *The Spotlight* o - ed è probabile che sia così - questo agente dell'ADL aveva suggerito a McVeigh di pubblicare un annuncio su *The Spotlight*.

Solo McVeigh e l'ADL sanno con certezza cosa sia realmente accaduto. Ma se McVeigh legge queste parole così come appaiono su *The Spotlight*, potrebbe rendere un vero servizio pubblico facendoci sapere cosa è successo. A questo punto, credo che McVeigh abbia probabilmente capito da solo cosa è realmente accaduto e sappia esattamente chi è questo agente dell'ADL.

La pubblicità "T. Tuttle" era una pistola lanciarazzi, ma secondo l'ADL si trattava di un'arma di qualche tipo, un lanciarazzi. Si trattava di un semplice lanciarazzi progettato per sembrare un'arma militare.

All'epoca, è interessante notare che *The Spotlight* aveva una politica di non trasmettere pubblicità per armi di qualsiasi tipo.

Tuttavia, sulla base della deliberata distorsione della verità da parte dell'ADL, *il Washington Post* - *e* successivamente i media nazionali - hanno riportato su che *The Spotlight* aveva pubblicato una pubblicità di un lanciarazzi. Inutile dire che c'è una grande differenza tra un lanciarazzi e una pistola lanciarazzi.

Come ho detto, stavamo cercando di capire come l'ADL fosse a conoscenza dell'esistenza di questa pubblicità e quando la nostra fonte ci ha informato che l'ADL aveva un "bander" nella cerchia ristretta di McVeigh, ha spiegato molte cose. Tuttavia, le nostre ricerche successive ci hanno fornito ulteriori dati che confermano che l'ADL era coinvolta fino al collo negli affari segreti di McVeigh molto prima dell'attentato.

La situazione è ancora più interessante, come si vedrà. L'articolo del *Washington Post* su "T. Tuttle" (basato su un comunicato stampa dell'ADL) è apparso nella prima edizione del Washington *Post* solo il 21 aprile, due giorni dopo l'attentato.

Tuttavia, lo stesso articolo è stato pubblicato, quasi alla lettera, nell'edizione successiva di quel giorno, ma in tale edizione il *Post* ha rimosso il riferimento all'ADL e alle sue accuse su "T. Tuttle".

Si tratta di una speculazione personale, ma credo che abbia qualche fondamento nella realtà: il motivo per cui *il Washington Post* ha soppresso questa informazione è che, nel periodo immediatamente successivo alla pubblicazione dell'articolo, l'ADL ha scoperto che le sue stesse informazioni erano errate, e quindi (l'ADL) si è reso conto che la natura errata delle sue informazioni evidenziava un piccolo (o grande) problema: il fatto che l'ADL avesse informazioni errate indica in realtà che l'ADL era a conoscenza dei piani di Tim McVeigh di fare pubblicità su *The Spotlight* in anticipo.

Ecco la prova che l'ADL era a conoscenza dei piani di Timothy McVeigh di fare una campagna pubblicitaria su *The Spotlight*: sebbene "T. Tuttle" (presumibilmente McVeigh) si fosse impegnato a inserire un annuncio pubblicitario in quattro numeri consecutivi di *The Spotlight*, l'annuncio non apparve nella prima settimana (nel numero del 9 agosto 1993) in cui avrebbe dovuto comparire. L'annuncio è apparso solo una settimana dopo, nel numero del 16 agosto 1993.

Tuttavia, quando l'ADL ha contattato il *Washington Post* e gli è stato riferito da che McVeigh aveva inserito un annuncio in *The Spotlight*, l'ADL ha affermato che l'annuncio era apparso nel numero del 9 agosto.

L'ADL sapeva che McVeigh si era impegnato a pubblicare un annuncio nel numero del 9 agosto, ma non sapeva che avevamo avuto un problema di produzione a *The Spotlight* e che l'annuncio non era stato pubblicato come previsto.

È successo che l'ADL, basandosi sulla propria conoscenza preventiva delle intenzioni di McVeigh di fare pubblicità su *The Spotlight*, si è affrettata ad annunciare pubblicamente dopo l'attentato che McVeigh aveva fatto pubblicità su *The Spotlight*. L'ADL si è poi resa conto dell'errore e ha fatto marcia indietro, parlando con il *Post* e chiedendogli apparentemente di "tacere e dimenticare", cosa che il *Post* ha fatto. La prima edizione del *Post* non si trova nemmeno nella Biblioteca del Congresso. È caduta nel dimenticatoio.

Ecco un altro articolo piuttosto interessante. Il direttore di *Spotlight* aveva notato la pubblicità di "T. Tuttle" e pensò che ci fosse qualcosa di strano. Ritirò l'annuncio, dicendo "Non pubblichiamo annunci di armi su *Spotlight*", e l'annuncio uscì solo in tre numeri invece dei quattro previsti. Tuttavia, l'ADL aveva nei suoi archivi informazioni secondo cui Timothy McVeigh, sotto il nome di "T. Tuttle", aveva fatto pubblicità su *The Spotlight* più di un anno prima dell'attentato di Oklahoma.

L'FBI non ha bisogno di venire da me, o da qualsiasi membro del team di *The Spotlight*, per interrogarci sui nostri legami con Timothy McVeigh. Direi a Louis Freeh dell'FBI: "Cosa sapeva l'ADL di Timothy McVeigh e quando lo sapeva?". *Spotlight* non sapeva nulla. Questa è una domanda molto importante.

Il Gran Giurì di Oklahoma City che indaga sull'attentato potrebbe e dovrebbe chiamare a testimoniare membri dell'ADL come Abe Foxman, direttore nazionale dell'ADL, Irwin Suall, a lungo direttore delle indagini dell'ADL, e Mira Lansky Boland, un "ex" agente della CIA che dirige l'ufficio di Washington dell'ADL.

Se il gran giurì spinge sul caso, potrebbe infatti incriminare Foxman, Suall e Boland per la precedente conoscenza delle attività di Timothy McVeigh e accusarli di cospirazione per commettere l'attentato.

Ci sono molte informazioni che aprono gli occhi, informazioni che non sono state riportate da nessun'altra parte se non da *The Spotlight*, ma la gente deve riflettere attentamente e iniziare a chiedersi: "Cosa sta succedendo qui?".

Tom Valentine: Ma la cospirazione per incastrare Liberty Lobby va anche oltre, non è vero

Michael Collins Piper: Esatto. A questo punto, riferirò alcuni fatti piuttosto inquietanti che provano senza ombra di dubbio che qualcuno, oltre a Timothy McVeigh, sapeva che sarebbe stato compiuto un attentato a Oklahoma City. Eppure i procuratori federali sostengono che solo McVeigh e Terry Nichols erano coinvolti nella cospirazione e che solo Michael Fortier e sua moglie ne erano a conoscenza. Eppure ci sono prove schiaccianti che anche qualcun altro era coinvolto.

L'attentato di Oklahoma City ebbe luogo il 19 aprile 1995. Il 20 aprile, il giorno successivo all'attentato, un impiegato dell'ufficio postale di *The Spotlight* aprì una busta con il timbro postale "Oklahoma City" che era stata spedita a *The Spotlight* il 17 aprile, due giorni prima dell'attentato. Il timbro postale è stato apposto dal governo degli Stati Uniti, l'ufficio postale. Non c'è niente di più "ufficiale" di questo. Non si tratta di una teoria della cospirazione su. È un dato di fatto. *Spotlight* non ha messo quel timbro postale. È stato l'ufficio postale. Questa busta e il suo contenuto sono stati spediti prima dell'attacco.

La busta conteneva una cartolina. L'abbiamo ricevuta il giorno dopo l'attentato, quando tutti nel Paese sapevano che la tragedia era avvenuta a Oklahoma City. La cartolina nella busta era una fotografia dell'epoca della Depressione che ritraeva una tempesta di polvere sull'Oklahoma. La didascalia diceva che la fotografia ritraeva una tempesta di polvere che si avvicinava all'Oklahoma e che la fotografia (che è abbastanza famosa e sono sicuro di averla già vista) si chiamava *Black Sunday*.

Non credo sia una coincidenza che, qualche anno fa, un film hollywoodiano molto popolare sul terrorismo negli Stati Uniti si chiamasse anche *Black Sunday*.

Potete immaginare la reazione delle signore del nostro ufficio postale quando hanno visto questa cartolina (spedita da Oklahoma City due giorni prima dell'attentato) che ritraeva una "domenica nera" sopra l'Oklahoma, il giorno dopo un tragico attentato a Oklahoma City che ha ucciso 168 uomini, donne e bambini.

Nella busta c'era anche qualcos'altro. Era la fotocopia di un articolo pubblicato su *The Spotlight* dodici anni prima. Si trattava di un articolo su Gordon Kahl, un patriota americano la cui storia è ben nota ai lettori di *The Spotlight*. Kahl era un critico del governo federale e, nel 1983, morì per mano di agenti federali.

Il fatto che la busta contenesse anche un articolo su Gordon Kahl (oltre alla cartolina "Black Sunday") è interessante perché, dopo la morte di Kahl, è stato affermato che alcuni ammiratori di Gordon Kahl avevano progettato di far esplodere il Murrah Federal Building di Oklahoma City come rappresaglia per la morte di Kahl. Una delle persone presumibilmente coinvolte nel complotto pare avesse un esplosivo in mano, e questo è uno dei motivi per cui il complotto non è mai stato portato a termine.

Per qualsiasi persona normale, la busta contenente la cartolina e l'articolo su Gordon Kahl era chiaramente una sorta di "avvertimento" o indicazione che qualcosa sarebbe accaduto a Oklahoma City. Quindi c'è stata davvero una "tempesta di polvere" sull'Oklahoma il 19 aprile 1995, e la persona che ha spedito la busta e il suo contenuto lo sapeva in anticipo. È così semplice. Non è una teoria della cospirazione. È un fatto.

Tom Valentine: Non c'era nessun nome o indirizzo sulla busta o sul suo contenuto, nessun messaggio diretto di alcun tipo

Michael Collins Piper: Esatto. La produzione era completamente anonima, ma è stata postata da Oklahoma City due giorni prima dell'attentato. Il contenuto ci è sembrato la prova che qualcuno sapeva che ci sarebbe stata una "tempesta di polvere" (una "domenica nera") in Oklahoma. Siamo rimasti scioccati e abbiamo chiamato il nostro avvocato, Mark Lane, che è venuto immediatamente nel nostro ufficio.

Mark ha poi messo questa busta, la cartolina e l'articolo di accompagnamento in una busta e l'ha inviata direttamente al Procuratore Generale Janet Reno. Mark conosce personalmente Janet Reno e l'ha inviata direttamente al suo ufficio. In realtà, la moglie di Mark ha portato la busta direttamente al Dipartimento di Giustizia, quindi a quel punto sapevamo che il Dipartimento di Giustizia aveva effettivamente ricevuto i documenti in questione.

Sebbene nelle settimane e nei mesi successivi abbiamo collaborato con l'FBI e abbiamo fornito loro informazioni dai nostri archivi sull'acquisto della carta telefonica prepagata da parte di Timothy McVeigh, non abbiamo più avuto notizie della posta proveniente da Oklahoma City.

Nel frattempo, ho passato queste informazioni a Jim Ridgeway, un giornalista di fama nazionale che scrive per il giornale di sinistra *Village Voice*. Né Ridgeway né il *Village* Voice hanno la minima simpatia per *The Spotlight*.

Tuttavia, Ridgeway ha contattato l'FBI, che inizialmente ha risposto di non sapere nulla di questo "avvertimento".

Tuttavia, avevo inviato a Ridgeway le fotocopie della cartolina, della busta e dell'articolo che Mark Lane aveva conservato per i nostri archivi. Così Ridgeway fece pressione sull'FBI, che rispose "Oh sì", e il portavoce dell'FBI dovette infine rispondere: "Non abbiamo detto nulla pubblicamente al riguardo".

In altre parole, l'FBI ha ammesso di aver ricevuto queste informazioni esplosive - non è un gioco di parole, ve lo assicuro - e di non averne parlato pubblicamente. E perché no? È la prova che qualcuno sapeva in anticipo che l'attacco era imminente, ma poiché la busta non sembra essere scritta da Timothy McVeigh, il governo federale è l'alleato - in senso figurato - che lo sta coprendo.

Se noi di *The Spotlight* non avessimo trasmesso queste informazioni all'FBI tramite il nostro avvocato, siamo convinti che l'FBI avrebbe in qualche modo "saputo" (probabilmente dall'ADL) che la busta (questo "avvertimento") era stata inviata a *The Spotlight* e che noi stessi avremmo potuto sapere in anticipo che sarebbe successo qualcosa. Questo avrebbe dato all'ADL e ai loro amici dell'FBI qualcosa di solido su cui appendere *The Spotlight*, e le conseguenze sarebbero state davvero tragiche.

Tutto questo illustra ciò che abbiamo detto in uno speciale inviato ai lettori di *The Spotlight*: qualcuno coinvolto nell'attentato stava cercando di coinvolgere la Liberty Lobby nella cospirazione, quasi due anni prima del crimine

Francamente, pensiamo che questo "qualcuno" sia esattamente chi abbiamo suggerito: l'ADL - un servizio di intelligence del governo di Israele - che da anni cerca di distruggere la Liberty Lobby, infuriato per il fatto che la Liberty Lobby è stata l'unica voce coerente che si è espressa contro la manipolazione della politica estera statunitense da parte dell'ADL.

Mettendo insieme i fatti noti, le prove si aggiungono a una conclusione indiscutibile:

(1) *Qualcuno ha* cercato di creare ripetuti collegamenti tra la LIBERTY LOBBY e Timothy McVeigh e di far credere che fossimo a conoscenza dell'attentato

(2) che "qualcuno" era a conoscenza dell'attentato; e

(3) Chiunque fosse a conoscenza dell'attentato faceva parte della cospirazione che ha portato all'omicidio a sangue freddo di 168 americani innocenti.

Sulla base di queste informazioni, LIBERTY LOBBY accusa l'ADL e i suoi alti funzionari di essere a conoscenza dell'imminente attentato. Se questi funzionari dell'ADL e/o altri erano a conoscenza del complotto, dovrebbero raggiungere Timothy McVeigh nel braccio della morte per il loro ruolo nel peggior atto terroristico della storia americana.

È ormai provato che anche alcuni funzionari federali dell'FBI e del BATF sapevano in anticipo della cospirazione per l'attentato. È anche molto probabile che informatori federali sotto copertura abbiano agito come *agenti provocatori* e abbiano partecipato attivamente al complotto. Il ruolo di Andreas Strassmeir e del suo avvocato, l'enigmatico Kirk Lyons, ad esempio, non è ancora stato rivelato.

Ma il punto fondamentale è questo: Timothy McVeigh non è chiaramente l'unica persona che dovrebbe essere condannata a morte. Eppure, nonostante tutte queste prove reali, le autorità federali, spinte dall'ADL, hanno cercato di trovare LIBERTY LOBBY complice della cospirazione.

Non vogliono che la verità venga fuori. La verità è chiara: gli stessi criminali che hanno fatto esplodere il Murrah Building hanno cercato di coinvolgere la Liberty Lobby e *The Spotlight* nel crimine.

SEZIONE QUATTRO

RASSEGNA

CAPITOLO XX

Anteprima del libro *Giudizio finale* di Michael Collins Piper: *L'anello mancante nella cospirazione dell'assassinio di JFK* 10 gennaio 2003

Victor Thorn

Prima di addentrarmi in questa analisi approfondita de Il *Giudizio Universale* di Michael Collins Piper, voglio chiarire una cosa: mettere in discussione o criticare Israele non è sinonimo di antisemitismo, e qualsiasi argomentazione contraria è un mero offuscamento. Studio l'assassinio di Kennedy da oltre un decennio e il mio unico obiettivo nello scrivere questa analisi non è solo quello di smascherare le forze che furono in ultima analisi responsabili dell'omicidio di JFK, ma anche di mostrare come questa tragedia sia parallela ad alcuni eventi che si stanno verificando nel mondo di oggi.

Non cerco di colpire ingiustamente alcun gruppo o classe di persone, né nutro alcun pregiudizio ("pregiudizio") nei confronti di alcun gruppo o classe di persone. Se le obiezioni di qualcuno alle premesse di questa panoramica si basano esclusivamente sulla razza o sulla religione, sono disoneste, fuorvianti o cercano di distrarre dalla tesi principale. Lo stesso vale per il libro del signor Piper, giunto alla quinta stampa e con oltre 25.000 copie in circolazione. Infatti, il signor Piper dice a proposito di *Giudizio Finale*: "Non una sola persona si è ancora fatta avanti per confutare in alcun modo un solo fatto relativo alla mia teoria così come appare in *Giudizio Finale*".

Tenendo conto di questo disclaimer, è importante comprendere tre punti importanti che verranno affrontati nel corso di questo saggio a:

1) Lo stato psicologico di alcuni leader israeliani prima dell'assassinio di JFK ha innegabilmente giocato un ruolo importante nella sua scomparsa.

2) Una delle brutali realtà della vita è che la Central Intelligence Agency statunitense è un'entità criminalmente corrotta che lavora costantemente a braccetto con alcuni elementi del crimine organizzato.

3) La nazione di Israele (tramite il Mossad), all'unisono con la CIA e la mafia, ha orchestrato l'assassinio del nostro 35° Presidente.

Sebbene questa premessa sia molto controversa, Piper si differenzia da altri ricercatori su un punto molto importante. Mentre questi si riferiscono agli assassini con termini vaghi e non specifici, come il "complesso militare-industriale", la "mafia", la "CIA", i "cubani" e i "russi", Piper è molto meticoloso nell'identificare le persone che considera responsabili dell'assassinio di JFK. Soprattutto, le stesse forze che hanno mosso i fili nel 1963 sono ancora all'opera oggi, e gli eventi successivi all'11 settembre hanno una sorprendente somiglianza con quelli di 40 anni fa. Quindi, nell'interesse di ricordare il passato e di esporre ciò che è realmente accaduto in modo da non essere condannati a ripeterlo, vi presenterò una panoramica de Il *Giudizio Universale* di Michael Collins Piper. Vi garantisco che vedrete alcune forze storiche sotto una luce che non avete mai considerato prima.

JFK, la bomba atomica e la macchina da guerra israeliana

> *"Israele non deve scusarsi per l'assassinio o la distruzione di coloro che cercano di distruggerlo. La prima cosa che un Paese deve fare è proteggere il suo popolo.*

> *Washington Jewish Week, 9 ottobre 1997*

Nel marzo 1992, il rappresentante dell'Illinois Paul Findley ha dichiarato nel *Washington Report on Middle East Affairs*: "È interessante - ma non sorprendente - che in tutto ciò che è stato scritto e detto sull'assassinio di Kennedy, l'agenzia di intelligence israeliana, il Mossad, non è mai stata menzionata".

Considerando che il Mossad è probabilmente l'agenzia di intelligence più spietata ed efficace del mondo, è curioso che non sia mai stato esaminato in relazione all'assassinio di Kennedy, soprattutto perché praticamente ogni altra entità del mondo (ad eccezione dei sosia di Elvis) era coinvolta. Ma tutto questo è cambiato nel gennaio 1994 con la pubblicazione di *Giudizio finale* di Michael Collins Piper. In questo libro, Piper afferma: "Il Mossad di Israele è stato un attore importante (e critico) dietro le quinte della cospirazione che ha messo fine alla vita di JFK. Con le sue vaste risorse e i suoi contatti internazionali nei circoli dell'intelligence e della criminalità organizzata, Israele aveva i mezzi, l'opportunità e il motivo per svolgere un ruolo di primo piano nel crimine del secolo - e lo fece.

Il motivo? Il Primo Ministro israeliano David Ben-Gurion, che guidò il Paese dalla sua creazione nel 1948 fino alle sue dimissioni il 16 giugno 1963, era così furioso con John F. Kennedy per non aver permesso a Israele di diventare una potenza nucleare che, secondo Piper, negli ultimi giorni del suo mandato ordinò al Mossad di partecipare a un complotto per uccidere il Presidente americano.

Ben-Gurion era talmente convinto che la sopravvivenza stessa di Israele fosse in grave pericolo che in una delle sue ultime lettere a JFK dichiarò: "Signor Presidente, il mio popolo ha il diritto di esistere, e questa esistenza è in pericolo".

Nei giorni precedenti le dimissioni di Ben-Gurion, egli e JFK furono coinvolti in un dibattito controverso e non mediato sulla possibilità che Israele acquisisse capacità nucleari. Il loro disaccordo si trasformò in una vera e propria guerra di parole che fu praticamente ignorata dalla stampa.

Ethan Bronner ha scritto di questa battaglia segreta tra JFK e Ben-Gurion anni dopo in un articolo del *New York Times* del 31 ottobre 1998, definendola "un argomento ferocemente nascosto". In effetti, le conversazioni tra Kennedy e Ben-Gurion sono ancora classificate dal governo statunitense. Forse perché la rabbia e la frustrazione di Ben-Gurion divennero così intense - e il suo potere così grande in Israele - che il Piper sostiene che furono al centro della cospirazione per uccidere John Kennedy. Questa posizione è sostenuta dal banchiere newyorkese Abe Feinberg, che descrive la situazione di come segue: "Ben-Gurion poteva essere feroce e aveva un tale odio per il vecchio [Joe Kennedy, padre di JFK]. Ben-Gurion disprezzava Joe Kennedy perché riteneva che non solo fosse antisemita, ma che si fosse anche schierato con Hitler negli anni Trenta e Quaranta. [Questo aspetto della storia verrà analizzato più avanti in questo articolo.]

In ogni caso, Ben-Gurion era convinto che Israele avesse bisogno di armi nucleari per garantire la propria sopravvivenza, mentre Kennedy era categoricamente contrario. Il mancato accordo portò a problemi evidenti. Uno di questi era la decisione di Kennedy di fare dell'America la sua priorità in politica estera, non di Israele! Kennedy intendeva onorare la Dichiarazione tripartita del 1950, che stabiliva che gli Stati Uniti si sarebbero rivalsi su qualsiasi nazione mediorientale che avesse attaccato un altro Paese. Ben-Gurion, da parte sua, voleva che l'amministrazione Kennedy gli vendesse armi offensive, in particolare missili Hawk.

I due leader si impegnarono quindi in un brutale scambio di lettere, ma Kennedy non cedette. Ben-Gurion, ossessionato dalla questione, divenne totalmente paranoico, ritenendo che l'ostinazione di Kennedy rappresentasse una palese minaccia all'esistenza stessa di Israele come nazione. Scrive Piper: "Ben-Gurion aveva dedicato la sua vita a creare uno Stato ebraico e a guidarlo nell'arena mondiale. Agli occhi di Ben-Gurion, John F. Kennedy era un nemico del popolo ebraico e del suo amato Stato di Israele". Prosegue: "L'opzione nucleare non era solo al centro della visione personale del mondo di Ben-Gurion, ma le fondamenta stesse della politica di sicurezza nazionale di Israele".

Ben-Gurion era così preoccupato per l'ottenimento di armi nucleari che il 27 giugno 1963, undici giorni dopo essersi dimesso dal suo incarico, annunciò: "Non conosco nessun'altra nazione i cui vicini dichiarino di volervi porre fine, e non solo lo dichiarino, ma si preparino a farlo con tutti i mezzi a loro disposizione. Non dobbiamo farci illusioni: ciò che viene detto ogni giorno al Cairo, a Damasco e in Iraq sono solo parole. Questo è il pensiero che guida i leader arabi... Sono fiducioso... la scienza è in grado di fornirci le armi che serviranno alla pace e dissuaderanno i nostri nemici".

Avner Cohen, in *Israel and the Bomb*, pubblicato dalla Columbia University Press, rafforza questo senso di urgenza quando scrive: "Immerso nelle lezioni dell'Olocausto, Ben-Gurion era consumato dalla paura della sicurezza.... L'angoscia dell'Olocausto andò oltre Ben-Gurion e permeò il pensiero militare di Israele". Aggiunge che "Ben-Gurion non aveva remore sulla necessità di armi di distruzione di massa per Israele" e che "la visione del mondo e lo stile di governo deciso di Ben-Gurion hanno plasmato il suo ruolo essenziale nell'evoluzione nucleare di Israele".

Kennedy, da parte sua, rifiutò categoricamente di promuovere l'ascesa di Israele nell'arena nucleare. Avener Cohen, in *Israel and the Bomb*, sottolinea: "Nessun presidente americano era più preoccupato del pericolo della proliferazione nucleare di John Fitzgerald Kennedy. Era convinto che la diffusione delle armi nucleari avrebbe reso il mondo più pericoloso e minato gli interessi degli Stati Uniti". Cohen continua alla fine di questo passaggio: "L'unico esempio che Kennedy usò per fare questo punto fu Israele".

Rendendosi conto che Kennedy non avrebbe cambiato idea, Ben-Gurion decise di unire le forze con la Cina comunista. Entrambi i Paesi erano molto interessati a creare programmi nucleari e così iniziarono i loro accordi segreti. Lavorando all'unisono attraverso Shaul Eisenberg, associato al trafficante d'armi e contabile del Mossad Tibor Rosenbaum, Israele e la Cina procedettero a sviluppare le proprie capacità nucleari all'insaputa degli Stati Uniti.

Se questo scenario vi sembra inverosimile, vi invito a leggere l'eccellente libro di Gordon Thomas, *Seeds of Fire*, che spiega come il Mossad e il CSIS (il servizio segreto cinese) abbiano cospirato in numerose occasioni non solo per rubare segreti militari statunitensi, ma anche per manomettere i programmi di intelligence degli Stati Uniti, come il software PROMISE del Dipartimento di Giustizia. Questo esempio, temo di doverlo dire, è solo il primo in cui gli echi dell'assassinio di JFK si sentono ancora oggi, riverberandosi nel nostro mondo post 11 settembre. Il rischio che Israele sviluppi la bomba all'unisono con la Cina è diventato una situazione estremamente volatile ed è stato attentamente monitorato dalla CIA.

Decisi a continuare su questa strada, gli israeliani costruirono un impianto nucleare a Dimona. Quando Kennedy chiese che gli Stati Uniti ispezionassero questo impianto, Ben-Gurion si infuriò a tal punto da costruire un altro impianto fasullo che non conteneva alcuna prova di ricerca e sviluppo nucleare. (Questo scenario non assomiglia in modo inquietante al gioco che stiamo facendo con Saddam Hussein in Iraq?) Pienamente consapevole delle loro truffe, JFK disse a Charles Bartlett: "Questi figli di puttana mi mentono continuamente sulla loro capacità nucleare".

Avner Cohen, in *Israel and the Bomb*, ribadisce questa affermazione, dicendo che Ben-Gurion aveva preso talmente a cuore la questione nucleare da "concludere che non poteva dire la verità su Dimona ai leader americani, nemmeno in privato".

Gerald M. Steinberg, professore di scienze politiche presso il Centro BESA per gli studi strategici dell'Università Bar-Ilan di Tel Aviv, aggiunge: "Tra il 1961 e il 1963, l'amministrazione Kennedy esercitò forti pressioni su Ben-Gurion affinché accettasse l'ispezione internazionale di Dimona e rinunciasse alle armi nucleari. Queste pressioni apparentemente non cambiarono la politica israeliana, ma contribuirono alle dimissioni di Ben-Gurion nel 1963".

Per comprendere la gravità della situazione attuale, basta guardare a ciò che sta accadendo in Iraq, dove le squadre di sicurezza delle Nazioni Unite stanno ispezionando palazzi reali e bunker alla ricerca di armi e materiali nucleari. L'urgenza è tale che la nostra nazione è sull'orlo della guerra. Quarant'anni fa, la pressione esercitata da JFK su Ben-Gurion era altrettanto forte di quella che George Bush esercita oggi su Saddam Hussein.

In *Israele e la bomba*, Avner Cohen rafforza questo punto.

"Per costringere Ben-Gurion ad accettare le condizioni, Kennedy esercitò la leva più utile a disposizione di un presidente americano nelle sue relazioni con Israele: la minaccia che una soluzione insoddisfacente avrebbe compromesso l'impego e il sostegno del governo americano a Israele.

La pressione su Ben-Gurion era così forte che alla fine si dimise. Ma Kennedy, come un vero pitbull, non lasciò andare il successore di Ben-Gurion, Levi Eshkol,, come riferisce Avner Cohen.

Kennedy disse a Eshkol che l'impegno e il sostegno degli Stati Uniti a Israele "potrebbero essere seriamente compromessi" se Israele non permettesse agli Stati Uniti di ottenere "informazioni affidabili" sui suoi sforzi nucleari.

Le richieste di Kennedy erano senza precedenti. Erano, in effetti, un ultimatum". Cohen conclude dicendo che "la lettera di Kennedy fece precipitare una situazione di quasi crisi nell'ufficio di Eshkol".

Alla fine, come tutti sappiamo, Kennedy fu assassinato nel novembre 1963; ma ciò che è meno noto è che la Cina effettuò il suo primo test nucleare nell'ottobre 1964. Ciò che rende questo evento ancora più profondo è l'affermazione di Piper secondo cui, sebbene Israele abbia affermato che i suoi primi test nucleari sono avvenuti nel 1979, in realtà sono stati effettuati nell'ottobre 1964, contemporaneamente a quelli della Cina! Se questo è vero, allora, ad eccezione dell'agosto 1945, quando gli Stati Uniti sganciarono le bombe atomiche su Hiroshima e Nagasaki, l'ottobre 1964 potrebbe essere stato il mese più pericoloso della storia del XX secolo.

Ma torniamo all'assassinio di JFK e alle sue conseguenze dirette per la lobby ebraica, la politica estera americana e la militarizzazione di Israele. Per capire quanto sia potente la lobby israeliana in questo Paese, il venerabile senatore J. William Fulbright ha dichiarato alla CBS *Face the Nation* il 15 aprile 1973: "Israele controlla il Senato degli Stati Uniti. Il Senato è asservito, fin troppo; dovremmo preoccuparci di più degli interessi degli Stati Uniti che di obbedire agli ordini di Israele. La stragrande maggioranza del Senato degli Stati Uniti - circa l'80% - sostiene totalmente Israele; qualsiasi cosa Israele voglia, la ottiene. Questo è stato dimostrato più volte e ha reso difficile la politica estera del nostro governo".

Avete sentito cosa ha detto il senatore Fulbright? Non è un teorico della cospirazione o un antisemita del KKK. È un senatore statunitense molto rispettato che afferma che circa l'80% del Senato è al soldo di Israele. Il rappresentante Paul Findley, citato nel *Washington Report on Middle East Affairs* del marzo 1992, aggiunge peso a questa argomentazione: "Durante la campagna presidenziale di John F. Kennedy, un gruppo di ebrei di New York si offrì privatamente di pagare le spese della sua campagna se avesse lasciato che fossero loro a definire la sua politica in Medio Oriente. Egli non accettò... Da presidente, diede solo un sostegno limitato a Israele".

Per capire l'importanza delle decisioni prese da Kennedy durante la sua breve presidenza, dobbiamo guardare alla questione del finanziamento delle campagne elettorali. Data l'influenza della lobby israeliana nel Senato degli Stati Uniti (se il senatore Fulbright è un esempio), devono essersi infuriati quando il Presidente Kennedy ha voluto veramente eliminare gli attuali metodi di finanziamento delle campagne elettorali, che rendevano i politici così dipendenti da enormi contributi in denaro da parte di gruppi di interesse.

Purtroppo Kennedy non ebbe il tempo di attuare questo programma e, ancora oggi, il nostro sistema politico è monopolizzato dai lobbisti di questi stessi gruppi di interesse. Si possono solo immaginare i cambiamenti che sarebbero avvenuti nella nostra politica estera se Kennedy avesse sradicato queste vipere e succhiasangue dalle aule del Congresso.

Tragicamente, le idee di Kennedy non si realizzarono mai e la sua aspra battaglia con il Primo Ministro Ben Gurion sull'opportunità di consentire a Israele di sviluppare un programma nucleare si concluse con una sconfitta. Il motivo è che Lyndon Baines Johnson, che Kennedy aveva intenzione di escludere dal suo programma nel 1964 a causa della sua estrema antipatia nei suoi confronti, fece una completa inversione di rotta in politica estera. Come vedrete, non solo il programma nucleare di Israele è progredito senza controllo, ma è anche diventato il principale beneficiario dei nostri aiuti esteri.

Ma questa assoluta inversione di rotta non sarebbe avvenuta se Kennedy non fosse stato assassinato. Fino a quando LBJ non è diventato presidente, Kennedy ha trattato il Medio Oriente in modo da favorire gli Stati Uniti. Il suo obiettivo principale, quello che più probabilmente avrebbe mantenuto la pace, era un equilibrio di potere in Medio Oriente in cui ogni nazione sarebbe stata al sicuro. Questa decisione era in linea con la Dichiarazione tripartita che gli Stati Uniti avevano firmato nel 1950. Ma sotto l'amministrazione Johnson, questo fragile equilibrio fu rovesciato e, nel 1967 - solo quattro anni dopo l'assassinio di Kennedy - gli Stati Uniti erano il principale fornitore di armi di Israele e i nostri interessi erano collocati molto indietro rispetto a quelli di Israele

Come scrive Michael Collins Piper: "Il punto fondamentale è questo: JFK era fermamente intenzionato a impedire a Israele di costruire la bomba nucleare. LBJ si è semplicemente girato dall'altra parte. La morte di JFK ha effettivamente favorito le ambizioni nucleari di Israele, e i fatti lo dimostrano".

Reuven Pedatzer, in una recensione di *Israel and the Bomb* di Avner Cohen pubblicata sul quotidiano israeliano *Ha'aretz* il 5 febbraio 1999, scrive: "L'assassinio del presidente americano John F. Kennedy ha posto bruscamente fine alle massicce pressioni esercitate dall'amministrazione statunitense sul governo israeliano affinché abbandonasse il suo programma nucleare". E prosegue: "Kennedy disse chiaramente al Primo Ministro israeliano che in nessun caso avrebbe accettato che Israele diventasse uno Stato nucleare".

Pedatzer conclude: "Se Kennedy fosse rimasto in vita, è dubbio che oggi Israele avrebbe un'opzione nucleare" e che, "la decisione di Ben-Gurion di dimettersi nel 1963 fu presa in gran parte nel contesto dell'enorme pressione che Kennedy stava esercitando su di lui sulla questione nucleare".

Se non siete ancora convinti, che ne dite di qualche cifra? Nell'ultimo anno di bilancio di Kennedy, il 1964, gli aiuti israeliani ammontavano a 40 milioni di dollari. Nel primo bilancio di LBJ, nel 1965, sono saliti a 71 milioni di dollari e, nel 1966, sono più che triplicati rispetto ai due anni precedenti, raggiungendo i 130 milioni di dollari

Inoltre, sotto l'amministrazione Kennedy, quasi nessuno dei nostri aiuti a Israele era di natura militare. Al contrario, erano equamente divisi tra prestiti per lo sviluppo e aiuti alimentari nell'ambito del programma PL480. Tuttavia, nel 1965, sotto l'amministrazione Johnson, il 20% dei nostri aiuti a Israele andò all'esercito, mentre nel 1966 il 71% di questi aiuti fu utilizzato per materiale bellico.

Allo stesso modo, nel 1963, l'amministrazione Kennedy vendette a Israele 5 missili Hawk come parte di un sistema di difesa aerea. Nel 1965-1966, invece, LBJ fornì a Israele 250 carri armati, 48 aerei d'attacco Skyhawk, oltre a cannoni e artiglieria, tutti di natura offensiva. Se vi siete mai chiesti quando è stata creata la macchina da guerra israeliana, è questo il momento! LBJ era il padre.

Secondo Stephen Green in *Taking Sides: America's Secret Relations with a Militant Israel*, "i 92 milioni di dollari in aiuti militari forniti nell'anno fiscale 1966 sono stati superiori al totale di tutti gli aiuti militari ufficiali forniti a Israele cumulativamente in tutti gli anni risalenti alla fondazione della nazione nel 1948".

Green ha proseguito: "Il 70% di tutti gli aiuti ufficiali degli Stati Uniti a Israele sono militari. L'America ha dato a Israele più di 17 miliardi di dollari in aiuti militari dal 1946, quasi tutti - più del 99% - dal 1965".

Capite cosa sta succedendo? Due anni dopo l'assassinio di JFK, Israele è passato dall'essere un membro debole e antiquato dell'instabile comunità mediorientale, a cui non è stato permesso di sviluppare armi nucleari, a un Paese in procinto di diventare un'innegabile forza militare sulla scena mondiale.

John Kennedy si impose con fermezza e rifiutò di permettere a Israele di sviluppare un programma nucleare, mentre LBJ si fece in quattro per agevolarlo e sostenerlo. O, come ha scritto Seymour Hersh in *L'opzione Sansone*, "nel 1968 il Presidente non aveva intenzione di fare nulla per fermare la bomba israeliana".

Il risultato di questo spostamento di attenzione dall'amministrazione Kennedy a quella Johnson è, a mio avviso, la ragione principale dei nostri attuali problemi in Medio Oriente, culminati negli attacchi dell'11 settembre e nella prossima guerra con l'Iraq (e non solo). Sono molto fiducioso in questa affermazione, perché come sottolinea Michael Collins Piper, ecco i risultati dell'assassinio di John F. Kennedy:

1) I nostri aiuti esteri e militari a Israele sono aumentati drasticamente dopo che LBJ è diventato presidente.

2) Invece di cercare di mantenere un equilibrio in Medio Oriente, Israele è improvvisamente emerso come forza dominante.

3) Dall'amministrazione LBJ, Israele ha sempre avuto più armi dei suoi diretti vicini.

4) Come risultato di questo innegabile ed evidente aumento della macchina da guerra israeliana, in Medio Oriente si è perpetuata una lotta costante.

5) LBJ ha anche permesso a Israele di continuare il suo sviluppo nucleare, rendendolo la quinta forza nucleare del mondo.

6) Infine, la nostra ingente spesa per gli aiuti esteri a Israele (circa 10 miliardi di dollari all'anno) ha creato una situazione di attacchi e rappresaglie senza fine in Medio Oriente, oltre che di vero e proprio disprezzo e inimicizia nei confronti degli Stati Uniti per il ruolo di sostenitore militare di Israele.

Agli occhi di Israele, e di David Ben-Gurion in particolare, quali erano le alternative: rimanere indeboliti (o almeno in equilibrio) rispetto ai loro vicini e ammanettati dal rifiuto di JFK di piegarsi alla loro volontà, o uccidere l'unico uomo che impediva loro di dominare il Medio Oriente, di beneficiare di notevoli aiuti militari e di avere una delle principali forze nucleari del mondo? È una domanda su cui riflettere. Mentre questi pensieri vi frullano in testa, chiedetevi questo. Se Kennedy, LBJ e tutte le amministrazioni successive avessero aderito alla Dichiarazione tripartita del 1950 e fatto tutto il possibile per mantenere l'equilibrio in Medio Oriente invece di spingere Israele in prima linea, le nostre torri sarebbero state attaccate l'11 settembre 2001 e ora saremmo sull'orlo di una guerra potenzialmente catastrofica? In ogni caso, è una domanda su cui dobbiamo riflettere.

IL RUOLO DELLA CIA NELL'ASSASSINIO DI JFK

Probabilmente il processo più importante degli anni '90 (sì, anche più importante del processo O.J. Simpson) è stato quello tra E. Howard Hunt e il quotidiano *The Spotlight*. Non entrerò nel merito delle circostanze di quel processo, ma il giurato Leslie Armstrong ha dichiarato a *The Spotlight* nel numero dell'11 novembre 1991: "Il signor Lane [che rappresentava l'imputato] ci stava chiedendo di fare qualcosa di molto difficile. Ci chiedeva di credere che John Kennedy fosse stato ucciso dal nostro stesso governo. Eppure, quando abbiamo esaminato attentamente le prove, siamo stati costretti a concludere che la CIA aveva effettivamente ucciso il Presidente Kennedy". Queste informazioni sono estremamente importanti per la storia del XX secolo, ma i media tradizionali non ne hanno quasi parlato a causa della loro natura esplosiva. Immagino che stessero conservando tutto per vedere se il guanto di O.J. era adatto.

Il punto essenziale, confermato dal Comitato Church nel 1975, è che una cospirazione per l'assassinio del Presidente Kennedy esisteva e che si estendeva direttamente al governo degli Stati Uniti. Per comprendere appieno le ramificazioni di queste informazioni, è necessario sapere cosa ha fatto la CIA da quando è stata creata dall'OSS dopo la Seconda guerra mondiale. Anche se il tempo non mi permette di dilungarmi, dovreste documentarvi sul "Progetto Paperclip", in cui scienziati nazisti furono trasferiti segretamente in America dopo la guerra. Potete anche scoprire gli esperimenti illegali della CIA sul controllo della mente, i test illeciti sulle droghe condotti su a loro insaputa, le sue attività di traffico di droga, il modo in cui è riuscita a infiltrarsi nei media americani e gli assassinii di vari leader mondiali. In altre parole, questi ragazzi erano e sono tuttora corrotti fino al midollo.

Per comprendere non solo questo ramo dell'intelligence, ma anche lo spettro più ampio di come funziona il nostro mondo, dobbiamo renderci conto che ciò che viene presentato al telegiornale della sera non è una rappresentazione accurata della realtà. Infatti, il vero impulso, o forza motrice, del nostro sistema politico globale è raramente visto dal pubblico americano. I veri decisori si nascondono nell'ombra, tramando e pianificando, per poi utilizzare i loro "bracci operativi" come la CIA, il Mossad, altre agenzie di intelligence e la criminalità organizzata per eseguire i loro ordini. Come spiega Michael Collins Piper, questi gruppi - riciclatori di denaro, trafficanti di droga, assassini e truffatori di - sono le uniche entità in grado di operare al di fuori delle leggi e dei costumi della società. I controllori - banchieri internazionali, dirigenti di multinazionali e membri di alto rango di società segrete - "guidano" il nostro mondo e poi usano i loro "esecutori" per attuare le loro decisioni. I politici sono una delle "figure" utilizzate dietro le quinte, mentre la CIA, il Mossad e la Mafia svolgono i loro sporchi affari lontano dagli occhi del pubblico. Mi dispiace dirlo, ma è così che funziona il nostro mondo.

Uno dei motivi principali per cui John F. Kennedy fu assassinato fu che osò interferire con questo tenue quadro di potere. Più precisamente, JFK, rendendosi conto di quanto fossero fuori controllo le varie agenzie, voleva riportarle sotto controllo e sotto un unico tetto, dando a suo fratello Bobby la giurisdizione su tutte. Aveva anche intenzione di sbarazzarsi del maestro manipolatore J. Edgar Hoover. Edgar Hoover (che era perfettamente a conoscenza dei loro piani, ma che, per puro interesse personale, non aveva alcun interesse a scoprire la verità sull'assassinio di Kennedy). Come se non bastasse, Kennedy licenziò il direttore della CIA Allen Dulles, uno dei più sporchi trafficanti di influenze di tutti i tempi (incredibilmente, Dulles avrebbe poi fatto parte della Commissione Warren! Questo è ciò che si chiama avere libero sfogo su).

Arthur Krock scrisse sul *New York Times* di questa battaglia tra Kennedy e la CIA il 3 ottobre 1963, affermando che la CIA "rappresenta un enorme potere e una totale mancanza di responsabilità verso chiunque". Krock fece anche riferimento a una persona vicina a Kennedy alla Casa Bianca, la quale disse che se qualcuno avesse cercato di prendere il controllo del governo degli Stati Uniti, sarebbe stata la CIA, e che JFK non era più in grado di tenerla al guinzaglio. Non dimentichiamo che queste parole furono pronunciate appena un mese e mezzo prima del fatidico giorno di Dallas.

A conferma della perdita di controllo della CIA all'epoca, l'avvocato e ricercatore Mark Lane ha scritto su *The Spotlight* del 17 febbraio 1992: "Il Presidente Kennedy inviò a Henry Cabot Lodge, il suo ambasciatore in Vietnam, ordini alla CIA in due distinte occasioni, e in entrambe le occasioni la CIA ignorò questi ordini, dicendo che erano diversi da ciò che l'agenzia pensava dovesse essere fatto. In altre parole, la CIA aveva deciso che sarebbe stata lei, e non il Presidente, a prendere le decisioni su come condurre la politica estera degli Stati Uniti".

La situazione sta cominciando a diventare più chiara per lei? Riesce a vedere fino a che punto è cresciuta la CIA? Kennedy stava camminando in acque molto pericolose, ma la goccia che fece traboccare il vaso fu riportata solo anni dopo dal *New York Times*, il 25 aprile 1966. Sembra che Kennedy fosse così determinato a esercitare i poteri che aveva eletto e a non permettere che venissero usurpati da individui assetati di potere all'interno della comunità dei servizi segreti, che minacciò di "fare la CIA in mille pezzi e spargerla al vento". Con queste parole, il destino di Kennedy era segnato, perché aveva ormai colpito il cuore del centro di potere dei Controllori

In sostanza, Michael Collins Piper sottolinea che Kennedy aveva fatto, o intendeva fare, quattro cose che fecero infuriare la CIA

1) Licenziamento di Allen Dulles.

2) stava per istituire un gruppo di esperti per indagare sui numerosi crimini commessi dalla CIA.

3) Limitare l'ambito e il campo d'azione della CIA.

4) Limitare la loro capacità di agire nell'ambito del National Security Memorandum 55. Il colonnello Fletcher Prouty ha parlato della reazione della CIA. "In tutta la mia carriera non c'è mai stato nulla che abbia suscitato un tale clamore. L'NSAM 55 ha privato la CIA del suo amato obiettivo di operazioni segrete, ad eccezione di alcune azioni minori. Era un documento esplosivo. Il complesso militare-industriale non era contento.

Una di queste persone incensate era il capo del controspionaggio della CIA, James Jesus Angleton. Avendo assunto l'incarico nel 1954 sotto due veri poliziotti corrotti - Allen Dulles e Richard Helms - Peter Dale Scott ha scritto in *Deep Politics and the Death of JFK* che Angleton "gestiva una 'seconda CIA' all'interno della CIA". Angleton operò così tanto al di fuori dei suoi parametri legali che insieme a William Harvey formò la ZR/Rifle Team e assunse i sicari di che avrebbero sparato al leader cubano Fidel Castro. E anche se non entrerò nei dettagli in questa fase, Piper fa notare in *Final Judgment* che questi erano gli stessi grilletti usati nell'assassinio di Kennedy.

Cosa ancora più importante, Angleton strinse rapporti estremamente stretti con il Mossad e con David Ben-Gurion, ed era ben consapevole dell'odio del Primo Ministro israeliano per JFK. Angleton divenne così vicino agli israeliani da aiutarli persino a sviluppare il loro programma nucleare segreto, mentre la CIA e il Mossad divennero un tutt'uno in Medio Oriente, un'entità praticamente indistinguibile che lavorava all'unisono per raggiungere i propri obiettivi reciproci.

Il Mossad, dovete sapere, è stato descritto da Michael Collins Piper come la "forza trainante della cospirazione" per uccidere JFK.

Andrew Cockburn, nel programma *Booknotes* trasmesso su C-Span il 1° settembre 1991, ha descritto il loro rapporto con l'intelligence statunitense. "Fin dai primi giorni dello Stato israeliano e dai primi giorni della CIA, c'è stato un legame segreto che permette all'intelligence israeliana di lavorare per la CIA e per il resto dell'intelligence americana. Non si può capire cosa succede tra le operazioni segrete americane e quelle israeliane finché non si comprende questo accordo segreto.

Un altro punto estremamente importante che Michael Collins Piper solleva in *Final Judgment* è che all'epoca dell'assassinio di Kennedy, Yitzhak Shamir (il futuro Primo Ministro israeliano) era a capo di una squadra di sicari del Mossad che aveva ingaggiato uno scagnozzo dello SDECE (il servizio segreto francese) per uccidere il Presidente Kennedy. Questa informazione è stata confermata dal quotidiano israeliano *Ha'aretz* il 3 luglio 1992, che ha riferito che Yitzhak Shamir era un terrorista della malavita diventato agente del Mossad e che aveva guidato una squadra di assassini dal 1955 al 1964. *Il Washington Times conferisce* ancora più credibilità a questa posizione, riportando il 4 luglio 1992 che non solo esisteva questa squadra segreta di assassini, ma che "eseguiva attacchi contro nemici percepiti e sospetti criminali di guerra nazisti". Se ricordate, David Ben Gurion definì JFK "un nemico dello Stato di Israele". A mio parere, questo lo rende un NEMICO PERCEPITO

Se consideriamo per un attimo che Yitzhak Shamir assunse uno dei sicari dei servizi segreti francesi - lo SDECE - ciò che rende questa situazione ancora più strana è la persona con cui James Jesus Angleton - la principale forza della CIA dietro l'assassinio di Kennedy - si trovava il pomeriggio del 22 novembre 1963. Era il colonnello Georges de Lannurien, vice capo dello SDECE! Entrambi si trovavano al quartier generale della CIA a Langley e si stavano preparando a limitare i danni nel caso in cui qualcosa fosse andato storto. Di fatto, abbiamo la triangolazione di tre agenzie di intelligence - la CIA, il Mossad e lo SDECE - che convergono tutte sull'assassinio del Presidente Kennedy, assicurandosi che Lee Harvey Oswald avesse già stabilito legami con Cuba e l'Unione Sovietica, in modo da poter diffondere sulla stampa americana una storia di copertura comunista da "guerra fredda"

Come sono riuscite queste agenzie di intelligence? Permettetemi di citare il pilota in pensione dell'Aeronautica Fletcher Prouty, che Michael Collins Piper ha utilizzato per fare luce su questa situazione. Prouty ci dice: "Uno dei passi principali necessari in un piano di assassinio è il processo di eliminazione o rottura della copertura di sicurezza della vittima designata". E prosegue: "Non c'è bisogno di dirigere un assassinio - succede e basta. Il ruolo attivo viene svolto segretamente permettendo che avvenga... Questo è l'indizio più importante: chi ha il potere di annullare o ridurre le consuete misure di sicurezza che sono sempre in atto ogni volta che un presidente viaggia

Chi pensate abbia avuto i mezzi e le motivazioni per eliminare la sicurezza del presidente Kennedy quel pomeriggio a Dallas? I russi? No. I cubani? I cubani? No. La mafia? La mafia? No. La mafia? Punto sulla CIA! Le cose cominciano a chiarirsi

(Per inciso, chi pensate abbia avuto i mezzi e le motivazioni per coprire la verità sugli attacchi terroristici dell'11 settembre nei media: un gruppo di terroristi disonesti o la CIA? È una domanda su cui vale la pena riflettere).

LA CIA E LA CRIMINALITÀ ORGANIZZATA: DUE FACCE DELLA STESSA MEDAGLIA

Una volta che un ricercatore si toglie la patina, taglia gli strati di illusione, ignora anni di propaganda e disinformazione e vede finalmente la storia nella sua vera prospettiva, scopre che l'intera struttura di potere globale controllata dalle corporazioni del governo mondiale non è in realtà altro che una vasta rete di sindacati criminali interconnessi. Sì, unioni criminali! In questo articolo, daremo un breve sguardo al torbido passato della famiglia Kennedy e a come certe alleanze e tradimenti con la mafia guidata da Meyer Lansky (in collaborazione con elementi del governo statunitense e della CIA) abbiano portato all'assassinio di JFK. Come sottolinea brillantemente Michael Collins Piper, tutti questi gruppi - i servizi segreti, il governo e la criminalità organizzata - sono intrecciati e operano al di fuori della legge (e del controllo pubblico) per preservare e promuovere i loro interessi personali. Purtroppo, nel 1963 hanno unito le forze per eliminare l'ultimo presidente americano che non era stato comprato, venduto e controllato dagli interessi finanziari globalisti.

Per capire come JFK si sia trovato in un simile dilemma il 22 novembre 1963, bisogna innanzitutto tornare indietro nel tempo fino a suo padre, Joseph Sr. Come molti sanno, l'anziano Kennedy costruì la sua fortuna sul commercio illegale di liquori, poi traendo profitto dal crollo del mercato azionario (cioè facendo affidamento su informazioni interne). Ma pochi sanno quanto Kennedy fosse legato alla criminalità organizzata. Per diventare così incredibilmente ricco vendendo alcolici, Kennedy dovette stringere accordi con personaggi poco raccomandabili, accordi che in seguito si sarebbero ritorti contro di lui.

Un altro aspetto della personalità di Joe Kennedy che la famiglia cerca di nascondere è la sua simpatia filonazista.

DeWest Hooker, dirigente del mondo dello spettacolo di New York e mentore di George Lincoln Rockwell (fondatore del Partito Nazista Americano), disse di Kennedy: "Joe ha ammesso che quando era ambasciatore in Inghilterra era stato favorevole a Hitler. Tuttavia, secondo Kennedy, "noi" abbiamo perso la guerra. Con "noi" non intendeva gli Stati Uniti. Quando Kennedy diceva "noi", intendeva i non ebrei.

Joe Kennedy pensava che fossero stati gli ebrei a vincere la Seconda guerra mondiale". Continua citando Kennedy. "Ho fatto tutto il possibile per combattere il potere ebraico in questo Paese. Ho cercato di fermare la Seconda guerra mondiale, ma ho fallito. Ho fatto tutti i soldi che mi servivano e ora sto trasmettendo tutto quello che ho imparato ai miei figli".

Ma prima di entrare in politica con un incarico come ambasciatore in Inghilterra, Joe Kennedy era un criminale di successo che si era fatto molti nemici potenti. Uno di questi era Meyer Lansky, il cui socio, Michael Milan, racconta la seguente storia in *Giudizio finale*. "Chiedete a Meyer Lansky cosa pensa di Joe Kennedy e scoprirete che in una delle rare occasioni il signor L. sarà colto da un violento attacco di nervi. Ai tempi del proibizionismo si diceva che non ci si poteva fidare che Kennedy mantenesse la parola data. Rubava così tanto ai suoi amici da non poterli aiutare. Rubò così tanto ai suoi amici da non averne più. E poco prima della Seconda Guerra Mondiale, quel figlio di puttana si girò e disse che dovevamo stare tutti dalla parte di Hitler; che gli ebrei potevano andare all'inferno".

L'inimicizia tra Kennedy e Lansky risale agli anni Venti, quando si occupavano di contrabbando. Michael Collins Piper ci racconta come Lucky Luciano e Lansky abbiano rubato un intero carico di brillantina di Kennedy e ucciso tutte le sue guardie, facendogli perdere una grande quantità di denaro. A causa della disonestà di Kennedy e della feroce fedeltà di Lansky alla sua eredità ebraica, Milan racconta che Lansky maledisse l'intera famiglia Kennedy con una vendetta che poi trasmise ai suoi figli. Le cose andarono così male che la vita di Joe Kennedy fu messa in pericolo da un contratto commissionato dalla mafia. Fortunatamente per Kennedy, Sam Giancana intervenne e fece un accordo con l'anziano Kennedy per sistemare le cose con la mafia. Per ricambiare il favore, Kennedy disse a Giancana che se uno dei suoi figli fosse entrato alla Casa Bianca, avrebbe avuto un "in". Ma per mantenere la promessa, il vecchio Kennedy ha di nuovo bisogno dell'aiuto di Sam Giancana.

Se vi sembra difficile da accettare, ricordate che una delle donne più famose con cui JFK ebbe una relazione (ad eccezione di Marilyn Monroe) fu la signorina Judith Exner. E chi era

L'amante di Sam Giancana! Inoltre, secondo David Heyman in *Una donna di nome Jackie*, i documenti e le intercettazioni dell'FBI provano che JFK ha avuto comunicazioni dirette, da persona a persona, con Meyer Lansky durante la campagna presidenziale del 1960. Inoltre, lo stesso Sam Giancana ha dichiarato: "Io aiuto Jack a farsi eleggere e lui, in cambio, taglia le sue spese. Saranno affari come al solito".

Come tutti sappiamo oggi, fu grazie a Sam Giancana che JFK riuscì a battere Richard Nixon nel 1960 dandogli Chicago ("vota presto e vota spesso"). I problemi sorsero però quando, invece di voltare le spalle a ciò che i mafiosi stavano facendo, JFK e suo fratello Bobby fecero il doppio gioco e diedero fuoco a tutto.

Qui la questione si fa un po' complicata e richiede un po' di psicologia. A quanto pare, i fratelli Kennedy hanno dato la caccia alla mafia, una delle decisioni più stupide di tutti i tempi. Innanzitutto, il vecchio Kennedy era un contrabbandiere con stretti legami con la criminalità organizzata. Sapeva come la mafia pensava e agiva.

Inoltre, voleva creare una dinastia presidenziale di Kennedy, a partire da Jack, seguito da Bobby e Teddy. E, con alle spalle personaggi del calibro di Sam Giancana, avrebbero potuto truccare altre elezioni in futuro.

Quindi, tenendo conto di tutto questo, perché Jack e Bobby avrebbero iniziato a cercare di sbatterli tutti in prigione? Sembra ridicolo. Ma John Kennedy non era uno sciocco, tutt'altro. Sapeva che più a lungo sarebbe durata la sua presidenza, più la mafia gli avrebbe chiesto conto. E poiché la famiglia Kennedy aveva molti scheletri nell'armadio - le relazioni sessuali di Jack, le simpatie naziste di Joe e i suoi legami con la criminalità organizzata - John Kennedy sapeva che alla fine sarebbe stato corrotto e preso in ostaggio dai gangster. Se non si fosse piegato ai loro desideri, avrebbero iniziato a "far trapelare" queste informazioni alla stampa.

E, dato l'odio che Kennedy ispirava in molte persone, se la mafia avesse ritenuto di non ricevere la sua parte di torta (cioè le tangenti governative), avrebbe semplicemente appeso Kennedy come una marionetta al filo, minacciando continuamente di denunciarlo. Questo scenario sarebbe stato un disastro per JFK, ed è per questo che lui e Bobby decisero di sbarazzarsi di loro.

Naturalmente, la mafia non poteva ignorare gli sforzi di Bobby come procuratore generale, soprattutto perché Joe e Giancana avevano stretto un patto. Ora i fratelli Kennedy lo stavano rinnegando e un simile atteggiamento non poteva essere tollerato. O, come Sam Giancana ha descritto la situazione: "È un colpo di genio da parte di Joe Kennedy. Farà in modo che Bobby ci faccia fuori per coprire le loro tracce e il tutto sarà fatto come parte della 'guerra al crimine organizzato' dei Kennedy. Geniale".

Tutti questi sotterfugi erano già abbastanza negativi per Kennedy, ma se si aggiunge la lunga affiliazione della mafia con la Central Intelligence Agency (che disprezzava anche Kennedy), è facile capire come le fiamme potessero solo intensificarsi.

Sebbene non possa entrare nel dettaglio dei vari legami tra queste due entità, Michael Collins Piper racconta la storia di come il governo degli Stati Uniti sia stato coinvolto con Lucky Luciano e la mafia durante la Seconda Guerra Mondiale, per poi passare ai tentativi di assassinio di Fidel Castro ("Operazione Mangusta" e ZR/Rifle Team), per non parlare del trasporto e del traffico di droga dal Triangolo d'Oro durante la guerra del Vietnam.

Sam Giancana ha descritto i legami tra la CIA e la mafia in termini molto sintetici. "Ecco cosa siamo, l'Outfit e la CIA, due facce della stessa medaglia.

Qualcuno potrebbe chiedersi perché altre figure politiche di spicco non abbiano denunciato questa terribile situazione. Probabilmente avrebbero potuto farlo se non fossero stati coinvolti come la famiglia Kennedy. In *Mafia Kingfish*, pubblicato da McGraw-Hill, John Davis racconta come Carlos Marcello pagasse Lyndon Baines Johnson più di 50.000 dollari all'anno, mentre James Jesus Angleton e Meyer Lansky facevano pubblicare su foto compromettenti di J. Edgar Hoover (relative all'omosessualità di quest'ultimo).

Così anche lui fu corrotto per tacere. Per rendere la situazione ancora più precaria, Michael Collins Piper sottolinea i legami dell'ADL con la criminalità organizzata e con il segretissimo COINTELPRO, in cui l'ADL raccoglieva rapporti di intelligence su funzionari pubblici di alto livello.

Questi mafiosi ebrei che operavano attraverso l'ADL erano gli stessi che legittimavano e controllavano l'industria dell'alcol gestita dalla famiglia Bronfman.

Ora che ho parlato di un legame tra gli ebrei e la criminalità organizzata, potrei soffermarmi su una delle affermazioni chiave di Michael Collins Piper in *Giudizio finale, ovvero che* Meyer Lansky era il "capo di tutti i capi", il leader indiscusso del vasto mondo della criminalità organizzata, e che gli ebrei erano quelli che decidevano, mentre usavano gli italiani come copertura per avere il sopravvento e distogliere l'attenzione dalla loro parte. In questo senso, gli ebrei erano le vere menti della mafia, mentre tutti gli altri nomi - Giancana, Trafficante, Marcello, eccetera - erano subalterni a Meyer. - erano i subordinati di Meyer Lansky.

Hank Messick, in *Lansky*, pubblicato da Berkley Medallion Books nel 1971, ha scritto: "I veri boss del crimine sono rimasti nascosti mentre le forze dell'ordine del Paese hanno perseguito i piccoli delinquenti". E aggiungeva: "I boss mafiosi si sono nascosti per decenni dietro la società della vendetta [la mafia italiana]".

Questa percezione è stata rafforzata per anni nella coscienza pubblica dai film e dai programmi televisivi di Hollywood. È noto che gli ebrei hanno fondato Hollywood e ancora oggi esercitano una notevole influenza, perpetuando lo stereotipo del mafioso italiano con produzioni come *Il Padrino* e *I Soprano*.

Per chi non crede che Hollywood sia stata fondata da persone di origine ebraica, basta guardare i nomi dei suoi fondatori:

- Universal Studios - Carl Laemmle - Ebreo

- 20th Century Fox - William Fox - Ebreo

- Fratelli Warner - HM Warner - Ebreo

- Paramount Pictures - Adolph Zukor - Ebreo

- MGM - Samuel Goldwyn - Ebreo

- MGM - Louis B. Mayer - Ebreo

Neil Gabler afferma in *An Empire of Their Own, How the Jews Invented Hollywood*, pubblicato da Crown nel 1988: "Gli ebrei di Hollywood hanno creato un potente fascio di immagini e idee... così potente che, in un certo senso, hanno colonizzato l'immaginario americano.

Alla fine, i valori americani sono stati definiti da film realizzati da ebrei. Così, come le tattiche utilizzate dai controllori, che vedono protagonisti determinati gruppi o individui, anche in questo caso gli italiani divennero i capri espiatori mentre Lansky e i suoi compari si nascondevano dietro le quinte.

Come mostra Michael Collins Piper, Meyer Lansky divenne noto per le sue operazioni di traffico di droga, che lo portarono poi a entrare in contatto con l'OSS e i servizi segreti della Marina nell'ambito di un'operazione chiamata "Operation Underworld". L'operazione aveva sede al Rockefeller Center di New York City ed era diretta da William Stephenson, sul quale Ian Fleming modellò il suo personaggio di James Bond.

Quello che segue è solo uno schizzo dei legami tra alcune forze ebraiche, la malavita e i programmi segreti di intelligence, e di certo non lo faccio con la stessa giustizia di Michael Collins Piper. Comunque sia, ecco come stanno le cose. William Stephenson diresse le operazioni antinaziste dell'ADL e dell'FBI, e poi contribuì a creare il Mossad. (L'ADL è poi diventato un braccio di raccolta di informazioni e di propaganda dello Stato di Israele). In ogni caso, il braccio destro di Stephenson era Louis Bloomfield, avvocato dei Bronfman (magnati del contrabbando e dell'alcol).

Ed è qui che le cose vanno male! Stephenson e Bloomfield erano anche trafficanti d'armi per la clandestinità ebraica (nel linguaggio odierno sarebbero chiamati terroristi), e sono le stesse persone che sono diventate il governo di Israele! Ancora una volta, questo conferma la mia opinione che i governi del mondo non sono altro che un vasto sindacato di criminalità organizzata. Sono tutti criminali

In ogni caso, è stato Louis Bloomfield a coordinare le attività di traffico d'armi presso l'Istituto ebraico Sonneborn. E chi lo aiutò? I Bronfman e Meyer Lansky! Meyer Lansky è particolarmente rilevante in questo contesto perché ha creato le banche utilizzate per riciclare il denaro del Mossad.

A proposito, se pensate che questo tipo di operazioni governative illegali non esistano oggi, leggete *"La verità e le bugie dell'11 settembre"* di Mike Ruppert. Il nostro governo e molti altri sono ancora coinvolti nel riciclaggio di denaro, nel traffico di armi e di droga su vasta scala. Inoltre, se si esamina il background delle persone che dirigono il mondo - i Bronfman, i Kennedy, i Rockefeller, i Bush, i fondatori di Skull & Bones e molti altri - si scopre che sono tutti criminali. E non sto parlando di criminali ridicoli come Richard Nixon, ma di attività illegali molto reali.

In ogni caso, Meyer Lansky divenne così potente che Anthony Summers racconta in *Conspiracy* (McGraw-Hill) come, per proteggere i suoi interessi nel gioco d'azzardo, nella prostituzione e nella droga, convinse il dittatore cubano Fulgencio Batista a dimettersi temporaneamente negli anni Quaranta.

Oltre alle sue imprese criminali (e data la sua origine ebraica), l'altra fedeltà incrollabile di Lansky era quella allo Stato di Israele, al quale diede enormi contributi. Quando fu testimone della rabbia di David Ben-Gurion per il rifiuto di JFK di assistere (o addirittura autorizzare) le aspirazioni nucleari di Israele, il suo vecchio rancore nei confronti della famiglia Kennedy si trasformò in vero e proprio odio. E, dato che il vecchio Kennedy era un truffatore, i controllori provarono un enorme senso di tradimento quando si diedero tanto da fare per portare John Kennedy al potere, e poi lui si girò e cercò di distruggere i loro due più potenti bracci di applicazione e implementazione - la CIA e la mafia. Qualcuno come Sam Giancana non avrebbe mai potuto perdonare Kennedy per averli traditi, soprattutto quando il vecchio Kennedy vendette l'anima per risparmiargli la vita. Rinnegando un accordo di lunga data e poi vendicandosi con una forza distruttiva, JFK firmò letteralmente la sua condanna a morte. I controllori erano così furiosi per essere stati traditi che *dovettero* ucciderlo. E poiché Michael Collins Piper sostiene che Meyer Lansky era il capo della struttura di potere del crimine organizzato, egli fu, insieme al Mossad e a James Jesus Angleton della CIA, la forza motrice "operativa" dell'assassinio di Kennedy.

Alla fine, è stato Sam Giancana a riassumere meglio il successo con queste parole agghiaccianti. "I politici e la CIA hanno semplificato le cose.

Ognuno di noi fornirebbe uomini per il lavoro. Io supervisionerei la parte dell'Outfit e aggiungerei Jack Ruby e qualche altro rinforzo, mentre la CIA metterebbe i propri uomini per occuparsi del resto".

IL VIETNAM E IL TRAFFICO DI DROGA DELLA CIA

Forse il più grande segreto della guerra del Vietnam è stato che la nostra Central Intelligence Agency ha preso il controllo del famigerato Triangolo d'Oro durante questo periodo e poi, con l'aiuto di vari elementi del crimine organizzato, ha spedito enormi quantità di eroina da quella regione nel nostro Paese. Poiché da questa e da molte altre pratiche si potevano ricavare molti soldi, coloro che avevano da guadagnare da questa guerra orribile - i produttori di armi, i banchieri, i militari e i trafficanti di droga - accolsero immediatamente con sgomento qualsiasi suggerimento di ritiro dal Vietnam.

Ma è esattamente quello che John F. Kennedy intendeva fare dopo la sua rielezione. Infatti, aveva già pianificato di dire al popolo americano che le truppe sarebbero tornate a casa nel 1965. Pensate a questa decisione epocale per un momento. Se fossimo usciti da Vietnam nel 1965, otto anni di spargimento di sangue nella giungla e di disordini civili nelle strade e nei campus americani avrebbero potuto essere mitigati.

Michael Collins Piper scrive in *Final Judgment:* "Il cambiamento che Kennedy intendeva apportare alla politica del Vietnam - il suo piano per un ritiro unilaterale dall'imbroglio - fece infuriare non solo la CIA, ma anche elementi del Pentagono e i loro alleati del complesso militare-industriale.

A quel punto, naturalmente, il sindacato di Lansky aveva già creato una rete internazionale di traffico di eroina dal Sud-Est asiatico attraverso la mafia corsa legata alla CIA nella regione mediterranea. Le operazioni congiunte Lansky-CIA nel racket internazionale della droga erano un'impresa lucrosa che fiorì grazie al profondo coinvolgimento degli Stati Uniti nel Sud-Est asiatico come copertura per le attività di contrabbando di droga".

La spiegazione di Piper, in un solo paragrafo, è forse la più concisa panoramica della guerra del Vietnam mai scritta. I militari e gli appaltatori della difesa si arricchirono come banditi dalla macchina bellica, mentre i criminali della CIA e i mafiosi guidati da Lansky (tramite Santo Trafficante come principale spacciatore) si riempirono le tasche. L'autore Peter Dale Scott, in *Deep Politics and the Death of JFK*, ha detto di questo fenomeno: "L'afflusso di droghe in questo Paese a partire dalla Seconda Guerra Mondiale è stato uno dei principali segreti "inconfessabili" che hanno contribuito a coprire l'assassinio di Kennedy".

Per dare una prospettiva più ampia a questa situazione, il professor Alfred McCoy ha affermato in *The Politics of Heroin*: "Fin dalla proibizione degli stupefacenti nel 1920, le alleanze tra i broker della droga e le agenzie di intelligence hanno protetto il commercio globale di stupefacenti.

Data la frequenza di queste alleanze, sembra esserci un'attrazione naturale tra i servizi di intelligence e le organizzazioni criminali.

Entrambi praticano quelle che un agente della CIA in pensione ha definito "arti clandestine", cioè l'arte di operare al di fuori dei normali canali della società civile. Di tutte le istituzioni della società moderna, le agenzie di intelligence e le associazioni criminali sono le uniche a mantenere grandi organizzazioni in grado di condurre operazioni segrete senza paura di essere scoperte".

Per quanto riguarda il governo, i due maggiori responsabili del Triangolo d'Oro sono Ted Schackley e Thomas Clines, gli stessi che hanno guidato l'*Operazione Mangusta* (il complotto per "eliminare" Fidel Castro).

Dal 1960 al 1975, la CIA ha dispiegato una forza segreta di 30.000 tribù Hmong per combattere i comunisti laotiani. Ha anche creato laboratori di eroina nella regione, trasportando poi l'eroina attraverso la sua compagnia aerea privata, l'Air America.

Alfred McCoy, in *The Politics of Heroin: CIA complicity in the global drug trade (La politica dell'eroina: la complicità della CIA nel commercio globale di droga)*, descrive come la CIA abbia inizialmente fornito eroina ai nostri soldati americani in Vietnam prima di spedirla negli Stati Uniti, dove i mafiosi di Lansky la vendevano per le strade.

I biografi di Sam Giancana hanno rafforzato questo punto affermando che mentre la criminalità organizzata faceva il suo lavoro, "la CIA chiudeva un occhio, permettendo che oltre 100 milioni di dollari all'anno di droghe illegali passassero dall'Avana agli Stati Uniti. La CIA riceveva il 10% dei proventi della vendita di droga, che utilizzava per alimentare il suo fondo nero sotto copertura".

Una volta che la mafia e la CIA avevano generato questo denaro sporco, lo riciclavano attraverso conti bancari segreti controllati da banchieri internazionali. In questo modo, il governo non poteva metterci le mani sopra e i fondi potevano essere investiti nel mercato azionario, prestati ad altre aziende o incanalati nei bilanci neri dei servizi segreti.

Sebbene le informazioni di cui sopra siano solo la punta dell'iceberg, ora potete capire perché era così importante per la CIA, la mafia e la cabala bancaria internazionale che JFK non ritirasse l'America dal Vietnam? Il denaro (attraverso il traffico illegale di droga e per la macchina da guerra) era incredibile, mentre il controllo di un'altra regione del globo (il Triangolo d'Oro) era assicurato.

Infine, appena quattro giorni dopo l'assassinio di John Kennedy, Lyndon Baines Johnson, il suo successore, mise il suo nome sul NSAM 273, che garantiva il nostro maggiore impegno nel Sud-Est asiatico. Questi uomini non hanno perso tempo! Nel giro di pochi mesi, il nostro impegno in Vietnam passò da 20.000 uomini a un quarto di milione! La CIA aveva vinto, e dieci anni dopo, 57.000

I soldati americani sono morti - un comportamento davvero scioccante e abominevole - una vergogna e un flagello per la coscienza americana.

I MEDIA COMPLICI DELL'ASSASSINIO DI KENNEDY

Per concludere l'analisi del libro di Michael Collins Piper *Giudizio Finale*, l'ultimo tassello del puzzle che dobbiamo esaminare è il ruolo dei media nell'insabbiamento dell'esecuzione di JFK il 22 novembre 1963. Come abbiamo visto negli articoli precedenti, l'organizzazione con i maggiori mezzi, risorse e motivazioni per compiere questo atto efferato fu la CIA, con l'assistenza diretta del Mossad e del sindacato criminale internazionale di Meyer Lansky. Per incriminare ulteriormente le spie di Langley, basta indagare sulla portata della loro infiltrazione nei media americani nella seconda metà del XX secolo. E se qualcuno grida alla "teoria del complotto" per queste accuse, ricordate questo adagio: una cosa non è più una teoria una volta che è stata dimostrata la sua verità. Il giornalista Carl Bernstein, vincitore del premio Pulitzer, lo sottolinea nel suo famoso articolo per *Rolling Stone* del 20 ottobre 1977, in cui racconta come 400 giornalisti finanziati dalla CIA si siano infiltrati nei media statunitensi nell'ambito dell'Operazione Mockingbird. Scrive: "La CIA ha infiltrato 400 giornalisti finanziati dalla CIA nei media americani:

"Joseph Alsop è uno degli oltre 400 giornalisti americani che, negli ultimi 25 anni, hanno svolto segretamente missioni per conto della CIA, secondo i documenti archiviati presso la sede centrale della CIA. Negli anni '50 e '60, CBS News era soprannominato "CIA Broadcasting System".

Dobbiamo quindi chiederci chi avesse le risorse e la capacità di portare a termine la fase finale di questo assassinio accuratamente concepito. La risposta è fornita da Jerry Pollicoff in *Government by Gunplay* (Signet Books). "L'insabbiamento dell'assassinio di Kennedy è sopravvissuto così a lungo solo perché la stampa, messa di fronte alla scelta di credere a ciò che le veniva detto o di esaminare i fatti in modo indipendente, ha optato per la prima.

Per confondere l'opinione pubblica, i media avanzarono tutte le ipotesi possibili, tranne quella del coinvolgimento di Israele. Come ha dichiarato il regista Oliver Stone al *New York Times* il 20 dicembre 1991, "quando un leader di un qualsiasi Paese viene assassinato, i media normalmente si chiedono quali forze politiche si oppongano a quel leader e quali possano trarre vantaggio dal suo assassinio".

Ma come sottolinea Michael Collins Piper in *Final Judgment*, Oliver Stone non ha seguito la pista israeliana, forse perché il produttore esecutivo del suo film su *JFK* era un certo Arnon Milchan, che Alexander Cockburn ha dichiarato alla rivista *The Nation* il 18 maggio 1992 essere "probabilmente il più grande trafficante di armi di Israele". Anche Benjamin Beit-Hallahmi ha descritto Milchan come un "uomo del Mossad".

Ciò che i nostri media furono chiamati a fare fu essenzialmente: 1) trasmettere e sostenere le conclusioni della Commissione Warren; 2) perpetuare la teoria del "pazzo solitario".

3) Attaccare i dissidenti

4) Impedire qualsiasi discussione sul coinvolgimento di Israele Come mostra Michael Collins Piper, al centro di questo insabbiamento c'erano i media WDSU, gestiti dalla famiglia Stern, che era uno dei principali collaboratori dell'ADL. La mente della CIA, James Jesus Angleton, lavorava con questi media e con i principali network. Queste forze erano al centro di una cospirazione per fornire ai media false piste (disinformazione),, e per deviare qualsiasi indagine dalle vere motivazioni dell'assassinio di Kennedy.

Forse il fattore più importante che è stato ignorato dai media è un'entità chiamata Permindex, che fungeva da punto di riferimento per la CIA, il Mossad e la mafia di Lansky. Chi era Permindex? Permindex era un fornitore di armi con sede a Roma che riciclava anche denaro e aveva legami con la CIA, Meyer Lansky e lo Stato di Israele.

Anche se non sono in grado di approfondire l'argomento come ha fatto Michael Collins Piper in *Giudizio finale*, ecco un breve profilo del ruolo di questa entità nell'assassinio di Kennedy. Il presidente del consiglio d'amministrazione della Permindex era il maggiore Louis M.

Bloomfield (citato in precedenza in questa serie), che fu una delle due figure principali nella creazione del Mossad e dello Stato di Israele. Bloomfield possedeva anche metà delle azioni della Permindex, fu impiegato da J. Edgar Hoover nella famigerata "Divisione 5" dell'FBI e divenne un prestanome della potente famiglia Bronfman.

I Bronfman, va ricordato, erano contrabbandieri (come Joe Kennedy), che avevano costruito il loro impero attraverso il sindacato criminale di Lansky.

Uno degli altri principali azionisti di Permindex era Tibor Rosenbaum, che aveva creato un'entità a Ginevra chiamata BCI (Banque de Crédit International). Rosenbaum era anche il direttore delle finanze e degli approvvigionamenti del Mossad, mentre la sua BCI era il principale braccio di riciclaggio di Meyer Lansky. Infine, la BCI era strettamente legata al Mossad, mentre il suo fondatore, Tibor Rosenbaum, era chiamato il "padrino" della nazione israeliana.

Se si considera quanto fosse cruciale lo Stato di Israele per personaggi come David Ben-Gurion e gli uomini sopra citati, e quanto si sentissero minacciati nella loro stessa sopravvivenza, non è insignificante che tutte queste forze (Mossad, CIA e mafia di Lansky) convergessero intorno a Permindex. Ognuna aveva legami diretti con questa entità e ognuna aveva le proprie ragioni per volere la morte di Kennedy.

Ma quale prospettiva hanno scelto i media americani? La teoria dell'uomo solo,, secondo la quale un individuo sfortunato come Lee Harvey Oswald avrebbe compiuto il più grande colpo di stato del XX secolo! È incredibile.

Poi, per coprire le loro tracce ed eliminare il loro "patsy" (che ovviamente si sarebbe messo a cantare), i cospiratori chiamarono Jack Ruby per uccidere Oswald. Ma ancora una volta, i media hanno mancato al loro dovere di dire la verità. Invece di essere semplicemente un "americano addolorato" che si sentì costretto a uccidere Oswald per risparmiare a Jackie Kennedy ulteriori sofferenze, Jack Ruby (vero cognome: Rubinstein) era un membro della mafia ebraica di Meyer Lansky! Perché *la rivista Time* non ci ha detto questa piccola informazione

O perché non è stato diffuso il filmato "perduto" del giornalista John Henshaw in cui Jack Ruby viene condotto da funzionari del Dipartimento di Giustizia attraverso il quartiere generale della polizia di Dallas, oltre gli agenti di controllo, gli agenti dell'FBI e i detective che avrebbero dovuto mettere in sicurezza i locali? Questa è la PRIMA PROVA! Perché non è mai stato portato all'attenzione del pubblico

Ancora più curiosa è la decisione del giudice Earl Warren di non permettere a Jack Ruby di testimoniare davanti alla sua Commissione. Perché? Forse perché la Commissione Warren era composta da membri del Council on Foreign Relations, da un membro del Bilderberg (Gerald Ford, poi premiato con la presidenza dopo la caduta di Nixon) e da Allen Dulles, licenziato da JFK! Pensate all'assurdità di questa situazione. John Kennedy licenziò il direttore della CIA Allen Dulles e minacciò di ridurre in mille pezzi la sua organizzazione e di disperderla al vento.

Eppure, cosa è successo? Allen Dulles fu nominato membro della Commissione Warren per "indagare" sull'omicidio dell'uomo che lo aveva licenziato.

L'organizzazione Dulles ha svolto un ruolo chiave nell'assassinio. La ricercatrice Dorothy Kilgallen ha dichiarato al *Philadelphia News del* 22 febbraio 1964: "Uno dei segreti meglio custoditi del processo Ruby è la misura in cui il governo federale sta collaborando con la difesa. L'alleanza senza precedenti tra gli avvocati di Ruby e il Dipartimento di Giustizia di Washington potrebbe fornire al caso l'elemento drammatico che gli è mancato: il mistero".

Ci sono innumerevoli altri dettagli che i media avrebbero potuto rivelare, come ad esempio che i Kennedy avevano piani futuri su larga scala per minare la Federal Reserve controllata dai Rothschild e come questa avesse una morsa sull'economia e sul sistema monetario americano, ma invece si sono accontentati di vendere l'anima e di dire che l'intera disfatta fu guidata da un assassino solitario - Lee Harvey Oswald. E ancora oggi, nonostante il Comitato della Chiesa abbia concluso negli anni '70 che c'era un complotto per uccidere il Presidente Kennedy e che il nostro governo era coinvolto, i media e le nostre scuole pubbliche continuano a promuovere la teoria dell'assassino solitario. Incredibile.

Ma Michael Collins Piper va oltre... molto oltre...

elenca i VERI NOMI dei responsabili dell'assassinio di John F. Kennedy - i pianificatori chiave che erano direttamente a conoscenza dell'omicidio, così come gli attori secondari e quelli della periferia. Vi consiglio vivamente di acquistare questo libro e di scoprire da soli chi c'era dietro questo macabro atto. Una volta che vi sarete immersi nel *Giudizio Finale*, vi renderete conto del ruolo svolto da ciascuna delle seguenti entità:

Il Mossad - il cuore nero La CIA - la mente demente - La mafia di Lansky - i muscoli

Hervé Lamarr, in *Addio all'America*, riassume così la situazione: "L'assassinio del presidente Kennedy è stato opera di maghi. Era un trucco da palcoscenico, con oggetti di scena e specchi finti, e quando il sipario è calato, gli attori e persino la scenografia sono scomparsi. Ma i maghi non erano illusionisti, erano professionisti, artisti a tutti gli effetti".

È una differenza incredibile rispetto a un assassino "solitario" disilluso che ha compiuto questa grande azione da solo. E se pensate che questa orribile situazione sia cambiata di una virgola negli ultimi quaranta anni, vi sbagliate di grosso. Per dimostrare il mio punto di vista, concluderò con questo estratto di un'intervista a Greg Palast sulla rivista *Hustler*. Si tratta del primo insabbiatore della storia, Dan Rather, la cui intera carriera è stata costruita sull'assassinio di Kennedy.

Palast: Mi viene il voltastomaco quando vedo Rather, perché in realtà è un giornalista. È venuto al mio programma, *Newsnight*, in Inghilterra, e ha detto: "Non posso riportare le notizie. Non mi è permesso fare domande. Stiamo per mandare i nostri figli e mariti nel deserto e non posso fare domande perché verrei linciato". Aveva un'aria sconfitta e terribile, e ho pensato... perché mi dispiace per questo tizio che vale milioni? Dovrebbe rivolgersi alla telecamera e dire: "Bene, ora la verità! A te, Greg, a Londra". Il problema è che non può raccontare la storia degli agenti dell'intelligence a cui viene detto di non indagare sulla famiglia Bin Laden, di non indagare sui finanziamenti sauditi al terrorismo.

Hustler: Cosa fa sì che Rather abbia paura di fare il suo lavoro

Palast: Non è solo perché ci sono pastori brutali come Rupert Murdoch che vogliono picchiare qualsiasi giornalista che faccia le domande sbagliate; si tratta di fare notizie a buon mercato... in qualche misura sanno che ci sono certe cose che non si possono dire. Rather dice che gli metterebbero un collare per aver detto la verità.

Purtroppo, l'insabbiamento dell'assassinio di Kennedy, quarant'anni fa, è esattamente uguale all'insabbiamento dell'11 settembre di oggi. Allora come oggi.

CAPITOLO XXI

I sommi sacerdoti della guerra di Michael Collins Piper
17 maggio 2004

Victor Thorn

Dopo aver letto *Giudizio Finale*, ho scherzato con un conoscente:
"Michael Collins Piper ha rovinato tutte le mie ricerche su JFK perché,
rispetto al suo libro, tutto il resto sembra un gioco da ragazzi". Lo stesso
ragionamento si applica oggi alla copertura da parte dei media
mainstream degli uomini che stanno orchestrando la nostra guerra in
Iraq. Contrariamente a quanto realizzato da Michael Collins Piper nel
suo ultimo libro, *I sommi sacerdoti della guerra*, i nostri giornalisti
appaiono come un gruppo di poseur evirati che non possono (o non
vogliono) dire al popolo americano cosa sta realmente accadendo nei
corridoi del potere nella capitale della nostra nazione.

Iniziando con una breve panoramica della truffa della Guerra Fredda,
giocata in modo molto dettagliato e drammatico sulla scena mondiale,
Piper ci mostra come una piccola ma affiatata cabala di "neo-
conservatori" sia emersa dall'ombra di Trotsky per diventare aderente
al senatore Henry "Scoop" Jackson (un democratico, tra l'altro), per poi
trasferirsi nelle amministrazioni Reagan e Bush Sr, dove erano
ampiamente considerati come "pazzi" che dovevano essere contenuti.

Lungo il percorso, scopriamo anche come questi intellettuali perversi
siano intimamente legati a una causa sionista di fondo e come siano in
grado di promuovere i loro obiettivi attraverso una rete ben consolidata
di media, think tank e politici che hanno venduto la loro anima molto
tempo fa.

La più grande forza di Piper, tuttavia, risiede nella sua capacità di
esporre e interconnettere quegli elementi nascosti che altri evitano,
come il ruolo di Richard Perle e William Kristol nel plasmare la nostra

attuale guerra, i loro legami con i Bilderberg e il CFR, e come un gruppo poco conosciuto - il Team B - abbia dirottato il braccio di politica estera del Partito Repubblicano. Ma l'autore non si ferma qui, perché elenca accuratamente tutte le persone e le organizzazioni coinvolte in questa famigerata Kosher Nostra.

Due citazioni in questo libro sono particolarmente interessanti, perché mostrano la lealtà di alcuni dei nostri uomini di potere a Washington. Una è del senatore dell'Arizona John McCain (sulla sopravvivenza di Israele), mentre l'altra è dell'ex analista della CIA George Friedman su coloro che hanno tratto maggior profitto dagli attacchi terroristici dell'11 settembre. Inutile dire che questi passaggi aprono gli occhi e rivelano il tipo di forze contro cui ci stiamo scontrando.

Infine, a Michael Collins Piper va il merito di aver affrontato probabilmente l'aspetto più importante del fenomeno neoconservatore: il modo in cui gli Stati Uniti d'America vengono usati come pedine per fare il lavoro sporco di un gruppo di globalisti nella loro ricerca di un impero internazionale governato centralmente. In questo senso, ciò che vediamo al telegiornale della sera o leggiamo sui quotidiani non è tutta la storia, perché c'è un'agenda segreta all'opera, che viene sistematicamente attuata per manipolare e indebolire il nostro Paese finché non si piegherà finalmente alla visione degli elitisti di un Nuovo Ordine Mondiale. Questo libro è una lettura obbligata per chiunque creda che gli opinionisti e le teste parlanti dei media non stiano giocando correttamente con noi.

CAPITOLO XXII

La nuova Gerusalemme di Michael Collins Piper 31 agosto 2005

Victor Thorn

Alcune parole bruciano con la furia dell'acido borico attraverso l'acciaio. Questo vale certamente per una citazione che Michael Collins Piper usa verso la fine de *La nuova Gerusalemme*, tratta dal diario inedito dell'ex presidente Harry S. Truman: "Gli ebrei non hanno senso delle proporzioni, non hanno giudizio sugli affari del mondo. Trovo gli ebrei molto, molto egoisti. A loro non importa quanti estoni, lettoni, finlandesi, polacchi, jugoslavi o greci vengano uccisi o maltrattati come sfollati [dopo la guerra], purché gli ebrei ricevano un trattamento speciale. Tuttavia, quando detenevano il potere - fisico, finanziario o politico - né Hitler né Stalin dovevano mostrare crudeltà o maltrattamenti nei confronti di coloro che erano rimasti indietro".

Queste parole sono potenti e toccanti come qualsiasi altra cosa mai scritta negli annali della storia; ma come sottolinea Piper, Truman non fu l'unico presidente a provare un tale risentimento nei confronti degli ebrei. Certo, conosciamo tutti le opinioni di Richard Nixon (una volta definì il finanziere Robert Vesco un "ebreo spazzatura" e dichiarò che "il fisco è pieno di ebrei"). Ma quanti conoscono le speranze di rielezione di Jimmy Carter nel 1980: "Se verrò rieletto, farò a pezzi gli ebrei". Allo stesso modo, il Segretario di Stato di George Bush senior, James Baker, disse (molto prima che i neoconservatori salissero al potere): "F- - - gli ebrei: "Fanculo gli ebrei. Tanto non votano per noi".

Le affermazioni di Harry S. Truman sugli ebrei e gli affari del mondo sono ancora più vere oggi, poiché Piper apre *La nuova Gerusalemme* mostrando come i due eventi più importanti del nostro giovane ventunesimo secolo - l'11 settembre e la guerra in Iraq - siano entrambi inequivocabilmente fondati sulla politica degli Stati Uniti in materia di diritti umani e democrazia in Medio Oriente.

Per quanto riguarda l'11 settembre, se siete abbastanza ingenui da credere ancora alla versione "ufficiale" degli eventi - secondo cui 19 arabi che vivono nelle caverne hanno pianificato, orchestrato ed eseguito gli attacchi terroristici dell'11 settembre - non potete negare che essi siano stati causati dalla relazione compiacente dell'America con la nazione terroristica di Israele. Ma come sappiamo, l'11 settembre è stato in realtà un lavoro dall'interno perpetrato da una piccola cabala all'interno (e all'esterno) del nostro governo. E perché avrebbero perpetrato un omicidio di massa così psicopatico e sanguinario? Risposta: perché è stato usato come pretesto per la nostra guerra in Medio Oriente, dove gli Stati Uniti non sono altro che un proxy per fare il lavoro sporco di Israele. In questo senso, l'affermazione di Piper è assolutamente corretta.

Nella stessa ottica, Piper fa riferimento a un libro di Benjamin Ginsberg intitolato *L'abbraccio fatale: gli ebrei e lo Stato*. Come suggerisce il titolo, gli ebrei hanno sempre "abbracciato" lo Stato perché, in termini puramente machiavellici, era il loro mezzo per raggiungere l'obiettivo finale: il potere. Questo abbraccio, tuttavia, si è spesso rivelato fatale, perché ovunque gli ebrei abbiano risieduto - fin dai tempi biblici - sono stati ridotti in schiavitù, cacciati o uccisi in massa. Ovunque

Anche in questo caso, vi chiederete perché. La risposta è sorprendentemente semplice. Gli ebrei hanno sempre manipolato il "sistema" per acquisire grande ricchezza e potere. E sebbene oggi gli ebrei rappresentino solo il 2% della popolazione americana, essi si uniscono ad altre persone che la pensano allo stesso modo per creare un insieme di organizzazioni e lobby molto potenti che, in ultima analisi, cercano non solo il potere politico, ma anche l'influenza sociale (ad esempio, Hollywood, la televisione, ecc.).

Questa arroganza è espressa molto chiaramente da Ginsberg. "Gli ebrei spesso si considerano, segretamente o meno, moralmente e intellettualmente superiori ai loro vicini".

Così, gli ebrei iniziano inevitabilmente ad abusare del loro potere e finiscono per essere smascherati e trattati secondo i metodi descritti sopra. La stessa sorte attende i neoconservatori di oggi, insieme alla lobby sionista dai mille tentacoli, ai corrotti re dei media, al regime genocida di Ariel Sharon e a coloro che costruiscono un muro di apartheid dalla punta settentrionale della Cisgiordania a Gerusalemme?

Se il passato ci insegna qualcosa, la storia non riserverà a queste persone lo stesso trattamento riservato finora.

I "nemici del popolo" con delicatezza.

Uno degli sfortunati risultati di questa arrogante ricerca di potere è la guerra. Come spiega Michael Collins Piper, tre quarti della spesa statunitense per gli aiuti all'estero sono finalizzati (direttamente o indirettamente) a garantire la sicurezza di Israele. Quindi non solo diamo 10 miliardi di dollari a Israele ogni anno, ma la nostra spesa annuale per l'Egitto è amministrata principalmente per un motivo: affinché non attacchi Israele. Non è evidente che il nostro asservimento a Israele ha creato un circolo vizioso che ci mette in una posizione vulnerabile come nazione

Peggio ancora, l'attuale disfatta in Iraq non è la prima guerra progettata dalle élite ebraiche. Chiunque si prenda la briga di studiare la storia in modo obiettivo scoprirà le stesse mani nascoste dietro la Guerra Civile Americana (dove gli interessi di Rothschild finanziarono sia il Nord che il Sud), così come la Rivoluzione Bolscevica, la Prima Guerra Mondiale, la Seconda Guerra Mondiale e la prima guerra in Iraq "Desert Storm".

Piper ha il merito di illustrare come questo schema esista oggi con la nostra orwelliana "guerra al terrorismo". Molti non capiscono questo punto essenziale: il presidente George W. Bush non è il responsabile. Al contrario, i controllori del Nuovo Ordine Mondiale hanno ancora una volta inviato una serie di agenti per eseguire i loro ordini (come il colonnello Edward Mandel House e Woodrow Wilson, Henry Kissinger, Zbigniew Brzezinski e Samuel P. Huntington). Questa volta il provocatore è Natan Sharansky, che ha unito le sue forze a quelle di altri neoconservatori citati nel precedente libro di Piper, *I sommi sacerdoti della guerra* (Wolfowitz, William Kristol e Richard Perle ("il principe delle tenebre"), ecc.)

Piper scrive: "L'agenda di Bush (piuttosto l'agenda dei responsabili sionisti di Bush) non è altro che una forma modernizzata del bolscevismo vecchio stile ispirato dal defunto Leon Trotsky".

E mentre gli effetti dannosi di questa infiltrazione sono evidenti (soprattutto in relazione alla politica estera), le critiche a Israele portano a ritorsioni rapide e vendicative in alcuni ambienti. In effetti, uno degli elementi più affascinanti del libro di Piper è la sua concisa analisi della comunità sionista nel suo complesso, che accusa qualsiasi critica a Israele di essere non solo antisemita e anti-Israele, ma anche antiamericana e anticristiana, perché (almeno ai loro occhi) gli obiettivi di Israele e quelli dell'America dovrebbero essere gli stessi. Questa filosofia, tuttavia, non è nuova, poiché risale a diverse generazioni fa, quando famiglie come i Rosenwald, i Friedsam, i Blumenthal, gli Schiff, i Warburg, i Lehman, i Baruch, i Bronfman e i Guggenheim salirono alla ribalta. Questi individui, e i rappresentanti e le organizzazioni che hanno generato, sono diventati quello che Ferdinand Lundberg ha definito "il governo de facto", che "è di fatto il governo degli Stati Uniti - informale, invisibile, oscuro" ("*America's Sixty Families*").

Stranamente, questi argomenti sono raramente discussi nei talk show della domenica mattina o nelle pagine delle opinioni dei principali quotidiani. Sembra che in questo Paese si possa discutere intellettualmente di qualsiasi argomento: l'aborto, il controllo delle armi, la tassazione, la delocalizzazione in Cina, la politica petrolifera di Hugo Chavez, l'opinione della Russia sull'Occidente o l'AIDS in Africa; ma chiunque critichi (o anche solo discuta) il modo in cui il tesoro della lobby ebraica influenza i legislatori statunitensi viene immediatamente bollato come antisemita.

Inutile dire che *La nuova Gerusalemme* di Piper è una risorsa inestimabile per chiunque voglia vedere chiaramente come questo Paese (e il mondo intero) sia manipolato da un potere sionista nascosto (e non così nascosto). Oltre agli argomenti già citati, l'autore esamina anche i legami sionisti con la Enron, l'affare Inslaw e il software PROMIS, la relazione tra la famiglia criminale Bronfman e John McCain, il controllo dei media (in particolare il *Washington Post della* defunta Katharine Graham), il modo in cui i giornalisti aziendali sono stati compromessi dall'operazione Mockingbird di, la possibilità che esista un'altra Gola Profonda, Donald Trump, nonché un who's who dell'élite ebraica. Sul fronte storico, Piper parla anche dell'industria dell'Olocausto e di come viene sfruttata da chi cerca costantemente il ruolo di vittima, del controllo ebraico della tratta transatlantica degli schiavi dall'Africa, dell'assassinio dello scrittore/ricercatore Danny Casolaro da parte di una sottounità dell'Office of Special Investigations (OSI) del Dipartimento di Giustizia e della continuazione dell'analisi di

Final Judgment sui legami di Meyer Lansky con la mafia e sul suo ruolo negli eventi chiave del XX secolo.

Una volta letto questo libro, vi garantisco che non guarderete più il mondo che vi circonda nello stesso modo.

Biografia dell'autore

MICHAEL COLLINS PIPER

Per circa 25 anni, Michael Collins Piper, attraverso i media americani indipendenti, è stato uno dei giornalisti americani più schietti, prolifici e ampiamente letti a prendere una posizione coerente contro il sostegno incondizionato degli Stati Uniti a Israele e a criticare la politica statunitense che ha danneggiato le relazioni degli Stati Uniti con il mondo arabo e musulmano. Non sorprende che Piper sia stato spesso bersaglio di attacchi pubblicati dalla Anti-Defamation League (ADL) di B'nai B'rith, dal Centro Simon Wiesenthal e dal Middle East Media Research Institute (MEMRI), tra gli altri gruppi di pressione israeliani negli Stati Uniti.

Il libro di Piper, *Final Judgment: The Missing Link in the JFK Assassination Conspiracy,* che documenta i molteplici legami tra l'agenzia di intelligence israeliana, il Mossad, e l'assassinio del presidente John F. Kennedy, è stato duramente attaccato dalla lobby israeliana, ma si è affermato come uno dei libri più avvincenti ed entusiasti mai scritti sull'argomento. Nel 1991, l'eminente Dar El Ilm Lilmalayin di Beirut ha pubblicato la prima traduzione in arabo de *Il giudizio universale.* Nel 2004, il libro è stato pubblicato in inglese in Malesia ed è in corso di pubblicazione anche in malese e giapponese. Gli altri libri di Piper, *The High Priests of War (I sommi sacerdoti della guerra),* uno studio sulla rete neo-conservatrice filo-israeliana che ha orchestrato la guerra degli Stati Uniti contro l'Iraq, e *The New Jerusalem (La nuova Gerusalemme),* una panoramica completa e aggiornata della ricchezza e del potere della comunità sionista in America, sono stati ampiamente distribuiti qui e all'estero e sono stati pubblicati in Malesia sia in inglese che in malese. *La* pubblicazione *di The High Priests of War* è prevista in arabo.

CONTESTO PERSONALE ED EDUCATIVO

Nato in Pennsylvania, USA, il 16 luglio 1960. Figlio di Thomas M. Piper (deceduto) e Gloria Armstrong Piper (deceduta).

Laurea in scienze politiche. Ha completato un anno di studi giuridici. Piper ha origini tedesche, irlandesi, olandesi e native americane.

È il pronipote del famoso costruttore di ponti "colonnello" John L. Piper, socio d'affari e figura paterna del gigante industriale americano Andrew Carnegie. Pur non avendo figli propri, Piper è l'orgoglioso padrino di due ragazzi, uno afroamericano e l'altro nippo-americano. Piper è un grande difensore degli animali e un critico virulento delle brutali e disumane pratiche di macellazione kosher.

PROFESSIONISTI

- Nel 1979, da studente, ha fatto uno stage nel team della campagna nazionale del comitato John Connally for President. Ex governatore del Texas e segretario al Tesoro sotto il presidente Richard M. Nixon, Connally - che era stato ferito nell'assassinio del presidente John F. Kennedy a Dallas nel 1963 - fu costretto a ritirarsi dalla corsa presidenziale dopo che le sue critiche esplicite al favoritismo degli Stati Uniti nei confronti di Israele e ai suoi pregiudizi verso il mondo arabo gli valsero numerosi attacchi da parte dei media statunitensi.

- Ha iniziato a lavorare part-time nel 1980 come studente, poi a tempo pieno nel 1983 per Liberty Lobby, una lobby di cittadini con sede a Washington D.C. che è stata a lungo il bersaglio numero uno della Anti-Defamation League (ADL) di B'nai B'rith a causa delle critiche di Liberty Lobby al favoritismo degli Stati Uniti verso Israele. Ha continuato a lavorare per Liberty Lobby e per il suo giornale settimanale, *The Spotlight*, fino al 27 giugno 2001, quando Liberty Lobby ha chiuso i battenti. Nota: nonostante Liberty Lobby fosse un'entità fiorente, è stata costretta alla bancarotta a seguito di una causa civile.

- Il 16 luglio 2001, Piper si è unito a ex dipendenti della Liberty Lobby e ad altre persone per lanciare un nuovo settimanale nazionale,

American Free Press, che conta circa 50.000 lettori settimanali in tutto il Paese. Corrispondente settimanale fisso del giornale, partecipa attivamente ai programmi di raccolta fondi per posta diretta e di aumento degli abbonamenti, scrivendo lettere promozionali, materiale pubblicitario per libri e video e preparando numerosi progetti speciali. È stato tesoriere e membro del consiglio di amministrazione della società che pubblica *American Free Press*.

- Nel settembre 1994, Piper ha contribuito a lanciare la storica rivista mensile (ora quindicinale) *The Barnes Review*, che viene pubblicata da allora.

È redattore ed ex membro del consiglio di amministrazione della Foundation for Economic Liberty, la società che pubblica *The Barnes Review*. La rivista ha circa 9.000 abbonati paganti (tra cui molti da tutto il mondo). Fino alla sua recente scomparsa, Issa Nakleh, rappresentante di lunga data dell'Alto Comitato Arabo per la Palestina presso le Nazioni Unite, ha lavorato al fianco di Piper nel comitato editoriale di *The Barnes Review*. Negli ultimi anni, Nakleh ha citato ampiamente gli scritti di Piper in varie lettere, comunicati stampa e altri documenti pubblicati a sostegno della causa palestinese.

SCRITTI, CONFERENZE, APPARIZIONI RADIOFONICHE

- In 25 anni, Piper ha scritto circa 4.000 articoli e servizi per *The Spotlight* e ora *American Free Press*, oltre a decine di articoli per la rivista *The Barnes Review*. Molti dei suoi articoli si sono concentrati sulle attività e sull'influenza della lobby israeliana negli Stati Uniti e su argomenti correlati, anche se il suo lavoro ha riguardato un'ampia varietà di argomenti, tra cui la legislazione del Congresso degli Stati Uniti, la criminalità organizzata, la storia politica, la libertà di parola e di espressione, la parzialità e la censura dei media statunitensi e altro ancora. I suoi lavori sono stati pubblicati anche sulla rivista *Zeitenschrift*, pubblicata in Svizzera, e sulla rivista *The European*.

- Piper è stato ospite di oltre cento programmi radiofonici su ed è stato invitato a decine di forum pubblici, spesso come oratore principale. Ha anche tenuto conferenze a classi di scuole superiori e università, dove le sue presentazioni sono state accolte molto bene.

- Nel gennaio 2002, Piper è stato uno dei relatori della Prima conferenza internazionale sui problemi globali della storia mondiale, tenutasi presso l'Accademia sociale umanitaria di Mosca, in Russia, sotto gli auspici di Oleg Platonov e del comitato editoriale dell'*Enciclopedia della civiltà russa* e della *Barnes Review*.

- L'11 marzo 2003, Piper è stato l'oratore principale del Centro Zayed per il coordinamento e il monitoraggio di Abu Dhabi, negli Emirati Arabi Uniti, dove ha discusso il ruolo della lobby sionista nell'influenzare la copertura mediatica statunitense del problema palestinese e del conflitto arabo-israeliano. La conferenza di Piper è stata riportata da numerose pubblicazioni inglesi e arabe, tra cui *Gulf News*, *Khaleeq Times* e *Al-Wahda*.

Il Centro Zayed ha poi pubblicato una relazione sulla conferenza di Piper in inglese e in arabo. Durante la sua visita, Piper ha avuto anche l'onore di essere ricevuto in udienza dal vice primo ministro degli Emirati Arabi Uniti, lo sceicco Sultan bin Zayed al Nahyan, nel suo palazzo di Abu Dhabi. La conferenza di Piper (e altre) ha suscitato scalpore tra le organizzazioni lobbistiche israeliane come l'Anti-Defamation League (ADL) e il Middle East Media Research Institute (MEMRI), tanto che queste organizzazioni hanno citato la conferenza di Piper in numerosi comunicati stampa e denunce all'amministrazione Bush, inducendo quest'ultima a fare pressioni sul governo di Abu Dhabi, il quale, sotto attacco, ha tagliato i finanziamenti al Centro Zayed.

Circa 10000 ristampe del discorso di Piper ad Abu Dhabi sono state distribuite negli Stati Uniti e in tutto il mondo, ed è stato ristampato in molti luoghi su Internet.

- Nell'agosto 2004, Piper è stato invitato a Kuala Lumpur, in Malesia, dove i suoi libri *Final Judgment* e *The High Priests of War* sono stati pubblicati su. Durante il suo soggiorno in Malesia, Piper ha parlato in diverse sedi riscuotendo un grande successo.

- Nel novembre 2004, Piper è stato invitato a Tokyo, in Giappone, dove ha parlato sotto gli auspici di un importante nazionalista giapponese, il dottor Ryu Ohta, che ha tradotto in giapponese una versione ridotta del libro di Piper, *The High Priests of War*. È in corso anche una traduzione giapponese del libro di Piper, *Giudizio finale*.

- Alla fine del 2004 e all'inizio del 2005, il signor Piper ha parlato in numerose sedi in tutto il Canada, da Toronto a est a Vancouver a ovest, sotto l'egida dell'Associazione canadese per la libertà di espressione.

- Il 23 giugno 1986, su *The Spotlight*, Piper fu il primo giornalista a identificare Roy Bullock, di San Francisco, California, come un informatore di lunga data sotto copertura della Anti-Defamation League (ADL) del B'nai B'rith. Sebbene Bullock abbia negato l'accusa e minacciato Piper di intentare una causa per diffamazione, la verità sulle attività di Bullock all'interno dell'ADL è stata ufficialmente smascherata in un'indagine ampiamente pubblicizzata dell'FBI e del Dipartimento di Polizia di San Francisco sull'ADL alla fine del 1992, più di sette anni dopo che Piper aveva stabilito per la prima volta un vero e proprio legame tra Bullock e l'ADL. Bullock ha in seguito riconosciuto che l'articolo di Piper *su Spotlight* ha messo in moto gli eventi che hanno portato all'indagine dell'FBI e al conseguente scandalo che ha macchiato l'immagine pubblica dell'ADL.

In seguito Piper ha curato e scritto l'introduzione di un libro che descrive lo scandalo dell'ADL, intitolato *The Garbage Man: The Strange World of Roy Edward Bullock*, che incorporava documenti ufficiali dell'FBI e della polizia che descrivevano le attività di spionaggio dell'ADL contro gli arabo-americani e altri soggetti presi di mira dalla lobby di Israele.

Quando l'ex deputato Paul N. (Pete) McCloskey (R-Calif.) ha intentato una causa contro l'ADL per conto di persone che erano state prese di mira dall'ADL, Piper ha fornito - su richiesta di McCloskey - i documenti di ricerca utilizzati da McCloskey nella sua causa. La causa è stata recentemente risolta dall'ADL, che ha pagato i danni alle vittime.

GIUDIZIO FINALE - ALTAMENTE CONTROVERSO

Il libro di Piper, Final Judgment: The Missing Link in the JFK Assassination Conspiracy, è stato pubblicato per la prima volta nel 1994. Di questo libro di 768 pagine (la cui sesta edizione è stata ampliata e aggiornata con oltre 1.000 note a piè di pagina) sono state stampate circa 35.000 copie.

Il libro include un'introduzione del dottor Robert L. Brock, un veterano dell'attivismo politico afroamericano. Come riportato in precedenza, un'edizione in lingua araba è stata pubblicata nel 2001 da un'importante casa editrice araba, anche se, con disappunto di Piper, la società non sembra aver fatto alcuno sforzo per promuoverla, secondo le fonti di Piper in Medio Oriente. Negli Stati Uniti, tuttavia, il *Giudizio Finale* è stato molto controverso e oggetto di un ampio dibattito.

- Nel settembre 1997, una conferenza che Piper avrebbe dovuto tenere al Saddleback College di Orange County, in California, sul tema del libro, fu interrotta e cancellata a seguito di una pesante campagna di pressione da parte dell'ADL. Lo scandalo finì sulla prima pagina del *Los Angeles Times* e portò alla pubblicazione di articoli in tutta l'America. Nonostante la controversia, i redattori del giornale del Saddleback College hanno sfidato il gruppo di pressione dell'ADL e hanno invitato Piper a tenere un discorso privato allo staff del giornale.

- All'inizio del 2000, *Giudizio Finale* ha nuovamente suscitato un'ampia controversia pubblica nell'area metropolitana di Chicago, nell'Illinois, quando l'ADL ha tentato senza successo di impedire che il libro venisse collocato nella biblioteca pubblica di Schaumburg, nell'Illinois, uno dei sistemi bibliotecari più rinomati dello Stato. Nel maggio 2001, Piper si è presentato personalmente alla biblioteca e ha tenuto un discorso sul libro e sulla controversia che lo circonda a circa 200 persone. Il caso è stato riportato in numerose pubblicazioni dell'area di Chicago ed è stato oggetto di un riferimento nazionale nel Journal of the American Library Association.

- *Il Giudizio Finale* è stato pubblicamente approvato non solo da un ex alto funzionario del Dipartimento di Stato americano, la cui entusiastica recensione del libro è stata autopubblicata dal diplomatico su amazon.com, ma anche da un ex alto funzionario del Pentagono, da un noto sceneggiatore di Hollywood, da un rispettato funzionario di una fondazione americana e da un autore ampiamente pubblicato, oltre che da altri.

- *Final Judgment* è stato ristampato nella sua sesta edizione ampliata all'inizio del 2004 (e in una seconda stampa leggermente rivista e aggiornata della sesta edizione nel 2005) e sono state vendute circa 5.000 copie aggiuntive, con molti acquirenti che hanno acquistato fino a 16 copie (in cartoni sfusi) alla volta. Durante il breve periodo in cui il volume è stato temporaneamente fuori catalogo, le edizioni di seconda mano del libro sono state vendute (in brossura) su Internet fino a 185 dollari a copia, a dimostrazione della richiesta di questo controverso "bestseller underground".

I SOMMI SACERDOTI DELLA GUERRA I GUERRAFONDAI NEO-CONSERVATORI

- Il libro di Michael Collins Piper *"I sommi sacerdoti della guerra"*, pubblicato nel 2003, ha venduto oltre 20.000 copie e ha ricevuto recensioni favorevoli da numerosi siti web. Il libro esamina "la storia segreta di come i "neo-conservatori" americani trotskisti [filo-israeliani] sono arrivati al potere e hanno orchestrato la guerra contro l'Iraq, il primo passo nella loro ricerca di un impero globale".

Il libro di 128 pagine, con una dettagliata sezione fotografica, è stato pubblicato in Malesia in inglese e in malese ed è attualmente in corso di pubblicazione in arabo presso un'importante casa editrice dell'Arabia Saudita. Un'edizione ridotta è stata pubblicata anche in giapponese.

LA NUOVA GERUSALEMME: IL POTERE SIONISTA IN AMERICA

- *The New Jerusalem* - *uno* studio di 184 pagine sul potere sionista in America, che include un profilo dettagliato della famiglia Bronfman, una sintesi dei nomi e dei dettagli di 200 tra le più potenti famiglie sioniste in America e ampie citazioni (esclusivamente da fonti sioniste) sulla portata dell'influenza sionista nella politica, nel governo, nei media, nella finanza e nella cultura degli Stati Uniti. Il libro è stato pubblicato in inglese e in malese in Malesia.

- Piper ha scritto anche le introduzioni ai seguenti libri pubblicati:

- *Out of Debt, Out of Danger (Fuori dal debito, fuori dal pericolo)*, del defunto ex membro del Congresso degli Stati Uniti Jerry Voorhis (uno studio critico sul sistema della Federal Reserve statunitense)

- *The Third Rome: Holy Russia, Tsarism & Orthodoxy*, di *M. Raphael Johnson, una storia della Russia zarista*

- *A Primer on Money*, del defunto ex membro del Congresso degli Stati Uniti Wright Patman (D-Texas) - un altro studio critico sul sistema della Federal Reserve statunitense); e

- *Il gioco della Passione di Oberammergau* - una ristampa del famoso racconto del defunto W. T. Stead sulla rappresentazione cristiana della Passione di Cristo che si svolge ogni dieci anni a Oberammergau, in Germania.

Altri titoli

www.ingramcontent.com/pod-product-compliance
Lightning Source LLC
Chambersburg PA
CBHW070815270326
41927CB00010B/2421